변호사 김양홍의 **행복 더하기**

▲ 더푸른

추천사1

자녀로부터 사랑받고 존경받는 아버지

　김양홍 변호사님을 처음 만난 것은 2014년 3월의 어느 날 저녁 아버지들이 반포중학교 도서관에 모여 '부자유친'에 참여하게 된 동기를 이야기하는 자리였습니다. 이렇게 시작된 인연은 김변호사님의 아들인 은철군이 졸업하는 해까지 지속되었습니다. '부자유친'에 참여하시는 아버지와 아들의 관계는 보통 학부모님들과는 달리 각별합니다. 아버지와 아들의 모임인 '부자유친'은 학교에서 주관하는 모임과 아버님들이 자체적으로 주관하는 활동으로 거의 매월 만남이 이루어집니다.

　우리나라의 경우 경제활동으로 바쁜 아버지들은 자녀 교육을 어머님에게 전적으로 맡기는 경우가 일반적입니다. 그러나 '부자유친'에 참여하는 아버지들은 아들과 함께 땀 흘리는 활동과 봉사를 통해 적극적으로 소통함으로써 자녀들이 위기의 사춘기를 슬기롭게 지낼 수 있도록 하시는 앞서가시는 분들입니다. 이렇게 앞서가는 아버지 중에서도 김변호사님은 모든 활동에 빠지지 않으실 정도로 적극적으로 참여하시고, 학교에서 도움의 손길을 청할 때 거절하는 법이 없이 늘 미소 띤 얼굴로 도와 주셨습니다. 이런 열성 그리고 신앙을 중심에 둔 가정에서 자라는 자녀가 잘못 될 리가 없습니다.

　김변호사님의 '딸과 아들로부터 사랑받고 존경받는 아버지가 되고, 마음도 몸도 건강한 할아버지가 되고 싶다.'는 평범해 보이지만, 결코 평범하지 않은 소망은 차곡차곡 영글어 가고 있는 것 같습니다. 김변호사님의 소망이 풍성한 열매를 맺기를 기원합니다.

2021년 1월 16일
전 반포중학교 교장 장명희

추천사2

말하기는 쉬우나 행하기는 어렵다

 2020년 한 해는 코로나19로 온 국민이 조심스러웠습니다. 당연히 이루어졌던 일들이 불가능해지고, 마스크 없이 나가지 못하는 세상이 되었습니다. 사회적 거리두기로 힘들어지는 경제상황에 점점 행복을 잃어가는 사람들이 급증하고 있습니다. 이런 시국에 세상을 긍정적으로 바라보기가 참 힘들지만 이럴 때일수록 건강하게 잘 견디고 있다는 것만으로 감사함을 표해야 하지않을까요? 모두가 같은 상황에 처해있다면 그 상황을 어떻게 받아들이느냐에 따라 행복과 불행의 정도가 정해질 것이라 생각합니다. 생각하기는 쉬우나 뜻하는 대로 행하기는 어렵습니다. 하지만 그 어려운 것을 해내는 사람이 김양홍 변호사입니다.
 한 번은 '반포중 부자유친OB' 모임에서 울릉도로 여행 갔을 때 비오는 날의 날씨를 '잊지 못할 특별한 경험'으로 치부하는 김변호사를 보면서 행복의 의미를 진정으로 아는 사람이란 생각이 들었습니다. 저는 그 시선에서 성찰하는 세상은 어떠한지 늘 궁금했습니다. 그에 대한 궁금증을 이 책을 읽고 나서 해소할 수 있었습니다.
 이 책은 어떤 마음가짐으로 세상을 바라보아야 하는지 그에 대한 답을 소상히 풀어주고 있습니다. 감히 단언해 봅니다. 당신은 틀림없이 이 책의 마지막 장을 덮는 순간 행복하게 사는 법을 깨닫게 될 것입니다. 행복한 삶을 고민하는 모든 분들에게 일독을 권합니다.

2021년 1월 12일
주식회사 기가디스플레이 대표이사 황선춘

추천사3

한결같은 사람 ...

　변호사 김양홍의 행복한 동행 1,2,3》와 《변호사 김양홍의 행복 나누기》 출간에 이어 《변호사 김양홍의 행복 더하기》 출간을 진심으로 축하합니다.
　제가 아는 김양홍 변호사는 '한결같은 사람'이라 생각됩니다. 믿음이 가고, 항시 변함없이 그곳에 있을 것 같으며, 손 내밀면 잡아줄 것 같은 정이 가는 사람입니다.
　김변호사와의 만남은 2014년 3월 반포중학교 아버지들의 모임인 '부자유친' 정기총회로 생각됩니다. 질풍노도(疾風怒濤)의 사춘기 시절에 올바른 정서 발달을 위해 부자(父子)가 함께 즐기며 정신적·육체적 조력자로서 함께 하는 아버지회 모임이 아들들이 졸업하고서도 '친목과 우의를 도모하고, 존중과 소통을 통하여 부자지간불책선(父子之間不責善)이란 교육철학을 실천할 수 있도록 노력하며, 상부상조함'을 목적으로 하는 '부자유친OB' 모임을 만들어 현재 31명의 아버지들이 활동하고 있습니다.
　지금 이 모임은 기존에 발간된 책에서도 소개가 되었듯이 '가까운 이웃이 먼 사촌보다 낫다.'는 말처럼 형·아우하면서 동네 친구같이 함께 기뻐하고 슬픔도 함께 나누는 동반자로써 서로에 힘이 되어주는 모습이 김변호사가 추구하는 '행복한 동행'과 일맥상통하는 것 같아 친근감이 들고 함께 나누고 더하는 모습을 실천해 나가려고 모습 또한 '부자유친OB' 모임이 꿈꾸는 모습이라 함께 실천해 나가고 있습니다.
　이 책을 통해 우리의 일상생활 삶속에서 사소한 것에도 행복을 느낄 수 있으며, 행복은 어디에서 오는 것이 아니라 내 자신에서부터 시작된다는 것을 새삼 느낄 수 있습니다. 내 자신이 만족하는 삶을 살아야 행복을 느낄 수 있다는 것을 다시 한 번 생각하게 합니다.

　김변호사의 버킷리스트에 매년 1권 이상 책 출간하기를 실천하는 모습과 버킷 리스트를 되새기며 하나하나 추진해 나가는 모습을 보면서 본 받고 싶다는 생각마저 듭니다.

　'무슨 일을 하든지 마음을 다하여 주께 하듯 하고 사람에게 하듯 하지 말라'는 성경 말씀을 붙들고 더불어 사는 세상을 꿈꾸는 김양홍 변호사를 응원하며, 김변호사의 가정에 행복과 주님의 은총이 가득하길 기원합니다.

2021년 1월 15일
반포중학교 부자유친OB 모임 회장 안영준

추천사4

행복 전도사 김양홍 변호사

　반포중학교 부자유친 모임으로 시작된 인연이 아들내미가 고등학교 졸업을 앞둔 지금까지 끈끈하게 이어지고 있습니다.
　아이들이 잘 성장하기를 바라는 마음에서 시작된 모임이 이제는 아버지들의 편안한 안식처가 되었고, 그 중심에 우리 사회의 건강함을 대변하는 저자가 있습니다. 김양홍 변호사의 행복 나누기에 초대되어 기쁘게 생각합니다.
　행복은 나눌수록 커지는 화수분 같은 존재로 일상의 소소한 감정들을 행복으로 일궈내는 저자에게 찬사를 보냅니다. 또한, 행복 전도사 김양홍의 '행복한 동행'이 많은 독자를 만나 행복이 전해지기를 바랍니다.

2021년 1월 19일
서왕연치과의원 원장 서왕연

추천사 5

아름다운 세상을 만드는 사람

'행복한 동행' 시리즈 다섯 번째 책 《변호사 김양홍의 행복 더하기》의 출간을 축하드리고, 제게 추천사를 쓰는 소중한 기회를 주셔서 감사합니다.

양홍 형님을 '부자유친' 모임에서 알게 되고 처음 '행복한 동행'을 출판하셨을 때가 기억납니다. 그 때 책을 선물해 주시면서 "앞으로 매년 '행복한 동행' 시리즈를 내겠다."는 포부를 말씀해 주셨습니다. 형님은 정말 그 계획을 잘 실천하고 계시고 나누고 계십니다. 그 후 사사로운 대화를 나누다가도 공감되는 내용이 있다고 생각되시면 그때마다 꼼꼼히 메모하시던 모습과 모임 장소에 함께 차로 이동할 때 제 생각들을 말씀드리면 항상 경청해주시고 격려해주시는 존경스런 형님의 모습이 기억납니다.

단순히 책을 쓰시려는 모습이 아니라 만나는 사람들 한 사람 한 사람의 생각을 공감해 주시고 좋은 의견은 나눠 더 아름다운 세상을 만드시려는 참다운 그리스도인의 모습이라 생각합니다.

추천사를 쓰기 위해서라도 보내주신 초고를 열심히 읽고 거창한 문장을 만들어 보려고 했지만, 에피소드 하나하나가 형님이 하루하루 하나님 말씀대로 사시려는 일상생활이고 실천하는 삶인데 무슨 대단한 형식과 꾸밈이 필요하겠습니까? 앞으로도 건강하시고 진실된 믿음과 깨달음의 글을 꾸준히 쓰고 나눠주시기 바랍니다.

2021년 1월 16일
주식회사 금성다이아몬드 대표이사 강재호

작가의 말

행복 더하기의 기쁨

  코로나19 때문에 온 세상이 혼돈이 빠져 있고, 지구촌 가족들이 많은 고통 속에서 살고 있습니다. 2021년에는 코로나가 하루빨리 종식되어 서로 서로 사랑을 나누면서 살아갈 수 있기를 소망합니다.
  저의 행복한 동행 시리즈 다섯 번째 책 《변호사 김양홍의 행복 나누기》를 출간하게 되어 참말로 감사합니다. 많이 부족한 사람이 쓴 글이지만, 늘 공감해주시고, 격려해주시는 독자 여러분 덕분에 다시 또 책을 세상에 내놓습니다. 아마 앞으로 계속 출간될 행복한 동행 시리즈의 합본이 저의 자서전(自敍傳)이 될 것입니다.
  이 책이 나올 수 있도록 도와주신 모든 분들에게 감사의 인사를 드립니다. 특히 때때로 큰 가르침을 주시고, 늘 격려해주시는 김홍신 선생님, 반포중 부자유친 모임을 만들어 아빠와 아들을 행복의 나라로 인도해 주신 장명희 교장선생님, 반포중 부자유친OB 모임의 큰 형님 황선춘 대표님, 내 몸처럼 반포중 부자유친OB 모임을 이끌고 있는 안영준 회장님, 존경하는 저의 고등학교 선배인 서왕연 원장님, 후배지만 선배같이 훌륭한 강재호 대표님에게 깊이 고개 숙여 감사 인사를 드립니다.
  또한 작품 사진을 흔쾌히 사용할 수 있게 허락주신 문쾌출 전국보일러설비협회 회장님과 안근수 사진작가님, 이 책을 만드느라 수고해준 더푸른출판사 대표 김미아 동화작가님과 둘째 매제 하린 시인님 그리고 참 크리스찬이자 돕는 베필의 사명을 잘 감당하고 있는 나주옥님, 꼼꼼하게 교정을 봐준 사랑하는 딸 은혜와 아들 은철에게도 고맙고 고마운 마음을 전합니다.

행복을 얻는 최고의 방법은 나를 행복하게 해주는 사람 곁으로 가는 것입니다. 그래서 아무리 바쁘더라도 가족과 벗, 사랑하는 사람들과 함께 하도록 해야 합니다. 서로 만날 수 없으면 카톡이나 문자를 보내거나 안부전화라도 하십시다. 그들은 행복의 원천(源泉)입니다. 행복은 그렇게 우리 곁에 있습니다. '우리 인간이 불행한 것은 자기가 행복하다는 것을 모르기 때문입니다. 이유는 단지 그것뿐입니다.' 도스토예프스키(Dostoevskii)의 말입니다.

저의 새해 소망은 좋은 남편, 좋은 아빠, 좋은 장로, 좋은 변호사가 되는 것입니다. 아마 저의 남은 생애의 새해 소망도 같을 것입니다. 하루하루가 하나님이 주신 선물이고 기적이기에 세상 끝날까지 감사하며 저의 자리를 지키면서 살아가겠습니다. 독자 여러분 모두에게 새해에는 생각도 못한 기쁘고, 행복한 일이 많이 생기길 기도합니다. 사랑하고 축복합니다.

2021년 1월 20일
사랑하는 우리 조국 대한민국 하늘 아래에서
변호사 김양홍 올림

목차

추천사1 _ 자녀로부터 사랑받고 존경받는 아버지 3
추천사2 _ 말하기는 쉬우나 행하기는 어렵다 4
추천사3 _ 한결같은 사람 5
추천사4 _ 행복 전도사 김양홍 변호사 7
추천사5 _ 아름다운 세상을 만드는 사람 8
작가의 말 _ 행복 더하기의 기쁨 9

제1편 삶과 지혜

01 오늘 하루도 25
02 마리치웨우 페니(Marichiweu peni) 27
03 오늘 당장 행복하라 28
04 오늘 생각하고 내일 말하라 29
05 오늘 내가 살아갈 이유 30
06 행복의 3원칙 32
07 행복은 주어지는 것이 아니라 찾는 것이다 34
08 행복의 시작과 끝은 가정이다 35
09 행복이란 서로 사랑하는 것이다 38
10 행복을 선택하라(Choose happiness) 39
11 정말 행복한 사람 42
12 세상에서 가장 사랑받는 사람과 가장 행복한 사람 ... 43
13 범사에 감사하는 마음과 행복은 같은 말이다 44

14 웃음 없는 하루는 낭비한 하루다 46
15 나처럼 살지 말고, 너처럼 살라 47
16 나답게 살고 싶다 48
17 나는 뿌리를 기르는 거름이 될 것이다 49
18 채움 보다는 비움 51
19 아버지는 내가 되려는 모습 전부였다 53
20 복은 받는 것이 아니라 짓는다 55
21 마음은 생각보다 무겁다 57
22 자유롭게 살고 싶거든 58
23 페이버(favor) 60
24 까르페디엠(Carpe diem) 65
25 친구는 내 슬픔을 자기 등에 지고 가는 자 66
26 나 또한 하나의 꽃이다 68
27 세 마리의 소를 키우자 69
28 죽음을 생각할 때 삶이 농밀해진다 70
29 서로 사랑하고 화합하라 72
30 반드시 밀물은 오리라 75
31 꿈을 꾸면 오래 산다 78
32 인생의 세 가지 주머니 81
33 결혼도, 이혼도, 재혼도 사랑으로 해야 한다 83
34 세상에서 어려운 일 두 가지 87
35 인명재처(人命在妻) 88

제2편 삶을 아름답게 하는 것들

01 그냥 좋은 사람 93
02 한순간씩만 살자 95
03 두 사람 96
04 스스로 행복해지기로 해요 97
05 위치 선정 능력 99
06 저는 의자입니다 101
07 푸른 하늘만 보아도 행복한 날 102
08 오늘을 사랑하라 104
09 단풍처럼 106
10 지금 앉은 그 자리가 바로 꽃자리다 107
11 많고 많은 사람 중에 그대 한 사람 109
12 '좋다' 바이러스 111
13 씨앗처럼 정지하라 112
14 꽃들처럼 113
15 라일락꽃향기처럼 115
16 자식 사랑은 내리사랑 117
18 그 중에 그대를 만나 121
19 모든 게 마음먹기 달렸다(빙고) 123
20 나뭇잎이 벌레 먹어서 예쁘다 125
21 가족은 도깨비방망이 126
22 하루를 가장 잘못 보낸 날은 웃지 않은 날이다 127
23 지란지교(芝蘭之交)를 꿈꾸며 129
24 돈은 인격체(person)다 134
25 오늘을 살아가세요. 눈이 부시게 136
26 고사리 137
27 人人人人人人 138

28	영화 '행복을 찾아서'	139
29	영화 '깜쪽같은 그녀'	142
30	영화 '기생충'	143
31	영화 '정직한 후보'	146
32	영화 '롱 리브 더 킹 : 목포 영웅'	147
33	영화 '미드웨이(Midway)'	148
34	영화 '미라클 프롬 헤븐(Miracles from Heaven)'	149
35	영화 '교회오빠'	151

제3편 주님과 동행

01	찌찌뽕	157
02	우리 모두는 서로를 돕기 위해 태어났다	158
03	모든 것이 잘 되리라	160
04	기도할 때 일어나는 일들	162
05	영원토록 감사해	164
06	신이 우리에게 두 손을 준 이유	166
07	감사의 4원칙	167
08	주 안에서 항상 기뻐하라	170
09	광야를 걸으며 감사하라	172
10	유명해지려고 하지 말고 유익해지도록 하라	176
11	당신의 옛사람은 장사지냈습니까?	177
12	지옥에는 기회가 없다	179
13	믿음이란	181
14	너희 말이 내 귀에 들린 대로 내가 너희에게 행하리니	183

15	사랑은 해우소(解優所)이다	185
16	에바다(Ephphatha)	187
17	하나님이 정말 원하시는 것은 내가 행복한 것이다 . .	190
18	"사랑한다" 그 한 마디 어떠신가요?	192
19	그리스도인의 서시(序詩)	194
20	베리트(beriyth)	196
21	페어리(Fairy)	199
22	아기가 자라며	201
23	언니와 동생의 감사거리	203
24	타협의 하나님	204
25	사랑이란 역지사지(易地思之)이다	205
26	가장 받고 싶은 상	206
27	낮은 곳으로	208
28	빨리 결혼하고 싶어요	210
29	My life is my message	212
30	오늘도 행복해 주세요	215
31	잘 먹고, 잘 사는 법	218
32	잘하면 박수, 잘못하면 더 박수	221
33	코로나19의 백신 '시편 91편'	223
34	행복으로 인도하는 성경구절(창세기 40장 6절) : 2cm	226
35	국가기관이 교회에서 드리는 예배를 금지할 수 있을까?	228

제4편 이런 저런 이야기

01	존경받을만한 사람이 되고 싶다	233

02	1+1 사랑 이야기	234
03	봉사란	235
04	누군가는 해야 하는 일	236
05	배치기	237
06	상문고등학교 성인례(成人禮)	238
07	어느 아빠와 아들의 문자 대화	240
08	다이어트는 내일부터, 운동은 오늘부터	245
09	'아직'이라는 씨앗은 '기어코'라는 열매를 맺는다	246
10	사랑하는 나의 딸 은혜에게	248
11	사랑하는 나의 아들 은철에게	250
12	자식복권론(子息福券論)	253
13	찍은 것 다 맞게 해주세요	255
14	스몸비(SMOMBE)	256
15	사람이 꽃보다 아름답다	257
16	단풍이 꽃 같다	259
17	부부는 어떤 사이일까?	260
18	다음 생에 또 보세	261
19	나는 설거지가 좋다	263
20	아름다운 밤이에요	264
21	썰매견과 애완견	265
22	어서 오십시오	266
23	아내로부터 사랑받는 변호사	268
24	오늘밤 잠은 다 잤다	269
25	불멍	270
26	이제야 답장을 드립니다	271
27	딸에게 남겨주고 싶은 사랑	272

28 골프명언 273
29 거만방만 276
30 인생은 방향이다 277
31 뒤땅도 내땅 앞땅도 내땅 279
32 구찌 280
33 군 골프장과 일반 골프장의 차이 283
34 CBS 음악 FM 93.9MHz 노래 신청 사연들 284
35 3초 아니면 3분 286
36 우리가 함께 걷는 아름다운 길 287
37 김사모 288
38 다비다자매회 이사회 290
39 감기 예찬 291
40 겨울은 봄을 이기지 못한다 293
41 아보카도(avocado) 295
42 어느 수요일 오후 296
43 남은 날들이 다 생일이다 297
44 이은아님 송별사와 답사 298
45 맛있게 먹으면 영칼로리 301
46 이것이 행복이고, 이것이 행복한 동행이다 302
47 문 열어주는 남자 303
48 일장춘몽(一場春夢) 그렇지만 10년 더 304
49 세상에서 가장 듣기 좋은 세 마디 306
50 서울 지하철 2호선 어느 안내 방송 307
51 인생이란 308
52 친숙함에 사랑의 자리를 뺏기지 말라 309
53 너는 국가야 310

54	기업이 국가다	311
55	좋은 만남이 좋은 미래이다	313
56	로봇과 함께 살기	315
57	100년 만에	321
58	2021 변호사수첩	322
59	한 그루 나무처럼 살고 싶다	323
60	나무처럼	325
61	세상에서 가장 맛있는 밥	326
62	젖지 않고 피는 꽃이 어디 있으랴	327
63	지금(只今)이 사금(砂金)이다	328
64	새출발, 잊지말아요 오늘을	329
65	희망의 마을	330
66	유튜버 '아는 변호사' 이지훈 변호사 개업식 김양홍 축사	331
67	사업을 한다는 것	332
68	반포중 부자유친 2021학년 수능 만점자 김지훈 군	334
69	I'll Be There	337
70	지근거리 친구	339
71	인생 뭐 있나?(예봉산)	340
72	힘내세요 다 왔습니다(마니산)	341
73	독도는 영원한 대한민국 영토(울릉도와 독도 여행기)	343
74	남산 둘레길	358
75	아침고요수목원	360
76	백골978 추억 만들기(고성)	362
77	그러다 보면(통일전망대)	363
78	철마는 달리고 싶다(철원 DMZ)	365
79	대한민국 국토 최남단 섬 마라도	368

80 중국 충칭(重慶) 여행기 370
81 통일은 대박이다! 382
82 모병제는 헌법위반이다 385
83 사지 말고, 가지 말고, 팔지 말자!! 387
84 프로크루스테스의 침대(Procrustean bed) 389
85 우리 조국 대한민국을 위하여!!! 392
86 질소 비료와 독가스 397
87 모든 국민은 자신들의 수준에 맞는 정부를 가진다 . . 399
88 낙태죄의 헌법불합치 이후에 대하여 401
89 나라를 사랑하고, 나라를 위해 기도하자! 404

변호사 김양홍 Profile 409

제1편 삶과 지혜

01 오늘 하루도

휴대전화 하나에도 사용설명서가 있는데, 하물며 사람에게 사용설명서가 없겠는가. 설마 슬피 울고 찡그리고 불행하게 살라고 적혀있지는 않을 것이다.
행복이 어디에 있느냐 물으면 내 마음속에 있다면서 나는 늘 마음 밖에서 헤매었으며, 숨 쉬는 게 행복이냐 물으면 당연하다고 말하면서 속으로 고개를 젓고는 했다. 별고 없이 평균수명만큼만 살았으면 좋겠다 싶은 나이가 되자 아침마다 가슴에 손을 얹고 세 마디를 읊조린다.
오늘도 살아있게 해주어 참 고맙습니다. 오늘 하루도 즐겁게 웃으며 소박하고 건강하게 살겠습니다. 오늘 하루도 남을 기쁘게 하고 세상에 조금이라도 보탬이 되겠습니다.

제가 사랑하고 존경하는 김홍신 선생님의 ≪하루 사용 설명서≫ 중 1월 1일 '나를 위한 설명서' 글입니다. 선생님만을 위한 설명서가 아니라 우리 모두의 인생 설명서입니다. 선생님의 위 글에 더할 것도 뺄 것도 없습니다. 저도 선생님처럼 그렇게 하루하루 살고 싶습니다.
오늘 살아있음에 대해 그냥 고마운 것이 아니라 참 고마운 것입니다. 이 세상을 행복하게 사는 방법은 범사(凡事)에 감사함으로 사는 것입니다. 오늘 하루가 인생의 마지막 날이라면 허투루 살지 않을 것입니다.
어찌 매일 즐거운 일만 있겠습니까? 그럼에도 불구하고 우리는 즐겁게 웃으며 살아가야 합니다. 우리들 인생에 있어서 다시 오지 않을 오늘이지 않습니까? 작은 것에 감사하고, 작은 것에 행복을 느낄 수 있는 것도 복(福)입니다. 웃어도 하루, 울어도 하루입니다. 기왕 채우는 오늘이라는 빈 그릇에 더 큰 웃음으로 가득 채웁시다.

건강하게 살기 위해서는 건강을 챙겨야 하는데, 저는 건강 챙기는 것에 대해서는 이 핑계 저 핑계 대면서 늘 뒤로 미루고 있습니다. 저는 거의 매일 아내로부터 "운동하라!"는 지적을 받고 있음에도 불구하고 변화가 없습니다. 저의 배 둘레 햄(복부 비만)의 길이만 자꾸 늘어만 갑니다. 오늘 저녁부터라도 건강을 위해 뭐든 해야겠습니다.

우리는 나만 잘 먹고 잘 살라고 인간으로 창조된 것은 아닙니다. 혼자만 잘 먹고 잘 사는 것은 강아지와 고양이도 할 줄 압니다. 사람 '人'자는 사람이 사람을 기대는 모습이고, 인간(人間)이라는 단어의 뜻도 '사람 사이'입니다. 이타적(利他的)인 삶이 곧 사람다운 삶인 것입니다..

또한 성경은 "그런즉 너희가 먹든지 마시든지 무엇을 하든지 다 하나님의 영광을 위하여 하라"(고린도전서 10장 31절)고 합니다. 남을 기쁘게 하고 세상에 조금이라도 보탬이 되는 삶이 곧 예수님의 사랑을 실천하는 삶이고, 하나님의 영광을 위하는 삶입니다. 오늘 나머지 시간도 감사함으로, 즐거움으로, 제 곁에 있는 사람에게 행복을 주는 것으로 가득 채우길 소망합니다.

오늘 하루는 저의 것이고,
당신 것입니다.

02 마리치웨우 페니(Marichiweu peni)

'마리치웨우 페니(Marichiweu peni)'는 "형제여, 우리는 앞으로 열 번은 더 이겨 낼 거야."라는 뜻이라고 합니다. 이는 남아메리카 칠레 중남부와 아르헨티나의 파타고니아 지방에 살고 있는 아메리카 대륙의 원주민 마푸체(Mapuche)족들이 누군가와 헤어져야 할 때 작별 인사 대신 하는 말이라고 합니다. 참말로 멋진 인사말입니다.

세상 사람들은 두 부류로 분류한다면, 고난을 이겨낸 사람과 고난에 굴복한 사람으로 나눌 수 있습니다. 누구에게나 고난은 있기 때문입니다. 마푸체족들처럼 우리 서로 그렇게 격려하면서 살아갑시다. 고난이 닥쳤을 때 환경을 바라보지 말고, 나를 지켜주시는 하나님을 바라봅시다. 비가 내리면 맞으면 됩니다. 비는 언젠가는 그칠 것이기에 …

내 눈이 항상 여호와를 바라봄은
내 발을 그물에서 벗어나게 하실 것임이로다
(시편 25편 15절)

03 오늘 당장 행복하라

행복의 비밀은 자신이 좋아하는 일을 하는 것이 아니라,
자신이 하는 일을 좋아하는 것이다.
내가 변할 때 삶도 변한다.
내가 좋아질 때 삶도 좋아진다.
내가 변하기 전에는 아무것도 변하지 않는다.
우리가 삶에서 무엇을 갖는가는 자신이 어떤 사람인가에 달려있다.
- 앤드류 매튜스(Andrew Matthews) -

세계적인 동기부여 전문가 만화작가 앤드류 매튜스가 정의한 행복의 비밀입니다. 공감하고 공감합니다. 행복의 비밀은 먼 곳에 있지 않고, '오늘, 바로, 지금, 여기' 내 마음 속에 있습니다.
무엇을 하든, 누구를 만나든, 어디를 가든 내 마음 속에 감사함이 넘친다면 그는 행복한 사람입니다. 결국 행복의 비밀은 '범사에 감사하는 마음'입니다. 그래서 감사는 능력입니다. 오늘은 2020년 4월 마지막 주 토요일입니다. 재수하는 아들을 학원에 데려다 주고, 저의 분신인 법무법인 서호 사무실에 나왔습니다.
참으로 감사하고 감사합니다. 오늘 저와 함께 하는 가족이 있고, 오늘 제가 일할 수 있는 일터가 있음이 … 행복은 현재 진행형이어야 합니다. 오늘 당장 행복하십시오!!

04 오늘 생각하고 내일 말하라

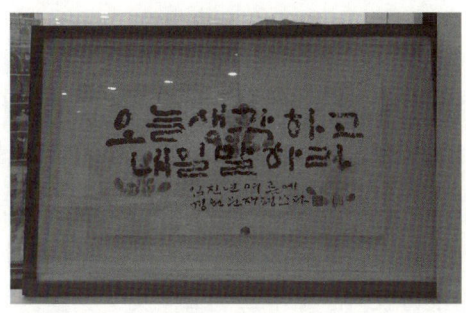

존경하는 강성식 장로님(세무그룹 가온 대표세무사) 사무실을 방문했을 때 상담실 액자에 있는 글입니다.

Think today and speak tomorrow.

이는 서양속담입니다. 말이 생각보다 앞서지 말라는 뜻입니다. 그런데, 우리들은 이 속담대로 하지 못하는 경우가 대부분입니다. 한 번 입 밖에 나온 말은 주워 담을 수도 없습니다. 특히 가까운 사이일수록 더 말조심해야 합니다. 다행히도 저희 부부는 연애할 때는 서로 반말을 했으나, 결혼 후에는 서로 존댓말을 하고 있습니다. 아무리 가깝더라도 그리고 손아랫사람에게도 반말을 하지 않는 것이 더 지혜로운 태도입니다. 늘 말조심합시다. 말이 전부입니다.

내 사랑하는 형제들아 너희가 알지니 사람마다 듣기는 속히 하고 말하기는 더디 하며 성내기도 더디 하라(야고보서 1장 19절)

05 오늘 내가 살아갈 이유

사람이 잘 살아간다는 것은 누군가의 마음에 씨앗을 심는 일인 것 같다. 어떤 씨앗은 내가 심었다는 사실을 까맣게 잊어버린 뒤에도 쑥쑥 자라나 커다란 나무가 되기도 한다. 살다가 혼자 비를 맞는 쓸쓸한 시절을 맞이할 때 위에서 어떤 풍성한 나무가 가지와 잎들로 비를 막아주면 그제야 알게 된다. 그때 내가 심었던 사소한 씨앗이 이렇게 넉넉한 나무가 되어 나를 감싸주는구나. 운명이 나에게서 모든 것을 앗아간다 해도, 결코 빼앗지 못할 단 한 가지가 있다. 그건 바로 '선택의 권리' 다. 나는 생의 마지막 순간까지 내 삶을 선택할 수 있는 최후의 권리를 나는 행사할 것이다. 절대 포기하지 말 것. 우리에겐 오늘을 살아야만 하는 분명한 이유가 있으니까.

중국 상하이 푸단대학교(Fudan University, 復旦大學) 공공정책학과 교수 위지안(于娟)이 쓴 《오늘 내가 살아갈 이유》(중국책 이름 : 此生未完成)에 나오는 글입니다. 위지안 교수는 노르웨이 오슬로대학교에서 유학 후, 환경과 경제학을 접목한 새로운 시도를 가지고 귀국해 중국 학계의 주목을 받으며 서른이 안 된 나이에 푸단대학교 강단에 섰습니다. 그녀가 북유럽의 친환경에너지 시스템을 중국에 도입하기 위해 중국 정부는 물론 노르웨이에 거대한 프로젝트를 제안해 성사 단계에 있었습니다.

돌이 막 지난 아들로부터 "엄마" 소리를 들으며 행복에 눈물을 짓곤 했습니다. 그 때, 그녀는 2009년 10월 말기 암 선고를 받습니다. 그녀는 온몸에 전이된 암세포 때문에 뼈가 녹아내리는 고통 속에서도 희망을 잃지 않았고, 오히려 나날이 새로워지는 자신을 발견했습니다. 그녀는 자신의 과거와 현재를 넘나들며 소중한 가치들을 돌아보았고, '삶의 끝에 와서야 알게 된 것들'이라는 제목으로 자신의 블로그에 기록하기 시작했고, 그 내용을 책으로 출간한 것입니다.(위 책 소개 글 일부 인용) 그녀는 우연히 양말의 글귀에서 삶의 지표를 발견하고 우리들의 가슴에 새기는 말을 남겼습니다

불리불기(不離不棄) _ 헤어지지 않고 포기하지 않는다.

그녀는 2011년 4월 소천(김天)했습니다. 그녀가 남긴 말이 가슴을 울립니다.

"사랑은 나중에 하는 게 아니라 지금 하는 것입니다.
살아 있는 지금, 이 순간에."

06 행복의 3원칙

첫째, 어떤 일을 할 것.
둘째, 어떤 사람을 사랑할 것.
셋째, 어떤 일에 희망을 가질 것.

임마누엘 칸트(Immanuel Kant)의 행복의 3원칙입니다. 첫째, 어떤 일을 할 것. 어떤 일이든 내가 할 수 있는 일이 있다는 것은 참 행복한 일입니다. 제가 섬기는 이수성결교회 황옥란 전도사님은 올해 92세인데도 매일 오전에 교회에 가셔서 2시간 이상 기도를 하십니다. 저와 저희 가족을 위해서도 기도해주십니다. 황전도사님이 저를 위해 기도해주신다는 것만으로도 저는 늘 마음 든든하고 행복합니다. 행복하기 위한 일은 그 일이 무슨 일이든 나와 나의 가족뿐만 아니라 우리 이웃을 위한 일이어야 합니다.

둘째, 어떤 사람을 사랑할 것. 저의 곁에는 감사하게도 저를 사랑해주시는 분들로 가득 차 있습니다. 저도 반사거울처럼 그 분들을 사랑하고 싶습니다. 무엇보다도 하나님이 나를 사랑하고 계신다는 믿음만 있으면 어떤 상황에서도 행복할 수 있습니다. 그래서 예수님께서 '내가 너희를 사랑한 것 같이 너희도 서로 사랑하라(요한복음 13장 34절)'고 가르쳐주셨던 것 같습니다. 나의 이웃의 행복이 곧 나의 행복이어야 합니다. 사랑이 없으면 아무 것도 아닙니다.

셋째, 어떤 희망을 가질 것. 희망은 행복의 원동력입니다. 우리가 할 일은 각자의 삶터에서 최선을 다해 살면서 희망을 갖는 것이고, 그 희망을 이루어 주고 안 이루어 주는 것은 하나님이 하실 일입니다

다. 희망은 그 존재만으로도 우리를 행복하게 만들어줍니다. 서로가 서로의 희망을 응원해주고, 그 희망을 꼭 이루도록 기도해줍시다. 우리들 모두의 행복을 위해 …

이같이 너희 빛이 사람 앞에 비치게 하여 그들로 너희 착한 행실을 보고 하늘에 계신 너희 아버지께 영광을 돌리게 하라(마태복음 5장 16절)

ⓒ 문쾌출 순천만

07 행복은 주어지는 것이 아니라 찾는 것이다

행복과 불행 사이에는 다행도 있다.
수많은 아무 일 없음과 별일 없음으로
우리는 오늘도 간신히 행복한 것이다.

《빨간머리 앤이 하는 말》의 작가 백영옥 선생님의 참 멋진 표현입니다. 행복(幸福)과 불행(不幸)의 공통점은 모두 다행 '행(幸)'가 들어있다는 점입니다. 행(幸)은 다행(多幸)의 줄임말입니다. 다행은 뜻밖에 일이 잘되어 좋은 것을 뜻합니다. '불행 중 다행'이라는 말도 있습니다. 불행 가운데서 그나마 그만하면 다행이라는 뜻이지요. 우리는 불행 중에서도 다행거리를 찾아야 합니다. 모든 사람이 날마다 행복할 수는 없을 것입니다. 그렇지만, 각자가 날마다 다행거리와 감사거리를 찾을 수만 있다면, 우리는 날마다 행복할 수 있습니다. 수많은 아무 일 없음과 별일 없음으로 인해 간신히 행복하든 수많은 좋은 일로 인해 충만히 행복하든 행복하면 되지 않나요? 만화영화 《빨간머리 앤》의 명대사처럼, '정말로 행복한 나날이란 멋지고 놀라운 일이 일어나는 것이 아니라 소박하고 자잘한 기쁨들이 조용히 이어지는 날들'입니다. 행복은 주어지는 것이 아니라 찾는 것입니다.

또한 한자(漢字)로는 행(幸)자와 신(辛)자가 매우 비슷합니다. 신(辛)자는 맵다, 괴롭다는 뜻입니다. 신(辛)자 머리 부분에 일(一)자만 추가하면 행(幸)이 됩니다. 괴로운 일이 있을 때(辛) 감사하는 마음(一)만 추가하면 우리는 행복할 수 있습니다. 범사(凡事)에 감사하는 마음이 우리를 진정한 행복의 나라로 이끌어 줄 것입니다.

08 행복의 시작과 끝은 가정이다

즐거운 곳에서는 날 오라 하여도
내 쉴 곳은 작은 집 내 집뿐이리
내 나라 내 기쁨 길이 쉴 곳도
꽃 피고 새 우는 집 내 집뿐이리
오, 사랑 나의 집
즐거운 나의 벗 집 내 집뿐이리

'Home Sweet Home'(즐거운 나의 집) 노래가사입니다. 미국인들은 미국의 애국가인 'The Star Spangled Banner' 보다도 'Home Sweet Home'을 더 좋아한다고 합니다. 이 노래는 미국 극작가 존 하워드 페인(John Howard Payne)이 1823년에 직접 대본을 쓰고, 영국 작곡가 헨리 비숍(Henry Bishop)이 작곡한 오페라 '클라리, 밀라노의 아가씨'(Clari, The Maid of Milan)에 등장하는 한 곡입니다.

이 노래는 미국의 남북전쟁 당시 프레더릭스버그 전투(Battle of Fredericksburg)에서 남부군과 북부군이 강 하나를 사이에 두고 북부군은 약 10만 명 중 12,000명, 남부군은 약 7만 명 중 5,000명의 사상자를 낸 치열한 전투를 하고 있을 때, 어느 날 저녁 북부군의 한 병사가 하모니카로 'Home Sweet Home' 노래를 연주했고, 북부군 병사들이 따라 부른 노랫소리가 강을 넘어 남부군 진영에 울려 퍼지자 두 군대는 서로 적이라는 것도 잊고 함께 노래를 반복해서 부르다가 결국 그 전투는 멈추게 되었습니다. 링컨대통령도 이 노래를 좋아해서 늘 즐겨 불렀고, 심지어는 백악관에 한동안 'Home Sweet Home'을 자수를 놓아서 장식할 정도였습니다. 우리나라에는 김재인이 이 노래를 번역했는데, '즐거운 나의 집'이라는 제목도 그가 지은 것입니다. 존 하워드 페인은 1852년 알제리에서 사망했는데, 31년 만에 그의 시신이 군함으로 뉴욕에 돌아오게 되던 날 항구에는 미국 제24대 대통령 제임스 매디슨과 영부인을 비롯한 수많은 시민들로 구성된 밴드가 'Home Sweet Home'을 연주하면서 그를 맞이했습니다. 불행하게도 죽어서야 집을 구한 그의 묘비에는 이렇게 쓰여 있다고 합니다.

> 아름다운 노래로 미국을 건강한 나라로 만들어주신 존 하워드 페인.
> 평안히 잠드소서.

즐거운 나의 집은 그냥 눈에 보이는 집이 아니라 한 가족이 생활하는 집, 가정(家庭)을 의미합니다. 하나님은 일찍이 아담과 하와를 통해 이 땅에 가정을 세우셨습니다.(창세기 2장 20~23절) 하나님은 가정을 통해 하나님의 사랑을 흘러가게 가고, 행복을 누리게 하기 위해서 그리 하셨으리라 생각합니다. 가정이 건강해야 사회가 건강하고, 가정이 바로 서야 나라가 바로 섭니다.

어느 가게를 운영하던 주인이 병이 깊어져 임종을 앞두고 있었습니다. 그의 곁에는 슬픔에 잠긴 식구들이 그를 지켜보고 있었습니다. 그는 천천히 식구들의 이름을 하나하나 불러 보았다. "여보, 당신 어디 있소?" "예, 저 여기 있어요." "딸애는 어디 있느냐?" "예, 아빠, 여기 있어요." 그러자 가게 주인은 유언이나 다름없는 마지막 말을 남겼다. "그러면 가게는 누가 보고 있단 말이냐?"

탈무드에 기록된 한 유머입니다. 유머라기보다는 지금 우리들의 모습입니다. 가족 보다 더 소중한 것이 있을까요? 저의 마지막 유언은 가게를 묻는 질문이 아니길 소망합니다. 5월은 가정의 달입니다. 저와 가족의 행복을 위해서 그리고 저의 이웃의 행복을 위해서 저의 가정을 더 사랑하고 사랑합시다. 행복의 시작과 끝은 가정입니다.

※ 코람데오닷컴 2020년 5월 7일 '김양홍 변호사의 행복칼럼'에 실린 글입니다.

ⓒ 안근수

09 행복이란 서로 사랑하는 것이다

사람의 행복이란
서로 그리워하는 것
서로 마주보는 것
그리고 서로 자신을 주는 것이다.

의정부지방법원 고양지원 화장실에 붙어 있는 글입니다. 《행복론》을 저술 하고, 국제법의 대가로서 국제사법재판소 스위스 위원을 지낸 카를 힐티(Carl Hilty)의 명언입니다. 위 글 중 '행복'이란 단어를 '사랑'으로 바꿔도 아주 훌륭한 사랑의 개념 정의가 됩니다.

사람의 사랑이란
서로 그리워하는 것
서로 마주보는 것
그리고 서로 자신을 주는 것이다.

행복에서 사랑을 빼면 '제로(0)'입니다. 예수님도 '이웃을 자신 같이 사랑하라'고 하셨습니다. 그렇게 하는 것이 행복한 인생으로 가는 지름길이기 때문 아닐까요? 결국 행복이란 서로 사랑하는 것입니다. 오늘 재판 받은 피고인이 행복열차를 타고 인생의 여행길을 멋지게 완주하기를 기도합니다.

10 행복을 선택하라(Choose happiness)

1. 다른 사람이 아닌, 내가 원하는 삶을 살았더라면
2. 내가 그렇게 열심히 일하지 않았더라면
3. 내 감정을 표현할 용기가 있었더라면
4. 친구들과 계속 연락하고 지냈더라면
5. 나 자신에게 더 많은 행복을 허락했더라면

한 호주여성이 학교 졸업 후 은행에서 일하다가 평생 할 것이 아니라고 생각하고 꿈을 찾기 위해 영국으로 여행을 떠났습니다. 영국에 있는 동안 생활비를 벌기 위해 시작한 노인들 병간호. 그녀는 호주에 돌아가서도 틈틈이 노인들 돌보는 일을 계속 했는데, 살날이 얼마 남지 않은 노인들이 그녀에게 평생 사는 동안 후회되는 일들을 얘기했고, 그녀는 들은 얘기들을 정리하다가 똑같은 얘기들이 반복된다는 것을 알고 가장 많이 들은 다섯 가지 후회와 그에 얽힌 에피소드를 《죽을 때 가장 후회하는 다섯 가지(The Top Five Regrets of the Dying)》란 제목으로 책을 펴냈습니다. 한국에서는 《내가 원하는 삶을 살았더라면》이라는 제목으로 책이 출간되었는데, 위 5가지는 위 책 목차입니다. 그녀의 이름은 브로니 웨어(Bronnie Ware)입니다.

다음은 그녀가 정리한 말기 환자들의 다섯 가지 후회입니다.

1. I wish I'd had the courage to live a life true to myself, not the life others expected of me.

다른 사람들이 기대하는 삶 말고 정말 내 삶을 살 용기가 있었다면 … 난 내 자신에게 정직하지 못했고, 따라서 내가 살고 싶은 삶을 사는 대신 내 주위사람들이 원하는 '그들에게 보이기 위한' 삶을 살았다.

2. I wish I didn't work so hard.
일을 너무 열심히 하지 말걸 그랬다. 대신 가족과 시간을 더 많이 보냈어야 했다. 어느 날 돌아보니 애들을 이미 다 커 버렸고, 배우자와의 관계조차 서먹해졌다.

3. I wish I'd had the courage to express my feelings.
내 감정을 솔직하게 표현할 수 있었다면, 내 속을 터놓을 용기가 없어서 순간순간의 감정을 꾹꾹 누르며 살다 병이 되기까지 했다.

4. I wish I had stayed in touch with my friends.
나의 친구들과 계속 연락했어야 했는데 … 다들 죽기 전에 "친구 OO를 한번 봤으면"라는 얘기를 했다.

5. I wish that I had let myself be happier.
내 자신을 행복하게 할 걸 … 행복은 결국 내 선택이었다. 훨씬 더 행복한 삶을 살 수 있었는데 … 겁이 나서 변화를 선택하지 못했고, 튀면 안 된다고 생각해 남들과 똑같은 일상을 반복 했다. 그녀는 자신의 블로그에서 위 5가지를 소개하면서 다음과 같은 글을 남겼습니다.

Life is a choice.
It is your life.
Choose consciously, choose wisely, choose honestly.
Choose happiness.
삶은 선택이다.
당신 삶이다.
의식적으로, 현명하게, 솔직하게 선택하라.
행복을 선택하라.

우리가 삶을 어떻게 살아야 하는 지를 알려주는 귀한 글입니다. 부모와 어린 자녀가 함께 비행기 타고 가다가 사고로 비행기가 추락하게 될 경우 산소마스크는 누가 먼저 착용을 해야 할까요? 항공사에서는 위급한 상황이 오면 아이 보다도 어른이 먼저 산소마스크를 착용한 후 아이에게 착용하도록 안내하고 있습니다. 그 이유는 상대적으로 아이보다 이성적인 판단이 가능한 어른이 정신을 잃었을 경우 아이가 혼자 남게 되어 위급상황에 대처하기 어려워지기 때문입니다.

행복도 마찬가지 아닐까요? 내가 먼저 행복해야 합니다. 또한 내가 행복하지 않으면, 내 곁에 있는 사람도 행복할 수 없습니다. 그렇기 때문에 우리는 서로가 서로의 행복을 위해 최선을 다하고 마음을 다해야 하는 책무(責務)가 있는 것입니다. 우리 모두 행복을 선택합시다!!

11 정말 행복한 사람

정말 행복한 사람은 모든 것을 다 가진 사람이 아니라, 지금 하는 일을 즐거워하는 사람, 자신이 가진 것을 만족해하는 사람, 하고 싶은 일이 있는 사람, 갈 곳이 있는 사람, 갖고 싶은 것이 있는 사람이다.
- 김홍식《죽어도 행복을 포기하지 마라》중에서 -

김홍식 선생님의 정말 행복한 사람에 딱 맞는 사람이 접니다. 정말 저는 행복한 사람입니다. 제가 지금 하고 있는 변호사 일이 참 즐겁고, 그 일을 할 수 있음에 감사합니다. 다시 태어나도 변호사의 길을 가고 싶습니다. 저는 항상 저를 사랑해주는 하나님과 가족, 참 좋은 친구들과 이웃들 그리고 저의 분신인 법무법인 서호 가족이 있는 것만으로도 이 세상을 다 가진 것 같습니다.

저는 마음도 몸도 건강한 할아버지가 되어 더불어 사는 세상을 만드는데 작은 밀알이 되고 싶고, 중국으로 유학 가서 중국인들과도 행복한 동행을 하고 싶습니다. 아울러 재단법인(이름 : 桑村)을 만들어 선교사업과 장학사업을 이 세상 끝날까지 하고 싶습니다.

결국 나를 행복하게 하는 것은 돈과 명예가 아니라 '범사에 감사하는 마음과 꿈'입니다. 그래서 저는 늘 기도할 때마다 항상 감사하는 마음을 달라고 합니다. 또한 꿈을 가지는 것도 중요합니다. 그리고 그 꿈을 이루고 못 이루고는 하나님께 맡깁시다. 세상 복잡하게 살 것 없습니다. 오늘 내가 있는 곳에서 지금 그대로 행복합시다.

12 세상에서 가장 사랑받는 사람과 가장 행복한 사람

세상에서 가장 사랑받는 사람은 모든 사람을 칭찬하는 사람이요, 가장 행복한 사람은 감사하는 사람이다.(탈무드)

사람이 과연 모든 사람을 칭찬할 수 있을까요? 저는 지금까지 "남을 미워한 적이 없다."는 사람은 만나봤지만, 모든 사람을 칭찬하는 사람은 만나보지 못했습니다. 누구에게나 장점과 단점이 존재합니다. 모든 사람을 칭찬하는 사람은 상대방의 단점 보다는 장점을 보려고 노력하고, 상대방의 말에 귀 기울이고, 상대방을 소중히 하는 사람일 것입니다. 내 곁에 있는 사람이 누구이든 높여주고, 채워주고, 정성껏 도웁시다. 내 곁에 있는 사람부터 칭찬하며 삽시다. 가장 행복한 사람은 감사하는 사람이라는 것에 절대적으로 공감합니다. 범사의 감사는 행복의 알파와 오메가입니다. 당신과 제가 세상에서 가장 사랑받는 사람과 가장 행복한 사람으로 살아가길 기원합니다.

ⓒ 문쾌출 크로아티아

13 범사에 감사하는 마음과 행복은 같은 말이다

시계왕국 스위스에서는 아기가 출생하면 산부인과 직원이 재산 액수를 기재하는 칸에 '시간'이라고 적는다고 합니다. 우리 모두가 공평하게 하나님으로부터 받은 선물은 시계가 아닌 시간입니다. 우리가 지금 소유하고 있는 것도 시간이고, 우리가 지금 쓸 수 있는 가장 값진 것도 시간입니다. 그런데, 신기하게도 사랑하는 사람과 있는 시간은 1시간이 1초처럼 빨리 지나가지만, 미워하는 사람과 있는 시간은 1초도 1시간처럼 늦게 지나갑니다. 그래서, 가능한 한 사랑하는 사람 곁에 꼭 붙어 있어야 합니다.

오늘 하루를 사랑으로 채울지, 미움으로 채울지도 결국은 내가 결정합니다. 도저히 사랑할 수 없는 사람을 만났을 때는 어떻게 해야 할까요? 피해야 합니다. 만약 도저히 그 사람을 피할 수 없을 때는 어떻게 해야 할까요? 그 상황을 최면을 걸어서라도 즐겨야 합니다. 그 또한 지나가게 되어 있습니다.

시계는 살 수 있어도, 시간은 살 수 없습니다. 시계는 보이고, 시간은 보이지 않습니다. 그런데, 대부분의 사람들은 살 수 있고 보이는 시계 같은 것을 소유하려는데 집착을 하고, 살 수 없고 보이지 않는 시간 같은 것에 대해서는 소홀히 하는 경향이 있습니다. 지나간 시계 바늘은 다시 돌아오지만, 지나간 시간은 다시 돌아오지 않습니다.

'어제의 비 때문에 오늘까지 젖어있지 말고, 내일의 비 때문에 오늘부터 우산을 펴지 마라.'는 말이 있습니다. 우산이 없으면 내리는 비를 그냥 맞으면 됩니다. 한 번 젖으면 비 맞는 것도 두렵지 않게 됩니다. 그리고 그 비는 반드시 그치게 되어 있습니다. 지나간 시간을 되돌릴 방법이 없습니다. 지금 당장 내가 행복해야 하는 이유입니다. 지금 이 순간을 범사에 감사하는 마음으로 가득 채웁시다. 범사에 감사하는 마음과 행복은 같은 말입니다.

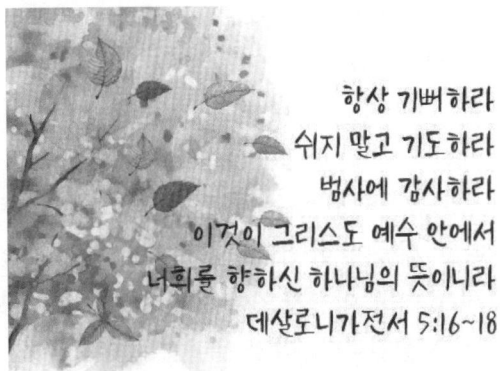

항상 기뻐하라
쉬지 말고 기도하라
범사에 감사하라
이것이 그리스도 예수 안에서
너희를 향하신 하나님의 뜻이니라
데살로니가전서 5:16~18

14 웃음 없는 하루는 낭비한 하루다

Life is a tragedy when seen in close-up, but a comedy in long-shot. A day without laughter is a day wasted.
인생은 가까이서 보면 비극이지만, 멀리서 보면 희극이다.
웃음 없는 하루는 낭비한 하루다.

　찰리 채플린(Charlie Chaplin)의 명언입니다. 채플린 말처럼, 인생은 희극입니다. 그렇기 때문에 늘 인생을 멀리 보려고 해야 합니다. 애달프게 산다고 비극이 희극으로 변하지도 않습니다. 이 세상에 태어난 것 자체가 희극 아닌가요? 빈 몸으로 왔다가 빈 몸으로 돌아가는 것이 우리들 삶입니다. 맘껏 웃다가 돌아갑시다.
　어제는 진고모(자칭 '진정한 고수들의 모임'의 약자) 형님들과 함께 운동하면서 참 많이 웃었습니다. 서로 서로 배려하는 모습에 더 행복했습니다. 더불어 사는 세상이 더불어 행복한 세상입니다. 함께 웃는 웃음이 진짜 웃음입니다.

15 나처럼 살지 말고, 너처럼 살라

가을입니다.
감나무에 감이, 사과나무에 사과가 주렁주렁 열려있습니다.
감나무는 그 종류가 무려 800여 종이나 되고,
사과나무도 25종 내외가 있습니다.
감나무는 감나무의 삶이 있고,
사과나무에는 사과나무의 삶이 있습니다.
나무들은 서로가 서로를 부러워하지도 않고,
서로가 서로를 미워하지도 않습니다.
그 자리에서 최선을 다해 살아갑니다.
같은 감나무라도 800여 종의 각기 다른 삶이 있는데,
이 세상에서 유일한 나의 삶이
다른 사람과 동일할 수는 없습니다.
나는 나의 삶을, 너는 너의 삶을 살면 됩니다.
나의 딸, 나의 아들에게도 그들의 길을 가게 해야 합니다.
나처럼 살지 말고, 너처럼 살라 해야 합니다.

ⓒ 김양수 큰딸 예담

16 나답게 살고 싶다

내 소망은 단순하게 사는 일이다.
그리고 평범하게 사는 일이다.
느낌과 의지대로 자연스럽게 살고 싶다.
그 누구도, 내 삶을 대신해서 살아줄 수 없다.
나는 나답게 살고 싶다.

법정 스님의 《오두막 편지》 책에 있는 글입니다. 저는 스님의 길을 걷고 있지 않는데도, 법정 스님처럼 어떻게 하면 삶을 단순하게 살지를 고민하고 있고, 또한 평범하게 사는 삶을 추구하고 있습니다. 코로나19 때문이기도 하지만 요새 모임을 최대한 줄이는 대신 가족과 함께 보내고 있고, 혼자 산책하는 것을 즐기고 있습니다.

또한 지난 2020년 3월 하순경부터 저의 4형제는 매일 만보 이상을 걷기로 해서 만보 이상 걸은 것을 캡쳐해서 4형제 카톡방에 올려야 하기에 비가와도, 아무리 늦은 시간에도 산책을 할 수밖에 없습니다. 지금은 저의 아들도 동참하고 있습니다.

그리고 저는 평범하게 사는 것이 곧 위대한 삶임을 믿습니다. 저도 아버지처럼 딸과 아들 잘 키우는 것이 저의 사명이라고 생각합니다. 그래서 저의 딸과 아들로부터 사랑받고 존경받는 아버지로 남고 싶습니다. 그렇게 우리는 각자의 주어진 삶을 충실히 살아가면 됩니다. 그 누구도 나의 인생을 대신 할 수 없기 때문이다.

17 나는 뿌리를 기르는 거름이 될 것이다

꽃은 꽃일 뿐, 뿌리가 될 수 없다고 했는가.
난 뿌리가 되고자 하는 것이 아니다.
또한 왕족과 사대부의 어떤 이도
뿌리가 될 순 없다.
나라의 뿌리는 거리 곳곳을 가득 채우는
저 백성들일 것이다.
하지만, 난 꽃이 되진 않을 것이다.
나는 뿌리를 기르는 거름이 될 것이다.
난 거름으로서 뿌리를 강하게 키우고
자우리의 소리를 담은 글자를 만든 것이고
그렇게 백성이라는 든든한 뿌리와 함께
조선이라는 꽃을 피울 것이다.
이것이 나의 답.
나 이도가 꿈꾸고 이룰 조선이다.

    SBS 드라마 <뿌리깊은 나무>에서 세종대왕(世宗大王) 역을 맡은 한석규의 명대사입니다. 세종대왕께서는 위 드라마 대사와 같은 삶을 사셨습니다. '메뚜기도 여름이 한 철'이라는 말대로, 4.15 국회의원 선거가 다가오니까 서로 서로가 예쁜 꽃이 되겠다고 난리입니다. 정치인들은 자신이 좋은 거름이 되어 국민들을 든든한 뿌리로 자라게 하여 대한민국이라는 아름다운 꽃을 피우도록 해야 할 텐데, 그들은 거름 보다는 본인 스스로가 꽃이 되려고 합니다. 우리 조국 대한민국의 주인은 국민들이지 정치인들, 당신들이 아닙니다. 세종대왕도 대왕이라는 칭함을 받을 정도로 위대한 왕이었지만, 백성을 주인으로 받들었지 않았습니까?

　세종대왕은 세종 26년 1444년에 실시한 공법(貢法) 즉, 전국 각 도를 토질에 따라 나누고, 27종 토지등급에 따라 각각 다른 세율로써 조세를 거두어 들이는 지세제도를 실시하기 전에 국민투표를 실시하여 찬성 98,657명, 반대 74,149명으로 통과시켰습니다. 당시 세종대왕이 하신 말씀을 지금의 위정자들은 마음 깊이 새겨야 할 것입니다.

　"백성들이 좋지 않다면, 이를 행할 수 없다."

　국민이 먼저입니다. 표 생각하지 말고, 오로지 국민만 생각하십시오. 그렇게 하면 표는 저절로 따라올 것입니다. 우리 서로 뿌리를 기르는 좋은 거름이 됩시다. 기꺼이 거름이 됩시다.

18 채움 보다는 비움

워싱턴시에 있는 링컨 기념관은 국회 의사당 맞은편에 위치하고 있습니다. 그 기념관 안에 링컨의 좌상이 있습니다. 미국의 유명한 조각가 존 보그롬의 작품입니다. 그가 링컨의 좌상을 만들 때의 일화가 있습니다.

조각가 보그롬이 매일같이 아침 일찍부터 저녁 늦게 까지 링컨의 석상을 만드는데 한 흑인 여성이 고용되어 조각하는데서 떨어지는 부스러기를 청소하는 일을 했습니다. 매일같이 보그롬이 땀을 흘리면서 큰 바위를 두들겼습니다. 여러 날 후에 한 덩어리의 바위 속에서 훌륭한 링컨의 형상이 나왔을 때 이 흑인 여성이 깜짝 놀라면서 물었습니다. "어떻게 이 돌에서 링컨의 형상이 나왔죠?" 그때 조각가 보그롬은 대답했습니다. "이 돌로 링컨의 형상을 만들 수 있다는 것을 믿고 이 돌 가운데서 링컨의 형상이 아닌 부분을 다 없애 버렸더니 이렇게 되었습니다." 그 조각가는 링컨의 모습을 머릿속에 그리면서 링컨으로 보이지 않는 부분을 깎아냈습니다. 결국 돌덩이에서 링컨이 나왔습니다.

우리도 마찬가지입니다. 머릿속에 우리의 아름다운 모습을 그리십시오. 좋은 아버지, 어머니, 친구, 하나님의 일꾼으로서의 모습을 그리십시오. 그리고 거기에 맞지 않는 부분을 깎아내야 합니다.

탁영철 목사님의 페이스북 게시글입니다. 필요한 것을 만들기 위해서는 필요 없는 것을 버려야 합니다. 제가 평생 조각하고 싶은 형상은 '할아버지'가 된 저의 모습입니다. 제가 앵무새처럼 늘 하는 이야기이지만, 저의 꿈은 몸도 마음도 건강한 좋은 할아버지가 되는 것입니다. 그렇게 좋은 할아버지가 되려면, 먼저 좋은 아들, 좋은 남편, 좋은 아버지가 되어야 하고, 더불어 좋은 친구와 좋은 이웃이 되어야 합니다. 어떻게 보면 좋은 할아버지는 곧 좋은 인생을 담은 종합 선물세트입니다.

하나님의 일꾼도 하나님의 사랑을 전하는 사람이고, 하나님의 사랑은 이웃을 내 몸과 같이 사랑하라는 것입니다. 결국 좋은 할아버지와 좋은 할머니가 되는 것은 곧 하나님의 좋은 일꾼이 되는 길이기도 합니다. 물론 이는 개개인이 예수님을 자신의 구원의 주님으로 영접해야 된다는 것을 전제로 하는 말입니다. 이렇듯 인생은 채움보다는 비움이 더 중요합니다. 좋은 할아버지와 할머니가 되는 것 외 나머지는 모두 버립시다. 삶을 단순화시킵시다.

19 아버지는 내가 되려는 모습 전부였다

"아버지는 내가 되려는 모습 전부였다."

위 글은 Microsoft(MS) 창업자인 빌 게이츠를 자선사업가의 길로 인도한 아버지 윌리엄 게이츠 시니어가 지난 2020년 9월 14일 향년 94세로 소천했는데, 빌 게이츠가 다음날 블로그에 올린 '아빠를 기억하며'라는 글에서 언급한 내용입니다.

게이츠 시니어는 제2차 세계대전 참전용사였고, 시애틀에서 변호사로 활동했는데, 둘째 아들 빌 게이츠가 MS를 창업할 수 있도록 적극적인 지지로 용기를 준 든든한 후원자였습니다. 빌 게이츠는 "폴 앨런과 마이크로소프트를 창업하기 위해 하버드를 중퇴했을 때조차 마음이 편했다. 실패하더라도 부모님은 내 편이 돼 주실 거라는 사실을 알았기 때문이다."라고 회상했다고 합니다.

이 세상에서 가장 성공한 사람은 배우자와 자식으로부터 사랑과 존경을 받는 사람이 아닐까요? 게이츠 시니어는 "부모의 욕심대로 아이를 키우는 것이 아니라 자녀 스스로가 꿈을 향해 나아가도록 해야 한다. 그리고 부모는 아이의 꿈에 제한을 두지 않아야 한다."라고 조언하고 있습니다. 정말 부전자전(父傳子傳)입니다.

그런데 저는 지금도 여전히 저의 딸과 아들을 저의 욕심대로 끌고 가고 있습니다. 그래서 오늘 재수하고 있는 아들과 식사하면서, "아빠가 빌 게이츠 아버지처럼 큰 그릇이 되어 아들을 적극적으로 지지해주지 못해 미안하다."고 다시금 사과했습니다. 저의 딸과 아들이 이 땅에서 빛과 소금의 역할을 할 수 있도록 앞으로 저의 마음의 그릇을 좀 더 키워보겠습니다. 그래서 제가 천국 갈 때 저의 딸과 아들이 "아버지는 내가 되려는 모습 전부였다."는 말을 하는 것을 꼭 듣고 싶습니다.

20 복은 받는 것이 아니라 짓는다

오늘(2020년 2월 7일) 존경하는 선우용녀 선생님께서 맛있는 점심을 사주셨습니다. 선생님의 따님은 1993년에 KBS 가요대상 신인상을 받은 가수이자 작곡가인 최연제씨인데, 지금은 미국에서 한방과를 나와 불임(不姙)전문 여성건강전문 박사로서 일하면서 46세 때 낳은 아들을 양육하고 있다고 합니다. 선생님의 드라마틱한 삶의 이야기를 듣다 보면 시간 가는 줄 모릅니다. 선생님께서 식사 중에 하신 말씀이 한결같이 지혜로운 말씀입니다.

"양손에 떡을 쥘 수 없다. 하나는 포기해야 한다. 나는 슬플 때 울고, 기쁠 때 웃는 줄만 알았는데, 세상 사람들이 오히려 인생을 연기하고 산다는 것을 알았다. 군자(君子)는 안과 밖이 같아야 한다.
부부가 우선이다. 자식에 올인(all in)하지 마라. 내가 아파 보니까, 걸을 때까지가 산 것이다. 어제일도 생각하고 싶지 않다. 내일은 자연히 오게 되어 있다. 그냥 오늘에 충실하면 된다.
사람이 죽는 방법은 제대로 죽는 것, 아파서 죽는 것, 횡사(橫死)하는 것 3가지가 있는데, 우리는 제대로 죽어야 한다. 법정 스님말씀처럼 혼란스럽게 살지 마라. 우리 몸이 자연이다. 나를 위해서 미소를 잃지 마라. 그래야 그 다음부터는 웃을 일만 생긴다."

오늘 저는 밥을 먹은 것이 아니라 지혜를 먹었습니다. 선생님이 "다음에는 아내와 함께 밥 사 주시겠다."고 하셨습니다. 선생님 말씀을 듣다보니, '복은 받는 것이 아니라 짓는다.'는 말이 맞는 것 같습니다. 그래서 선생님이 마음껏 복을 지으시도록 저는 다음에도 선생님한테 밥을 얻어먹을 생각입니다. 우리 선생님의 건강과 평안을 기원합니다.

21 마음은 생각보다 무겁다

파괴적인 생각을 피하라. 부적절하고 부정적인 생각은 사람을 쇠약하게 만든다. 배는 지구를 수십 바퀴도 돌 수 있지만, 물을 채우면 가라앉아 버린다. 사람의 마음도 마찬가지다. 사람의 마음에 부정적인 생각이나 부적절한 생각이 가득 차면 사람도 배처럼 가라앉아버린다.
- 알프레드 몬타퍼트(Alfred Montapert) -

어느 회사의 광고 문구처럼, 마음은 생각보다 무겁습니다. 마음은 에베레스트 산을 오르게도 하지만, 한 발짝도 못 움직이게 주저앉히기도 합니다. 누구나 살아가면서 부정적인 생각을 전혀 안 할 수는 없습니다. 그렇지만 마음을 긍정적인 생각으로 채울지 부정적인 생각으로 채울지는 자기 자신이 결정합니다. 부정적인 생각이 들면 얼른 긍정적인 생각으로 덧칠해야 합니다.

베아티투도(beatitudo)는 '행복, 행복한 생활'을 뜻하는 라틴어인데, '복되게 하다. 행복하게 하다.'의 뜻의 동사 '베오(beo)'와 '태도, 마음가짐'을 뜻하는 명사 '아티투도(attitudo)'의 합성어라고 합니다. 행복, 즉 베아티투도는 '태도와 마음가짐으로 복되게 하다, 행복하게 하다.'는 뜻입니다.

일체유심조(一切唯心造)라는 말도 있지 않습니까? 모든 것이 마음먹기에 달려있습니다. 오늘 하루 우리들의 마음을 행복한 마음으로 가득 채웁시다. 오늘은 당신의 남은 인생이 시작되는 첫째 날입니다. 앞으로 다시 오지 않을 오늘 하루는 당신 것이고, 저의 것입니다.

22 자유롭게 살고 싶거든

자유롭게 살고 싶거든
없어도 살 수 있는 것을 멀리하라

어제 내린 비로 미세먼지가 다 사라진 서울 하늘이 참 곱습니다. 위 멋진 말은 주말 오후 장로 장립 동기인 김용규 장로님의 아들 결혼식에 가는 전철 안에서 기관사가 한 인사말입니다. 인터넷을 검색해보니 톨스토이가 한 말이랍니다. 참 공감 가는 명언입니다.

저에게는 없어도 살 수 있는 것은 무엇일까요? 없어도 살 수 있는 것들이 얼른 떠오르지 않습니다. TV? TV 시청하는 시간만 없애도 저의 시간이 참 많이 남을 텐데, 저는 TV와 결혼한 사이입니다. 이미 TV와는 도저히 이혼할 수 없을 정도로 사랑하는 사이입니다. 핸드폰? 핸드폰은 TV처럼 결혼한 정도가 아니라 아예 부모자식이나 형제자매가 되어버렸습니다. 저는 핸드폰 없이는 이 세상을 살 수 없을 정도로 핸드폰 사용에 중독되어 있고, 아예 내 삶의 일부가 되어버렸습니다. 지금 이 글도 핸드폰으로 쓰고 있습니다.

참 큰일입니다. 옛날에는 핸드폰 없이 '삐삐'만으로도 잘 살았고 (제가 아내와 연애 할 때 삐삐가 유행이었습니다), 삐삐가 없을 때는 공중전화로도 잘 살았는데, 점점 핸드폰이라는 괴물에게 저의 자유로운 삶을 빼앗기는 느낌입니다. 아~ 어찌할꼬? 나약한 저의 모습이 참 부끄럽습니다.

결혼식(2019년 3월 16일) 후 시간이 남아서 장로님들과 함께 전쟁기념관을 둘러보았습니다. 목숨 바쳐 이 나라를 지켜주신 수많은 우리들의 영웅들이 있었기에 저는 오늘 자유 대한민국의 땅을 당당히 걸을 수 있는 것입니다. 참으로 고맙고 고맙습니다. 빚진 자의 마음으로 더 열심히 살아야겠습니다.

오늘은 하늘이 맑아서 참 좋습니다.

23 페이버(favor)

'아메리칸 드림'을 이룬 어느 청년이 있었습니다. 명문 펜실베이니아 대학 건축학과를 졸업하고, 29세의 나이에 유명 건축설계회사의 중역이 되었고, 결혼하여 아름다운 아내와 예쁜 두 딸을 둔 참으로 건강하고 행복한 사람이었습니다.

그런 그가 32살 때 어느 날 뉴욕으로 가는 고속도로 위에서 의식을 잃고 쓰러집니다. 아내와 함께 급히 병원에 간 그는 그 자리에서 제세동기(除細動器)와 인공심장박동기를 심장에 연결해야만 했습니다. '심실빈맥증(心室頻脈症)'이 발병한 것입니다. 심실빈맥증은 심장의 박동 속도가 규칙적이지 못해서 어느 순간 심장이 비정상적으로 빠르게 뛰기 시작하면 호흡곤란으로 쓰러지게 되는 무서운 병입니다.

이때 일정한 간격으로 충격을 가해서 심장이 뛰는 속도를 늦춰주는 것이 제세동기이고, 그 과정에서 심장이 정지하는 상황이 발생하면 인공심장박동기가 작동하는 것입니다. 그는 호흡곤란으로 정신을 잃고 쓰러지기를 반복하다가 심장이식 수술을 받기 위해 5개월 동안 심장병동에 입원하고 있었습니다. 그는 병원에 있을 때 하나님께 이런 서원(誓願)을 합니다.

"만일 저를 살려주시고 이 병원에서 나가게 해주신다면 주님이 명령하신 대로 내 이웃을 내 몸과 같이 사랑하며 살겠습니다. 어려움에 처한 이웃의 아픔을 나누고 그들의 고통을 참여하며 그들을 섬기며 살겠습니다."

그리고 얼마 되지 않아 기다리던 심장이 나타났습니다. 그런데 상상도 못했던 돌발 상황이 발생하였습니다. 바로 옆방에서 그의 심장과 똑같은 조건의 심장을 구하지 못해 한 여인이 죽어가고 있었던 것입니다. 담당 의사선생님이 "오늘 저녁에 이식 수술을 할 테니 준비하라."는 말을 남기고 나갈 때 그는 담당 의사선생님을 불러 세워서 묻습니다.

"내 것과 똑같은 심장을 못 찾으면,
옆 병실의 저 여자 환자는 정말 이틀 안에 죽습니까?"
"그렇습니다."
"확실한가요?"
"확실합니다. 우리가 검사한 결과, 이틀을 못 넘길 겁니다."
"만일 제가 오늘 이식 수술을 받지 못하면 얼마나 더 살 수 있을까요?"
"일주일입니다. 잘 견뎌주면 한 달까지도 살 수 있을 겁니다."

그런데, 그에게 '죽어가는 저 여인에게 네 심장이 필요하다.'는 목소리가 들렸습니다. 그는 자신도 죽어가는 마당에 다른 사람의 생사를 걱정하고 있는 것입니다. 그는 어쩌면 그의 아내와 어린 두 딸이 기다리는 집으로 돌아갈 수 있는 마지막 희망이자 기회를, 두 번 다시 오지 않을지도 모르는 그 기회를 선뜻 손 내밀어 잡지 못합니다. 그는 이웃을 사랑한다는 것은 내가 주고 싶은 것을 주는 게 아니라 그들에게 필요한 것을 주는 것이라는 마음으로 그는 이렇게 말합니다.

"그녀에게 이 심장을 주십시오."

결국, 2년여 만에 겨우 만난 첫 번째 심장은, 그에게 온 지 채 한 시간도 안 되어 옆 병실을 여인에게 갔습니다. 다행히 그녀는 이식 수술을 받고 죽음의 위기를 넘겼습니다. 하지만, 그는 정확히 그로부터 일주일 뒤 호흡곤란으로 혼수상태에 빠집니다. 그가 쓰러진 지 한 달쯤 되었을 때, 기적적으로 또 하나의 심장이 나타나 이식 수술을 받아 건강을 회복합니다.

위 내용은 2015년 KBS TV 다큐멘터리를 통해 국내에 처음 알려진 하형록(미국명 팀하스) 회장이 쓴 '페이버'에 있는 내용입니다. 그가 세운 건축설계회사 '팀하스(TimHaahs)'는 잠언 31장의 성경 말씀을 바탕으로 '우리는 이웃을 돕기 위해 존재한다.(We exist to help those in need.)'는 경영철학을 가지고 출범, 20년 만에 미국 동부 최고의 건축설계회사로 성장했습니다.

미국 건축계의 권위 있는 상을 휩쓸며 미국 동부에서는 청년들이 일하고 싶은 100대 회사 중 하나가 된 팀하스사의 기적적인 성공 스토리는 그의 첫 저서인 《P31》를 통해 국내에 소개되어 크리스천뿐만 아니라 일반 비즈니스맨들에게까지 큰 공감대를 불러일으키며 베스트셀러가 되었습니다. 그는 대통령의 임명으로 미국 상원의 인준을 거쳐 미국 정부의 건축 관련 최고 의결 및 자문기관인 미국 국립건축과학원의 종신직 이사로 선임되었습니다.

그는 그의 삶을 '페이버(favor)'의 삶이라고 합니다. 번역상의 문제로 한국인들에게는 유독 낯선 개념인 페이버(favor)는 우리가 거저 받는 은혜라는 점에서는 은혜나 자비와 비슷하면서도 또 다른데, '하나님이 보시기에 좋을 때'만 우리에게 오는 특별한 선물이라는 점에서 다릅니다. 또한 그는 희생하며 어려운 이웃들과 하나가 되어 살아가는 이들에게는 어김없이 '페이버'의 축복이 오는데, 페이버의 축복을 바란다면 지금까지 쌓아왔던 '자기 사랑'의 탑을 허물고, '이웃 사랑'의 탑을 쌓아야 한다고 합니다. 그래서 그는 자신의 책에 사인할 때 이렇게 쓴답니다.

'참 희생은 승리의 지름길입니다.'

하형록 회장은 자신을 누군가에게 주기 위해, 자신이 항상 하려고 애쓰는 두 가지 말이 있는데, 그 첫 번째는 "저 여기 있습니다. 제가 하겠습니다."이고, 그 두 번째는 "다 끝냈습니다."라고 합니다. 팀하스에서 일하는 사람들은 누군의 희생이 필요할 때 직원 모두가 "제가 하겠습니다."라고 말하고, 물어보기 전에 "다 했습니다."라고 말한다고 합니다.

그는 비즈니스의 목표는 돈이 아닌 사람이고, 내 동료를, 고객을 내 이웃처럼 내 몸과 같이 사랑하고 용서하며 그들을 위해 희생할 때 '페이버'의 축복이 다가온다고 합니다. 또한 그는 하나님을 사랑하는 것이 곧 이웃을 사랑하는 것이요, 이웃을 사랑하는 것이 곧 하나님을 사랑하는 것이기 때문에 결국 우리가 지켜야 할 가장 중요한 계명은 '내 이웃을 내 몸과 같이 사랑하는 것'이라고 합니다.

평소 저는 TV나 영화 보는 것을 좋아하고 책 읽는 것을 싫어하는 편입니다. 그런데, 우연히 지난주일 저녁 잠들기 전에 책꽂이 꽃혀 있는 '페이버(favor)' 책을 읽기 시작한 후 끝까지 책을 놓을 수가 없었습니다. 저도 평생 잊지 못할 3개의 문장을 적으면서 참 희생의 삶을 살아갈 것을 다짐하고 다짐합니다.

"그녀에게 이 심장을 주십시오."
"우리는 이웃을 돕기 위해 존재한다."
"참 희생은 승리의 지름길입니다."

※ 한국성결신문 2020년 6월 17일 '김양홍 변호사의 행복칼럼' 에 실린 글입니다.

24 까르페디엠(Carpe diem)

'지금 이 순간에 충실하라'는 뜻의 라틴어 'Carpe diem'에서 비롯된 말입니다. 영어의 'Seize the day(현재를 잡아라)'와 같은 의미입니다. 서울 용산우체국 뒤편에 'Carpe Diem'이라는 이름의 카페가 있습니다. 유자, 레몬 등 수제 차가 참 맛있는 곳입니다.

나는 지금 이 순간 행복할 권리가 있습니다. 이 순간 행복할 권리는 내가 그 권리를 행사를 해야 진짜 나의 권리가 됩니다. '권리 위에 잠자는 자는 보호받지 못 한다'는 법언(法諺)이 있습니다. 누군가에게 어떤 권리가 있다면 그 권리를 적극적으로 주장하지 않으면 권리보호를 받지 못한다는 뜻입니다. 소멸시효(消滅時效) 제도가 그 예입니다. 일반채권의 소멸시효는 10년이고, 상사채권의 소멸시효는 5년이고, 식사비채권의 소멸시효는 1년입니다.

행복한 권리의 소멸시효 기간은 얼마나 될까요? 아주 길 수도 있고, 지금 이 순간 일수도 있습니다. 오랫동안 행복할 권리를 행사하지 않아 불행한 삶을 사느니 지금 이 순간 행복할 권리를 행사하여 행복한 삶을 사는 것이 더 지혜로운 태도가 아닐까요? 그런 마음으로 지금 이 순간에 충실하고, 지금 이 순간에 사랑하고, 지금 이 순간에 행복합시다. 그 순간순간이 모여 나의 인생이 되는 것입니다.

25 친구는 내 슬픔을 자기 등에 지고 가는 자

나바호 인디언 보호구역(Navajo Indian Reservation)의 한 학교에 젊은 여교사가 새로 부임하였습니다. 그녀는 원래 다른 학교에서 가르치던 대로 수업 시간에 학생을 지명하여 산수 문제를 풀게 했습니다. 그런데 어떤 학생도 칠판 앞에 나오면 우두커니 서 있을 뿐 누구도 문제를 푸는 아이가 없었습니다.

학생들이 아직 새로운 선생님에게 긴장하나 싶어 최대한 상냥하게 문제를 풀 것을 권했지만, 학생들은 그저 우물쭈물할 뿐이었습니다. 심지어 혼자 공책에 문제를 풀 때는 척척 잘 맞추는 학생들조차 칠판 앞에 나와 문제를 풀게 하면 가만히 있었습니다. 이 상황을 도저히 이해할 수 없는 선생님은 아이들에게 물었습니다.

"왜 선생님이 시키는데 하지 않는 거니? 모르면 모른다고 말을 해야 선생님이 가르쳐 줄 거 아니니?"

모든 아이들이 고개를 숙이고 조용히 있을 때 한 학생이 손을 들고 용기 내어서 선생님께 말했습니다.

"제가 모두 앞에서 이 문제를 풀어버리면, 이 문제를 모르는 다른 친구가 실망할 것 같아서요."

인디언 학생들은 어릴 때부터 서로의 상처를 살필 수 있도록 배워온 것입니다. 그들은 친구들 중에 산수 문제를 잘 풀지 못하는 친구가 있다는 것을 알았기 때문에 선뜻 문제를 풀지 못했던 것입니다.

오늘 아침에 받은 따뜻한 편지 제1420호 내용의 일부입니다. 우리 모두가 위 인디언 학생들처럼만 살 수 있다면, 더불어 행복하게 살 수 있지 않을까요? 그들은 배우는 학생들이 아니라 우리 인생의 스승들입니다.

교육부는 최근에 서울 주요 대학의 정시 비율을 상향시키고, 자율형 사립고(자사고), 외국어고, 국제고 등 특수목적고(특목고)에 대해서는 2025년 고교학점제(학생들이 진로에 따라 다양한 과목을 선택·이수하고 누적학점이 기준에 도달할 경우 졸업을 인정받는 제도) 전면 확대 시기와 맞물려 일괄 폐지하는 방안을 검토하기로 했다고 발표했습니다.

지금 자사고와 특목고에서는 이 나라와 이 민족을 위한 인재를 키워내는 것이 아니라 국영수 잘 하는 공부 선수들만 키워내서 SKY와 의대 몇 명 보냈는지가 명문고의 척도가 되어 버렸습니다. 최소한 초·중·고 교실에서는 공부 잘 하는 학생과 못 하는 학생, 집이 부유한 학생과 그렇지 못한 학생, 음악과 미술, 운동을 잘 하는 학생과 잘 못하는 학생이 더불어 함께 공부하게 해야 합니다. 극한 우열 경쟁만을 강요하는 지금의 교육 시스템은 반드시 고쳐야 합니다. 성적 하위권 학생들이 중상위권 학생들의 들러리만 서는 교육은 안 됩니다. 행복은 성적순이 아니지 않습니까? 위 인디언 학생들처럼 서로가 서로를 배려하는 마음을 키워줘야 합니다.

'친구'라는 인디언 말은 '내 슬픔을 자기 등에 지고 가는 자'라는 뜻이라고 합니다. 우리의 삶에는 그런 친구들이 필요하고, 우리 아이들에게도 그런 친구들을 만날 수 있도록 해줘야 합니다. 또한 학생부 종합전형에 대한 불신이 팽배한 상황에서는 수시(隨時)의 문제점을 더 보완해 가고, 정시(定時) 확대를 통해 공정의 가치를 실현해 나가는 것이 옳다고 생각합니다.

26 나 또한 하나의 꽃이다

산에 피어도 꽃이고,
길가에 피어도 꽃이고,
들판에 피어도 꽃이다.
꽃은 모두 소중하다.
그리고 그 자체로 아름답다.
나 또한 하나의 꽃이다.

위 글은 James Moon의 명언입니다. 꽃은 서로가 서로를 시샘하지도 않습니다. 꽃은 서로가 서로를 무시하지도 않습니다. 묵묵히 자신이 있는 그 자리에서 자기의 때에 자기의 꽃을 피우고, 자기의 열매를 맺습니다. 산에 피면 어떻고, 길가에 피면 어떻고, 들판에 피면 어떤가요? 꽃은 꽃입니다. 나도 꽃이고, 너도 꽃이고, 그도 꽃입니다. 우리 모두가 꽃입니다. 우리 모두가 아름다운 꽃입니다.

ⓒ 안근수

27 세 마리의 소를 키우자

어제는 5월 21일 부부의 날(2019년 5월 21일)이었습니다. 저의 아버지(2019년 8월 12일 소천)를 간병하고 계시는 간병인께서 "부부는 세 마리의 소를 키우면서 살면 행복하게 살 수 있다."고 하셨습니다.

"고맙소, 잘했소, 내가 잘못했소."

비단(非但) 부부에게만 해당되는 말이 아닙니다. 우리 일상의 삶에서도 이 세 마리의 소를 키울 수만 있다면 행복하게 살 수 있습니다. 만약, 이 세 마리 소 중 한 마리의 소만 키울 수 있다면, 저는 주저하지 않고 '고맙소'를 키우겠습니다. 감사하는 마음만 있어도 행복하게 살 수 있기 때문입니다. 오늘 하루만이라도 감사의 소를 키워봅시다.

감사가 감정의 영역에 있을 때는 가끔 감사하고,
감사가 의지의 영역에 있을 때는 종종 감사합니다.
그러나 감사가 믿음의 영역에 있을 때는 항상 감사합니다.
(탁영철 목사)

28 죽음을 생각할 때 삶이 농밀해진다

"사람 만날 때도 그 사람을 내일 만날 수 있다, 모레 만날 수 있다고 생각하면 농밀하지 않다. 그런데 제자들 이렇게 보면 또 만날 수 있을까. 계절이 바뀌고 눈이 내리면 내년에 또 볼 수 있을까. 저 꽃을 또 볼 수 있을까. 그럴 때 비로소 꽃이 보이고, 금방 녹아 없어질 눈들이 내 가슴으로 들어온다. '너는 캔서(암)야. 너에게는 내일이 없어. 너에게는 오늘이 전부야' 라는 걸 알았을 때 역설적으로 말해서 가장 농밀하게 사는 거다. 그렇기 때문에 세상에 나쁜 일만은 없다."

올해 88세인 이어령 교수님의 2019년 1월 7일자 중앙일보 백성호 기자와의 현문우답(賢問愚答) 인터뷰 내용입니다. 그는 암 선고를 받고도 방사선 치료도, 항암 치료도 받지 않고, 3~6개월마다 병원에서 가서 건강 체크만 합니다. 그는 의사가 암이라고 했을 때 "육체도 나의 일부니까 암과 싸우는 대신 병을 관찰하며 친구로 지내고 있다."면서, '투병(鬪病)' 대신 '친병(親病)'이라는 용어를 사용합니다. 또한 "애초부터 삶과 죽음이 함께 있다고 생각한 사람에게는 죽음은 새로운 뉴스가 아니다."고 합니다.

성경에서도 '한 번 죽는 것은 사람에게 정해진 것이요 그 후에는 심판이 있다'(히브리서 9장 27절)고 합니다. 영원히 산다면 그리고 죽음 후에 심판이 없다면 그냥 마음 편히 살다 죽으면 될 것입니다. 이렇게 살든 저렇게 살든 차이가 없을 테니까요…

그런데 분명 성경은 죽음 후에는 심판이 있다고 합니다. 지은 죄가 크면 클수록 저절로 고개가 숙여집니다. 제가 하나님 앞에 서서 심판 받을 때 고개를 들고 심판 받을 수 있기를 소망합니다.

올해 제 나이 53세. 죽음을 생각하기에는 젊은 나이일수도 있으나, 이렇게 죽음을 생각하게 해주신 하나님께 감사합니다. 이수성결교회 중보기도 1기생들에게 내놓은 나의 기도 제목은 '언제 어디서나 나의 가족과 법무법인 서호가 하나님 나라를 이루어 가는데 선한 도구로 쓰임 받기'입니다. 그렇게 쓰임 받다가 하나님이 불러주시는 때에 순종하며 하늘나라 가고 싶습니다.

29 서로 사랑하고 화합하라

"호헌 철폐! 독재 타도!"를 부르짖었던 6.10 민주항쟁 제32주년 기념일에 대한민국 김대중 대통령 부인 이희호 여사님께서 소천하셨다. 아래 내용은 이희호 여사님 유언 관련 김성재 장례위원회 집행위원장 기자회견문의 일부이다.

"이희호 여사님께서 6월 10일 저녁 11시 37분 소천하셨습니다. 이희호 여사님께서는 1921년 9월 21일생으로 만 97세가 되셨습니다. 유족들은 모두 임종을 지키면서 성경을 읽어드리고 기도하고 찬송을 부를 때에 여사님도 함께 찬송을 부르시며 편히 소천하셨습니다. 이희호 여사님께서는 두 가지 유언을 하셨습니다.

첫째는 우리 국민들께서 남편 김대중 대통령과 자신에게 많은 사랑을 베풀어 주신 것에 대해 감사하다고 말씀하셨습니다. 우리 국민들이 서로 사랑하고 화합해서 행복한 삶을 사시기를 바란다고 하셨습니다. 하늘나라에 가서 우리 국민을 위해, 민족의 평화통일을 위해 기도하시겠다고 말씀하셨습니다.

두 번째로 동교동 사저를 '대통령 사저 기념관(가칭)'으로 사용하도록 하고 노벨평화상 상금은 대통령 기념사업을 위한 기금으로 사용하도록 말씀하셨습니다. 그리고 김대중 대통령 기념사업과 민주주의와 평화통일을 위한 김대중평화센터 사업을 잘 이어가도록 당부하셨습니다."

김대중 대통령은 평소 스스로를 '이희호 여사의 남편'이라고 지칭할 정도로, 김대중 대통령은 이희호 여사님로부터 시작되었다고 해도 과언이 아니다. 이 땅에서 민주주의와 여성의 인권 확장을 위해 살아온 위인(偉人)이었다. 참 멋진 삶을 사신 분이다. 아래 성경구절은 이희호 여사님의 임종 순간에 울려 퍼진 시편 23편이다.

1 여호와는 나의 목자시니 내게 부족함이 없으리로다
2 그가 나를 푸른 풀밭에 누이시며 쉴 만한 물 가로 인도하시는도다
3 내 영혼을 소생시키시고 자기 이름을 위하여 의의 길로 인도하시는도다
4 내가 사망의 음침한 골짜기로 다닐지라도 해를 두려워하지 않을 것은 주께서 나와 함께 하심이라 주의 지팡이와 막대기가 나를 안위하시나이다
5 주께서 내 원수의 목전에서 내게 상을 차려 주시고 기름을 내 머리에 부으셨으니 내 잔이 넘치나이다
6 내 평생에 선하심과 인자하심이 반드시 나를 따르리니 내가 여호와의 집에 영원히 살리로다

이희호 여사님의 유언대로, 우리 국민들이 서로 사랑하고 화합해서 행복한 삶을 살았으면 좋겠다. 사랑과 화합의 출발선은 서로가 서로에게 하는 '사랑의 말'이다. 여야가 대립할 때 대립하더라도, 진보와 보수가 논쟁할 때 논쟁하더라도 서로를 이해하기 위해 좋은 말을 골라서 하는 것은 '민주주의의 미덕(美德)'일 뿐만 아니라 상대와 우리 국민에 대한 최소한의 예의가 아닐까?

당신이 이 세상을 떠날 때엔 당신 혼자 미소 짓고, 당신 주위의 모든 사람들이 울도록 그런 인생을 살자. 이희호 여사님처럼 … 유가족들에게 하나님의 위로를 빈다.

※ 위 글은 제가 2019년 6월 11일 저의 페이스북에 쓴 것입니다.

30 반드시 밀물은 오리라

미국의 철강왕 카네기는 젊은 시절 세일즈맨으로 이 집 저 집을 방문하며 물건을 팔러 다녔습니다. 어느 날, 한 노인 댁을 방문하게 되었는데, 그 집을 들어서자마자 카네기를 압도한 것이 있었습니다. 그것은 그 집의 벽 한 가운데 걸린 그림이었습니다. 그 그림은 한 쓸쓸한 해변에 초라한 나룻배 한 척과 낡은 노가 썰물에 밀려 백사장에 제멋대로 널려있는 그림이었습니다. 그런데 그 그림 하단에는 '반드시 밀물은 오리라 그 날 나는 바다로 나가리라' 라는 짧은 글귀가 적혀 있었습니다. 카네기는 그림과 글귀에 크게 감명을 받았습니다. 집에 돌아와서도 그는 그 그림으로 인하여 잠을 이룰 수 없었습니다. 그래서 다시 그 노인을 찾아가 그 그림을 자신에게 달라고 간절히 부탁하였고 결국 그 노인은 그 그림을 카네기에게 주었습니다. 카네기는 그 그림을 그의 사무실에 평생 걸어 놓았습니다. '반드시 밀물은 오리라'는 메시지와 함께 그 그림은 카네기의 일생을 좌우한 굳건한 신조가 되었습니다. 인터넷에서 떠도는 유명한 카네기 일화입니다. 카네기도 세일즈맨으로 일할 때는 무척 힘든 상황이지 않았을까요? 그래서 '반드시 밀물은 오리라'는 글귀가 가슴 벅차게 다가 왔을 것입니다.

'세상에 공짜 없다'는 말이 맞는 것 같습니다. 카네기에게 그런 힘든 상황이 없었다면 과연 철강왕이라는 말을 들을 수 있었을까요? 요새 경제가 어려워져서 그런지 만나는 사람마다 다들 힘들다고 합니다. '인생의 썰물'인 사람들이 많은 것 같습니다. 지금 당장은 바다로 나갈 수 없지만 언젠가는 '인생의 밀물'이 올 것입니다. 그것이 자연의 이치이자, 삶의 이치입니다.

내일 일을 위하여 염려하지 말라 내일 일은 내일이 염려할 것이요 한 날의 괴로움은 그 날에 족하니라(마태복음 6장 34절)

내일 일은 내일이 염려하게 합시다. 인생의 밀물이 올 때 드넓은 바다로 힘차게 나아갑시다. 그리고 그 바다에서 함께 고기도 잡고, 함께 노래도 부릅시다. 생각만 해도 행복하지 않은가요? 오늘 나에게 주어진 것에 감사하고, 오늘 내가 해야 할 일에 마음을 다하고, 오늘 내가 만나는 사람을 사랑합시다.

물론 감사한 마음이 들지 않을 때도 있을 것입니다. 그럼에도 불구하고 우리는 감사한 마음을 갖도록 노력해야 합니다. 감사하는 마음만 있으면, 오늘 하루 행복할 수 있기 때문입니다. 오늘 행복하고, 내일은 내일 행복하면 됩니다. 그 행복한 하루하루가 쌓여서 나의 행복한 인생이 될 것입니다.

거미줄에 걸려 말라 죽은 나비에게 꿈을 물어보면 대답이 없다.
꿈꾸지 않는다.
죽었다.
같은 뜻.

정철의 '꿈'이란 시입니다. 꿈꾸지 않는 것은 곧 죽은 것입니다. 2018년은 우리 모두가 큰 꿈이든 작은 꿈이든 꿈을 꾸는 새해가 되길 소망합니다.

하나님이 말씀하시기를 말세에 내가 내 영을 모든 육체에 부어 주리니 너희의 자녀들은 예언할 것이요 너희의 젊은이들은 환상을 보고 너희의 늙은이들은 꿈을 꾸리라(사도행전 2장 17절)

성경말씀은 젊은이들이 아닌 늙은이들에게 꿈을 꾸라고 합니다. 늙은이들은 죽음을 기다리는 것이 아니라 꿈을 꾸어야 합니다. 그렇지만, 그 꿈은 나만 잘 살기 위한 것이 아니라 하나님께는 영광, 이웃에게는 유익되는 꿈이어야 합니다. 2018년 새해 우리 모두 그런 꿈을 꿉시다. 그래서 우리 모두가 각자의 자리에서 하나님의 나라를 이루는데 작은 밀알이 되기를 소망합니다. 새해 하나님의 복 많이 받으십시오.

※ 한국성결신문 2018년 1월 10일 '김양홍 변호사의 행복칼럼' 에 실린 글입니다.

31 꿈을 꾸면 오래 산다

행복(幸福)이라는 단어가 우리나라 문헌에 등장하는 때는 서양의 happiness이라는 단어가 들어온 1880년대라고 한다. 행복은 요행을 뜻하는 '행(幸)', 내가 바라는 바를 신이 들어줬으면 하는 마음을 뜻하는 '복(福)'의 결합이다. 우리 조상들이 꿈꾸었던 행복한 인생도 지금 우리들이 꿈꾸는 것과 별 차이가 없는 것 같다. 우리 조상들은 인생에서 바람직하다고 여겨지는 다섯 가지 복 즉, 오복(五福)을 누리는 삶이 행복한 인생이라고 생각한 것 같다.

오복이 문헌상에 나타난 것은 《서경(書經)》「홍범편(洪範編)」인데, 그것은 수(壽), 부(富), 강녕(康寧), 유호덕(攸好德 : 덕을 좋아하여 즐겨 선행을 행하려고 함), 고종명(考終命 : 하늘이 부여한 천명을 다 살고 죽음을 맞이함)이다. 반면 민간에서 바라는 오복은 「통속편(通俗編)」에 나오는데, 그것은 수(壽), 부(富), 강녕(康寧)까지는 동일하고, 유호덕은 귀(貴)로, 고종명은 자손중다(子孫衆多)로 차이가 있다. 서민들은 남에게 덕을 베푼다는 유호덕보다는 귀하게 되는 것이 낫고, 자기의 천수대로 사는 고종명보다는 자손이 많은 것이 더 낫다고 생각한 것이다.

조선시대 서민들이 귀하게 되는 지름길은 3년마다 정기적으로 열리던 과거에 급제하는 것인데, 과거시험에서 최연소와 최고령으로 급제한 사람은 누구일까? 15세 이건창이 소과에 합격했고, 17세 박호가 대과에 장원급제했다. 83세 박문규는 1887년 개성별시문과(開城別試文科)에 합격하여 최고령 과거급제라는 기록을 남겼다. 당시 평균 수명이 40대인 것을 감안하면 그의 합격은 참 놀라운 일이다. 그런데 박문규는 과거 급제 꿈을 이룬 다음해 소천했다. 꿈을 꾸면 오래 산다. 난 꿈을 가진 하루와 꿈 없는 1년을 바꾸고 싶지 않다. 꿈꾸는 한 꿈은 이루어진다.

[마음의 양식 1] 이제부터라도 한 그루 나무처럼 살고 싶다. 겉모습은 어쩔 수 없이 변하더라도 ... 속마음은 변하지 않는 사람이 되고 싶다. 한 그루 나무처럼 한 그루 꽃나무처럼 말이다.

[마음의 양식 2] 행복하고 성공한 사람들은 과거에 감사하고, 미래의 꿈을 꾸고, 현재를 설레며 산다.

   어느 날 서울중앙지방법원으로 재판 갔을 때 동관 양쪽 엘리베이터 안 [마음의 양식] 코너에 붙어 있는 명언들이다. 나무는 자신의 자리에서 아낌없이 자신의 모든 것을 준다. 한낱 미물의 삶이 아닌 성인군자(聖人君子)의 삶이다. 나무는 때에 맞춰 꽃을 피워 벌에게 꿀을 주고, 열매를 맺어 사람과 동물에게 열매를 먹게 하고, 무더운 여름에는 그늘을 만들어 주고, 마지막에는 목재로 자신의 몸까지 내어준다. 참말로 멋진 나무의 인생이다. 누구나 행복하고 성공한 사람이 되고자 한다. 나도 그렇다. 위 명언대로 과거에 감사하고, 미래의 꿈을 꾸고, 현재를 설레며 살아가 보자. 밑져야 본전 아닌가? 현재를 설레며 살기 위해서는 반드시 꿈이 있어야 한다.

하나님이 말씀하시기를 말세에 내가 내 영을 모든 육체에 부어 주리니 너희의 자녀들은 예언할 것이요 너희의 젊은이들은 환상을 보고 너희의 늙은이들은 꿈을 꾸리라(사도행전 2장 17절)

하나님께서는 분명 늙은이들은 천국 갈 날만 기다릴 것이 아니라 "꿈을 꾸리라"고 하셨다. 그 꿈이 무엇이든 꿈을 꾸자. 큰 꿈이든 작은 꿈이든 마구 꾸자. 이제부터라도 범사에 감사하는 마음으로 아름다운 꿈을 꾸면서 오늘 하루를 설렘으로 가득 채우자. 오늘 하루도 당신 것이고, 내 것이다. 우리 함께 행복한 꿈을 꾸자.

※ 한국성결신문 2019년 11월 9일 '김양홍 변호사의 행복칼럼'에 실린 글입니다.

32 인생의 세 가지 주머니

'인생이란 꼭 이해해야 할 필요는 없는 것, 그냥 내버려두면 축제가 될 터이니, 길을 걸어가는 아이가 바람이 불 때마다 날려 오는 꽃잎들의 선물을 받아들이듯이 하루하루가 네게 그렇게 되도록 하라. 꽃잎들을 모아 간직해두는 일 따위에 아이는 아랑곳 하지 않는다. 제 머리카락 속으로 기꺼이 날아 들어온 꽃잎들을 아이는 살며시 떼어내고, 사랑스런 젊은 시절을 향해 더욱 새로운 꽃잎을 달라 두 손을 내민다.'

라이너 마리아 릴케(Rainer Maria Rilke)의 '인생'이란 시다. 인생을 어떻게 살아야 할지를 가르쳐 주는 인생살이 지침서 같다. 내가 어렸을 때 구슬과 딱지를 많이 모으는 것이 행복일 때가 있었다. 그런데 어른이 되어서도 '변형된' 구슬과 딱지를 모으는데 온 마음과 정성을 다 하고 있다. 위 시에 등장하는 아이처럼 꽃잎들을 모아 간직하는 것에 아랑곳 하지 않을 때가 언제 올까?

인생이란 무엇일까? 인생이란 죽음으로 가는 여행길이다. 사람은 누구나 죽는다. 죽음으로 가는 여행길에서 만나는 사람들과 함께 하루하루 즐겁게 여행하는 마음으로 살자. 인생의 봄, 여름, 가을, 겨울도 만날 것이다. 너무 덥다고 또 너무 춥다고 고통스러워 할 필요도 없다. 더우면 물놀이 하면서 즐기고, 추우면 스키 타며 즐기면 된다. 그 또한 지나갈 것이다. 인생의 사막을 만나고, 넘기 힘든 큰 산을 만날 수도 있다. 그 때도 절망하지 마라. 가다가 힘들면 쉬었다 가고, 산을 넘다가 힘들면 다시 내려오면 온다.

이스라엘 최고의 강연가로 꼽히는 텔아비브대학 하임 샤피라

(Haim Shapira) 교수는 '행복이란 무엇인가'라는 책에서 인생을 재미있게 살려면 주머니 세 개를 준비해야 하는데, 하나는 앞으로 이루고 싶은 '꿈을 담을 주머니', 또 하나는 하루하루를 즐겁게 지내는 '재미 주머니', 그리고 세 번째 주머니는 '비상금 주머니'라고 한다. 다만, 그는 비상금 주머니에는 돈을 준비하는 대신 좋은 친구를 준비하라고 한다. 나는 그 세 가지 주머니에 무엇을 담을까?

나의 꿈을 담을 주머니에는 '나주옥의 남편, 은혜와 은철이의 아버지, 양가의 아들, 이수성결교회 장로, 법무법인 서호 대표변호사의 자리를 지키는 것 그리고 몸도 마음도 건강한 할아버지가 되는 것'이 담겨 있다. 나의 재미 주머니에는 '생을 마감할 때까지 매년 책 1권씩 펴내기와 행복한 동행 강의하기, 60세 이전에 중국으로 유학가기와 같은 나만의 제3의 공간'이 담겨 있다.

나의 비상금 주머니에는 좋은 친구들인 '북성중 五星會, 반포중 부자유친 OB 모임, 윤철수 상무'가 담겨 있다. 다만, 2020년부터는 비상금 주머니에 진짜 돈도 많이 담고 싶다. 그래서 내 곁에 있는 이웃들에게 하나라도 더 베풀다가 하늘나라 가고 싶다.

오늘은 나의 남은 인생의 첫날이다. 감사한 마음으로 오늘을 여행하자. 오늘 누구를 만나게 될지 기대된다. 오늘 만나게 될 그 누구를 마음껏 축복해주자. 물 한 모금도 나눠 먹자. 여행은 그렇게 함께 해야 더 즐겁다. 우리 그렇게 더불어 살아가자.

※ 한국성결신문 2019년 12월 31일 '김양홍 변호사의 행복칼럼'에 실린 글입니다.

33 결혼도, 이혼도, 재혼도 사랑으로 해야 한다

홍상수 영화감독이 아내 A씨를 상대로 제기한 이혼 청구가 엊그제 2년 7개월 만에 기각되었다. 홍 감독은 2016년 11월 아내 A씨를 상대로 이혼조정신청을 했으나, 아내 A씨가 이혼을 원치 않았기에 소송절차로 진행되었고, 이후에도 아내 A씨는 법원의 서류 송달을 7차례 받지 않으면서 대응하지 않다가 지난 1월에 변호사를 선임하여 본격적으로 대응하면서 이혼할 의사가 없음을 밝혔다.

이후 소송절차에서도 다시 조정에 회부되었지만 이혼이 성립되지 않았고, 결국 재판부는 '홍 감독과 아내 A씨의 혼인관계가 파탄에 이르렀으나, 주된 책임은 홍 감독에게 있고, 이혼 청구를 예외적으로 허용할 수 있는 경우에 해당하지 않는다.'고 판단하면서 그의 이혼청구를 기각한 것이다. 홍 감독은 2015년 9월 개봉한 '지금은 맞고 그때는 틀리다'를 촬영하면서 배우 김민희씨와 연인관계로 발전했고, 지난 2017년 3월 영화 '해변에서 혼자' 시사회 기자간담회에서 김씨와 연인관계를 인정한 바 있다.

주일날 교회 성도님들에게 "홍 감독의 이혼청구가 기각된 것에 대해 어떻게 생각하느냐?"고 물었더니 6명 중 5명은 법원의 판단에 긍정적인 평가를 하였고, 1명만 홍 감독의 이혼청구를 받아줘야 하는 것 아니냐고 대답했다.

우리 민법은 제840조에서 재판상 이혼원인으로 6가지를 들고 있다. '1. 배우자에 부정한 행위가 있었을 때, 2. 배우자가 악의로 다른 일방을 유기한 때, 3. 배우자 또는 그 직계존속으로부터 심히 부당한 대우를 받았을 때, 4. 자기의 직계존속이 배우자로부터 심히 부당한 대우를 받았을 때, 5. 배우자의 생사가 3년 이상 분명하지 아니한 때, 6. 기타 혼인을 계속하기 어려운 중대한 사유가 있을 때'이다.

위 민법 제840조 제6호 이혼사유에 관하여 유책배우자의 이혼청구를 허용할 것인지 여부에 관하여 대법원은 대법원 2015. 9. 15. 선고 2013므568 전원합의체 판결(7:6)에서 원칙적으로 유책배우자의 이혼청구를 허용하지 않는 것으로 판결한 바 있고, 홍 감독 사건에서도 위 대법원 판결 취지에 따라 그의 이혼 청구를 기각한 것이다.

다만, 대법원은 위 전원합의체 판결에서 '상대방 배우자도 혼인을 계속할 의사가 없어 일방의 의사에 따른 이혼 내지 축출이혼의 염려가 없는 경우는 물론, 나아가 이혼을 청구하는 배우자의 유책성을 상쇄할 정도로 상대방 배우자 및 자녀에 대한 보호와 배려가 이루어진 경우, 세월의 경과에 따라 혼인파탄 당시 현저하였던 유책배우자의 유책성과 상대방 배우자가 받은 정신적 고통이 점차 약화되어 쌍방의 책임의 경중을 엄밀히 따지는 것이 더 이상 무의미할 정도가 된 경우 등과 같이 혼인생활의 파탄에 대한 유책성이 이혼청구를 배척해야 할 정도로 남아 있지 아니한 특별한 사정이 있는 경우에는 예외적으로 유책배우자의 이혼청구를 허용할 수 있다.'고 판시하였다.

만약 홍 감독의 아내 A씨가 혼인을 계속할 의사는 없고, 단지 홍 감독이 젊은 여배우와 사는 꼴이 보기 싫어 이혼에 응할 수 없다고 했다면, 대법원 판결 취지에 비추어 볼 때 홍 감독의 이혼청구는 받아들여졌을 것이다.

과연 법원의 위 판단은 유지되어야 할까? 바리새인들이 예수를 시험하기 위해 사람이 어떤 이유가 있으면 그 아내를 버리는 것이 옳으

냐고 묻자 예수께서 '사람을 지으신 이가 본래 그들을 남자와 여자로 지으시고 말씀하시기를 그러므로 사람이 그 부모를 떠나서 아내에게 합하여 그 둘이 한 몸이 될지니라 하신 것을 읽지 못하였느냐 그런즉 이제 둘이 아니요 한 몸이니 그러므로 하나님이 짝지어 주신 것을 사람이 나누지 못할지니라'고 하셨다.(마태복음 19장 3~6절) 또한 예수께서는 '누구든지 음행한 이유 외에 아내를 버리고 다른데 장가를 드는 자는 간음함이니라'(신명기 24장 1절, 마태복음 19장 9절)고 말씀하셨다. 성경말씀에 비추어 볼 때도 홍 감독의 이혼 청구는 기각되어야 마땅하다. 홍 감독이 김씨와 만난 '지금은 맞고 그때는 틀리다'는 영화 제목과 달리 지금도 틀리고, 그때도 틀렸다.

그렇다면 크리스천은 배우자의 음행 외에는 이혼을 해서는 안 되는 것일까? 변호사로서 이혼소송을 수행하다보면, '원고와 피고가 배우자로 만나지 않았으면 얼마나 좋았을까?'라는 생각을 많이 하게 된다. 도저히 하나님이 짝지어 주신 것으로 볼 수 없는 부부라고 생각되어 지는 사례가 너무나 많은 것이다. 단지 두 사람이 좋아서 결혼하고, 그 결혼을 하나님이 맺어주신 것이라고 외부에 선언하고, 잘못되면 하나님이 잘못 맺어줬다고 따지는 형국이다. 그래서 결혼하기 전에 반드시 하나님의 뜻을 물어야 한다.

'판단력이 부족해서 결혼하고, 인내력이 부족해서 이혼하고, 기억력이 부족해서 재혼한다.' 어느 변호사가 농담 반 진담 반으로 한 말이다. 매우 공감 가는 말이다. 결혼과 이혼, 재혼을 실패하지 않으려면 이 말을 되새기면 되지 않을까? 그리고 여기에 두 가지를 더하면 더 올바른 판단을 할 수 있을 것이다.

첫 번째는 가족들의 조언을 경청하는 것이다. 이 세상에서 나를 조건 없이 사랑하는 사람은 가족 아닐까? 결론을 내려놓고 가족들의 조언을 듣지 말고, 가족들의 조언을 듣고 결론을 내려야 한다.

두 번째는 사랑이다. 사랑으로 결혼하고, 사랑으로 이혼하고, 사랑으로 재혼한다면 후회는 사랑한 만큼 덜 할 것이다. 이혼하는데 무슨 사랑으로 하냐고 반문할지 모르겠다. 그렇지만 헤어질 때 잘 헤어져야 한다. 가능한 한 상처 주는 말을 덜 하고, 가능한 한 재판상 이혼보다는 협의이혼이나 조정으로 끝내야 한다. 내가 경제적으로는 조금 더 손해 보더라도 그렇게 헤어지는 것이 훨씬 지혜로운 태도이다. 헤어지는 배우자가 불행하게 되기를 바라기보다는 서로가 서로의 행복을 기원하면서 헤어지는 것이 서로의 행복을 위해서도 바람직하다. 그래서 결혼도, 이혼도, 재혼도 사랑으로 해야 한다.

※ 코람데오닷컴 2019년 6월 20일 '김양홍 변호사의 행복칼럼'에 실린 글입니다.

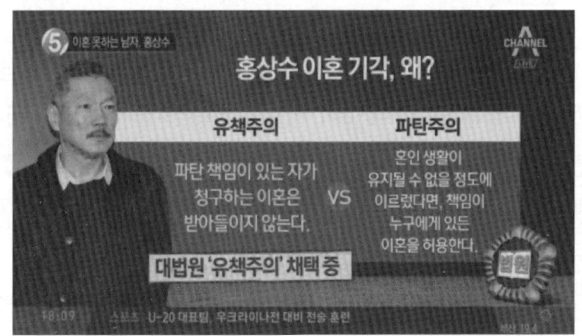

34 세상에서 어려운 일 두 가지

세상에서 어려운 일 두 가지가 있는데, 첫 번째가 내 생각을 남의 머리에 넣는 일이고, 두 번째가 남의 돈을 내 주머니에 넣는 일이다. 첫 번째 일을 하는 사람을 선생님, 두 번째 일을 하는 사람을 사장님이라 부른다. 그리고 이 어려운 두 가지 일을 한 방에 다 하는 사람을 '마누라'라고 부른다. 그러므로 선생님에게 대드는 것은 배우기 싫은 것이고, 사장님에게 대드는 것은 돈 벌기 싫은 것이고, 마누라에게 대드는 것은 살기 싫은 것이다.

인터넷에서 떠도는 이 세태를 풍자하는 글입니다. 어느 누군가가 '세상에서 두 번째로 어려운 일은 남의 지갑에서 돈을 빼오는 일이다. 세상에서 가장 어려운 일은 남의 머릿속에 내 생각을 넣는 일이다'라는 중국 속담을 재미있게 표현한 것으로 보입니다.

우리나라에서 '마누라'는 통상 '마주 보고 눕는 여자' 즉, 아내를 뜻하는 말로 사용되고 있습니다. 그런데 이 '마누라'라는 단어는 15세기의 『삼강행실도』(三綱行實圖)에 처음 나옵니다. 그런데 특이하게도 여기서의 마누라는 '주인(公)'의 의미입니다. 『이두편람』(吏讀便覽)에서도 마누라에 대해 '노비가 그 주인을 이르는 말'이라고 기술하여 '주인'의 의미를 분명히 보이고 있습니다.(네이버 지식백과 내용 인용) 선생님과 사장님의 모습을 모두 갖고 있는 '마누라'를 자신의 주인으로 알고 대들지 않는 삶이 지혜로운 삶입니다. 마누라가 '왕비(王妃)'이면, 자신은 '왕(王)'이기 때문입니다. 오늘 하루도 마누라에게 충성(忠誠)합시다!!

35 인명재처(人命在妻)

　인명재천(人命在天)은 사람의 목숨은 하늘에 있다는 뜻으로 사람이 살고 죽는 것이나 오래 살고 못 살고 하는 것이 다 하늘에 달려 있어 사람으로서는 어찌할 수 없음을 이르는 말입니다. 그런데 인터넷에서 '받침 하나 뺐을 뿐인데 ..'라는 제목으로 아래 글이 떠돌아다닙니다.인명재처(人命在妻) 사람의 운명은 아내에게 달려 있다.

　　진인사대처명(盡人事待妻命) 최선을 다한 후 아내의 명령을 기다려라.
　　지성이면 감처(至誠感妻) 정성을 다하면 아내도 감동한다.
　　처하태평(妻下泰平) 아내 밑에 있을 때 모든 것이 편하다.
　　사필귀처(事必歸妻) 중요한 결정은 결국 아내의 뜻에 따르게 된다.

　잠언에서는 아내에 대해 이렇게 표현하고 있습니다. '아내를 얻는 자는 복을 얻고 여호와께 은총을 받는 자니라(잠언 18장 22절) 집과 재물은 조상에게서 상속하거니와 슬기로운 아내는 여호와께로서 말미암느니라(잠언 19장 14절)' 기본적으로 아내를 얻는 자는 복 받은 사람이고, 슬기로운 아내는 하나님 때문에 얻는 것이라는 말씀입니다.
　예수님은 남편과 아내에게 이렇게 말씀하셨습니다. '그러나 너희도 각각 자기의 아내 사랑하기를 자신 같이 하고 아내도 자기 남편을 존경하라(에베소서 5장 33절)'자기의 아내 사랑하기를 자신 같이 하려면 얼마나 사랑해야 할까요? 인명재처(人命在妻)와 진인사대처명(盡人事待妻命)의 마음으로 살아가야 하지 않을까요? 그렇게 생각하면 위 글들이 우스갯소리가 아니라 딱 맞는 말입니다.

저는 이수성결교회에서 새가족을 섬기고 있는데, 새가족 중에 신혼부부가 오면 늘상 남편에게 하는 말이 있습니다. "나는 아내를 위해 태어났다, 나는 아내의 종이다."라는 마음으로 살아가라고 합니다. 처하태평(妻下泰平)과 사필귀처(事必歸妻)의 마음으로 살아가는 것이 지혜로운 삶입니다.

왜 그렇게 살아가야 하냐구요? 남편이 자기의 아내를 그렇게 자신같이 사랑하면 아내는 남편 위에 군림하는 것이 아니라 온 몸과 마음을 다하여 남편을 사랑하고 존경할 것이기 때문입니다. 부부간의 사랑도 그렇게 주고받는 것입니다.

※ 한국성결신문 2020년 6월 12일 '김양홍 변호사의 행복칼럼' 에 실린 글입니다.

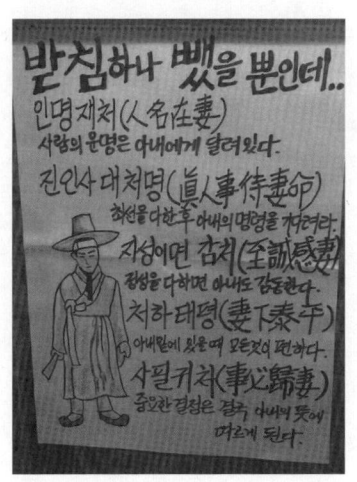

제2편 삶을 아름답게 하는 것들

01 그냥 좋은 사람

그냥 이라는 말에는 수많은 이야기가 뒤따른다.
그냥 좋다거나 그냥 마음이 간다거나
그냥 편안하다는 이야기는
그냥 성립되지 않는다.

그 사람이 그냥 좋다는 말은
수많은 이야기들이 모여야 입 밖으로 나올 수 있다.
그저 한 번의 만남으로 그냥 그 사람이 마음에 든다,
라고 할 수 없다.

보이지 않는 수많은 끈을 서로에게 단단히 묶고 난 후에야
'그냥' 이라는 말을 쓸 수 있다.

서로를 배려하는 마음의 끈,
상대를 존중하는 존경의 끈,
감사가 담긴 사랑의 끈들이
얽히고설켜 풀 수 없을 정도가 될 때
비로소 '그냥' 이라는 말을 쓸 수 있다.

그 수많은 이야기를 담은
그냥이라는 말을 진심으로 쓸 수 있는 누군가가 있다면
성공한 인생이라 할 수 있지 않을까.

당신이 좋다.
그냥 좋다.

전승환 작가의 《행복해지는 연습을 해요》에 있는 글입니다. 참 고운 글입니다. 당신에게는 그냥 좋은 사람이 있습니까? 저는 있습니다. 그냥 생각만 해도 좋습니다. 그냥 좋은 사람이 저의 마음속에 있는 것만으로도 저는 행복합니다. 아무리 힘들고, 아무리 바쁘더라도 그냥 좋은 사람 한 사람은 가슴에 담아 두고 삽시다.
우리 그렇게 서로가 서로에게 그냥 좋은 사람으로 남읍시다.
저도 당신에게 그냥 좋은 사람이고 싶습니다.

02 한순간씩만 살자

마음이 많이 아플 때
꼭 하루씩만 살기로 했다
몸이 많이 아플 때
꼭 한순간씩만 살기로 했다
고마운 것만 기억하고 사랑한 일만 떠올리며
어떤 경우에도 남의 탓을 안 하기로 했다
고요히 나 자신만 들여다보기로 했다
내가 주어진 하루 만이
전 생애라고 생각하니
저만치서 행복이 웃으며 걸어왔다

  이해인 수녀님의 '어떤 결심'이라는 시입니다. 시를 읽으면서 같은 결심을 했습니다. 매일매일 같은 결심을 해야겠습니다. 돌이켜보면 지금까지 살아온 것이 다 하나님의 은혜입니다. 은혜 아닌 것이 없습니다. 다만, 누가 나의 마음을 아프게 한 것은 견딜 수 있는데, 가족이 아픈 것은 참 견디기 힘듭니다. 가족이 아플 때는 같이 아플 수밖에 없는 것 같습니다.
  내게 주어진 하루가 전 생애라면, 그 시간을 너무 낭비하는 것 같습니다. 시간을 좀 더 아껴 써야겠습니다. 오늘 나머지 시간만이라도 행복으로 가득 채웁시다. 행복으로 가득 채우기에도 시간은 부족합니다.

03 두 사람

이제 두 사람은 비를 맞지 않으리라
서로가 서로에게 지붕이 되어 줄 테니까
이제 두 사람은 춥지 않으리라
서로가 서로에게 따뜻함이 될 테니까
이제 두 사람은 더 이상 외롭지 않으리라
서로가 서로에게 동행이 될 테니까
이제 두 사람은 몸은 둘이지만
두 사람의 앞에는 오직 하나의 인생만이 있으리라
이제 그대들의 집으로 들어가라
함께 있는 날들 속으로 들어가라
이 대지 위에서 그대들은 오랫동안 행복하리라

인디언 아파치족이 결혼 할 때 족장이 신혼부부에게 들려주는 축시라고 합니다. 위 축시는 신혼부부만이 아니라 우리들 모두에게 해당되는 말 아닐까요?
　서로가 서로에게 지붕이 되어주고, 서로가 서로에게 따뜻함이 되고, 서로가 서로에게 동행이 되어 주는 삶을 삽시다. 그래서 우리 모두가 이 대지 위에서 오랫동안 행복하게 살기를 소망합니다.

04 스스로 행복해지기로 해요

덩치 큰 이야기, 무거운 이야기는 하지 않기로 해요. 조그만 이야기, 가벼운 이야기만 하기로 해요. 아침에 일어나 낯선 새 한마리가 날아가는 것을 보았다든지 길을 가다 담장 너머 아이들 떠들며 노는 소리가 들려 잠시 발을 멈췄다든지 매미 소리가 하늘 속으로 강물을 만들며 흘러가는 것을 문득 느꼈다든지 그런 이야기들만 하기로 해요.

남의 이야기, 세상 이야기는 하지 않기로 해요. 우리들의 이야기, 서로의 이야기만 하기로 해요. 지나간 밤 쉽게 잠이 오지 않아 애를 먹었다든지 하루 종일 보고픈 마음이 떠나지 않아 가슴이 뻐근했다든지 모처럼 개인 밤하늘 사이로 별 하나 찾아내어 숨겨놓은 소원을 빌었다든지 그런 이야기들만 하기로 해요. 실은 우리들 이야기만 하기에도 시간이 많지 않은 걸 우리는 잘 알아요. 그래요, 우리 멀리 떨어져 살면서도 오래 헤어져 살면서도 스스로 행복해지기로 해요. 그게 오늘의 약속이에요.

오늘(2020년 7월 15일) 아침 재수하고 있는 아들을 학원에 데려다 주고 출근하는 길에 CBS 음악FM '김용신의 그대와 여는 아침'에서 김용신 아나운서가 나태주 시인의 '오늘의 약속'이라는 위 시를 낭독하는 것을 들었습니다. 시인의 말대로, 우리는 우리들 이야기만 하기에도 부족한 시간에 남의 이야기와 세상 이야기로만 가득 채우고 사는 것 같습니다. 우리 오늘은 우리들 이야기로만 가득 채워 봅시다.

저는 매일 아침 식탁에서 공부하는 학생도 우리나라의 정치와 경제, 사회 돌아가는 것을 알아야 한다는 생각에 딸과 아들에게 늘상

신문 기사 내용을 이야깃거리로 내놓았지만, 오늘 아침은 특별한 이유도 없는데 아무 말 하지 않고 그냥 밥만 먹었습니다.

  저도 앞으로는 가족들과 함께하는 식탁에서 덩치 큰 이야기와 무거운 이야기 대신 아내와 우리 아이들이 관심 갖고 있는 것들에 대해 더 많이 이야기하도록 하겠습니다. 그리고 멀리 떨어져 살고 있는 가족들과 친구들, 그리운 사람들의 행복을 빌면서 저 스스로도 행복해지도록 마음을 다하겠습니다. 그게 오늘의 약속입니다.

05 위치 선정 능력

봄에게 배울 점.
그것은 햇볕을 초대하는 능력도 아니고,
시냇물을 다시 흐르게 하는 능력도 아니고,
새싹을 틔우는 능력도 아니고,
개구리를 튀어나오게 하는 능력도 아니다.
봄에게 배울 점은 딱 하나, 뛰어난 위치선정이다.
겨울 다음이라는 위치선정이다.
추운 겨울이 없었다면 봄은 누구도 기다리지 않는
평범한 계절이었을 것이다.
내 능력을 키우는 일만큼 중요한 일이
내 능력을 보여줄 수 있는 곳에
나를 데리고 가는 일이다.

카피라이터 정철의 《한글자》라는 책에 실린 '봄'이라는 글입니다. 봄에 대한 탁월한 해석입니다. 내가 아무리 뛰어난 능력이 있다 하더라도 그 능력이 사용될 수 없는 곳이라면 무용지물입니다. 그래서 좋은 사람을 만나는 것 이상으로 좋은 '곳'에 가는 것이 중요합니다. 또한 좋은 곳을 가면 좋은 사람을 만날 가능성이 높습니다.

그렇지만, 내가 쓰임 받을 수 있는 곳에 가더라도 나에게 능력이 없으면 의미 없습니다. 내가 쓰임 받을 수 있도록 부지런히 능력을 길러야 합니다. 도산 안창호 선생 말씀처럼, '일에 더 열중하는 사람'이 되어야 합니다.

흔히 사람들은 기회를 기다리고 있지만, 기회는 기다리는 사람에게 잡히지 않는 법이다. 우리는 기회를 기다리는 사람이 되지 되기 전에 기회를 얻을 수 있는 실력을 갖춰야 한다. 일에 더 열중하는 사람이 되어야 한다.
(도산 안창호)

ⓒ 문쾌출 청산도

06 저는 의자입니다

누구 한 사람을 가슴에 품는 일은
그의 아픈 무게를 나눠 갖는 일이다

다가가
등 받쳐주고
무릎을 내어주는.

지하철 2호선 선릉역에서 만난 현직 법무사 이복현 시인이 쓴 '의자'라는 시입니다.

저도 의자 같은 사람이 되고 싶습니다. 저는 의자이기에 모든 분들에게 다가가지는 못하지만, 누구든 저를 찾는 분에게는 기꺼이 저의 등과 무릎을 내어드리겠습니다. 그것이 의자의 사명이듯이 그것 또한 저의 사명임을 믿습니다. 언제든지 오십시오. 저는 의자입니다.

07 푸른 하늘만 보아도 행복한 날

푸른 하늘만 보아도
행복한 날이 있습니다

그 하늘 아래서
그대와 함께 있으면
마냥 기뻐서
그대에게 고맙다는 말을 하고 싶어집니다

그대가 나에게 와주지 않았다면
내 마음은 아직도
빈 들판을 떠돌고 있었을 것입니다

늘 나를 챙겨주고
늘 나를 걱정해주는
그대 마음이 너무나 따뜻합니다

그대의 사랑을
내 마음에 담을 수 있어서
참으로 행복합니다

이 행복한 날에
그대도 내 마음을

알아주었으면 좋겠습니다
내가 그대를 얼마나 사랑하는지

그대와 함께하는 날은
마음이 한결 가벼워지고
꿈만 같아 행복합니다

오늘(2020년 7월 28일) 저녁식사 후 집 주변을 산책하다가 우리 은행 건물 벽에 걸려있는 '푸른 하늘만 바라보아도 행복한 날이 있습니다'라는 글을 봤습니다. 용혜원 시인의 '행복한 날'이라는 위 시의 시구(詩句)입니다. 오늘 하루 종일 마음이 무거웠는데, 위 시를 읽는 것만으로도 행복의 파도가 밀려옵니다. 늘 나를 챙겨주고, 늘 나를 걱정해주는 그대가 있기에 푸른 하늘만 바라보아도 행복해야 하는데, 오늘은 그렇지 못했습니다. 범사에 감사하는 마음을 순간 잃었습니다.

'행복이란 내가 갖지 못하는 것을 바라는 것이 아니라 내가 가진 것을 즐기는 것'이라는 것을 망각했습니다. 지금부터 푸른 하늘만 보아도 행복할 것을 다짐합니다. 설령 푸른 하늘을 보지 못해도 행복할 것을 다짐합니다. 행복은 그렇게 마음먹기에 달려있습니다.

08 오늘을 사랑하라

오늘은 사랑 하나로 눈부신 날
우리 오늘처럼만 사랑하자
검푸른 우주 어느 먼 곳에서
그대와 내 별의 입맞춤이 있어
떨리는 그 별빛 이제 여기 도착해
사랑의 입맞춤으로 환히 빛나니
우리 오늘처럼만 사랑하자

오늘은 사랑 하나로 충분한 날
우리 오늘처럼만 걸어가자
바람 부는 길 위에서 그대와 나
작은 씨알처럼 가난할지라도
가슴에 새긴 입맞춤 하나로
함께 가는 걸음마다 꽃을 피우리니
우리 오늘처럼만 사랑하자

오늘은 사랑 하나로 감사한 날
우리 오늘처럼만 바라보자
태양이 하루도 쉬지 않고 비추이듯
좋은 날도 힘든 날도 함께 앞을 바라보며
세상의 아프고 힘든 또 다른 나에게
이 한 생이 다하도록 끝이 없는 사랑으로
우리 오늘처럼만 사랑하자

박노해 시인의 '오늘처럼만 사랑하자'는 시입니다.
시를 읽다보니 눈물이 나려 합니다.
제 곁에 있는 사람들과 함께
그렇게 살지 못한 것에 대한 미안함 때문이고,
그렇게 살고 싶은 것에 대한 갈망 때문입니다.
서로가 서로에게
오늘처럼만 사랑하자는 말이 나올 수 있도록
오늘 서로 사랑합시다.
서로가 서로에게
오늘처럼만 걸어가자는 말이 나올 수 있도록
오늘 서로 함께 합시다.
서로가 서로에게
오늘처럼만 바라보자는 말이 나올 수 있도록
오늘 서로 한 마음이 됩시다.
우리 인생은 오늘의 연속입니다.
오늘 이 시간을 소중히 하고,
오늘 해야 할 일에 정성을 다하고,
오늘 만나는 사람을 사랑합시다.
그렇게 매일 매일을
오늘처럼만 살고 싶다는 마음이 들게끔
오늘을 보냅시다.
다시 오지 않을 나의 오늘을 멋지게 삽시다.

09 단풍처럼

버려야 할 것이
무엇인지를 아는 순간부터
나무는 가장 아름답게 불탄다

제 삶의 이유였던 것
제 몸의 전부였던 것
아낌없이 버리기로 결심하면서
나무는 생의 절정에 선다

방하착(放下着)
제가 키워온,
그러나 이제는 무거워진
제 몸 하나씩 내려놓으면서
가장 황홀한 빛깔로
우리도 물이 드는 날

도종환 시인의 '단풍 드는 날'이라는 시입니다. 시인의 눈에는 단풍도 하나의 인생입니다. 올해 제 나이 53세입니다. 단풍처럼 인생의 겨울을 준비해야 할 나이입니다. 단풍처럼 무엇을 버리기 위한 삶을 살아야 할 텐데, 오늘도 저는 여전히 하나님의 채권자인 것처럼 달라는 기도만 되풀이하고 있습니다. 단풍처럼 떠나는 뒷모습이 아름다운 사람이 되고 싶습니다. 참 좋은 할아버지로 기억되고 싶습니다.

10 지금 앉은 그 자리가 바로 꽃자리다

반갑고 고맙고 기쁘다.
앉은 자리가 꽃자리니라.
네가 시방 가시방석처럼 여기는
너의 앉은 그 자리가
바로 꽃자리니라.
반갑고 고맙고 기쁘다.

구상 시인의 '꽃자리'라는 시입니다. '꽃자리'는 꽃의 모양을 놓아 짠 '꽃돗자리'와 같은 말입니다. 사람들은 저마다의 꽃자리를 찾아 다닙니다. 사람들이 좋은 직장, 좋은 자리, 좋은 곳을 찾는 것은 본능 아닐까요? 그런데, 구상 시인은 '시방 가시방석처럼 여기는 지금 자리가 바로 꽃자리'라고 합니다.

맞습니다. 지금 이 자리가 나의 꽃자리입니다. 무엇보다도 지금 내가 버릴 수 없는 자리가 진짜 꽃자리입니다. '아버지'라는 자리, '남편'이라는 자리, '자식'이라는 자리, '오빠와 형'이라는 자리, '이수성결교회 장로'라는 자리, '법무법인 서호 대표변호사'라는 자리는 저의 마음대로 버릴 수 없는 저의 꽃자리들입니다.

저는 저의 꽃자리에서 한 눈 팔지 않을 것입니다. 설령 지금 제가 앉아 있는 자리가 가시방석으로 변할지라도 그 자리를 지킬 것입니다. 가시는 언젠가는 삭게 되어 있습니다.

2020년 4월 15일 제21대 국회의원선거에 출마하겠다는 많은 사람들이 여기저기에서 출마의 변(辯)을 밝히고 있습니다. 국회의원이라는 자리가 꽃자리라고 여겨서 그럴 것입니다. 더 높은 자리보다는 더 낮은 자리를 찾는 국회의원들이 선출되길 소망합니다. 각자의 꽃자리를 잘 지키는 것이 곧 나라 사랑하는 길이고, 성공하는 길입니다.

ⓒ 안근수

11 많고 많은 사람 중에 그대 한 사람

'많고 많은 사람 중에 그대 한 사람'은 2021학년도 수학능력시험(수능) 필적 확인 문구라고 합니다. 이 문구는 아래 나태주 시인의 시 '들길을 걸으며'의 일부입니다.

1
세상에 와 그대를 만난 건
내게 얼마나 행운이었나
그대 생각 내게 머물므로
나의 세상은 빛나는 세상이 됩니다
많고 많은 사람 중에 그대 한사람
그대 생각 내게 머물므로
나의 세상은 따뜻한 세상이 됩니다.

2
어제도 들길을 걸으며
당신을 생각했습니다
오늘도 들길을 걸으며
당신을 생각했습니다
어제 내 발에 밟힌 풀잎이
오늘 새롭게 일어나
바람에 떨고 있는 걸나는 봅니다
나도 당신 발에 밟히면서

새로워지는 풀잎이면 합니다
당신 앞에 여리게 떠는
풀잎이면 합니다.

오늘(2020년 12월 22일) 아침 친구가 카톡으로 위 필적 확인 문구에 관한 김지원 작가의 페이스북 글을 보내주면서 남긴 글이 마음을 더 울컥하게 합니다.

"많고 많은 사람 중에 그대 한 사람"
우리 모두는 자신에게
그리고 또 서로에게 그런 사람이다♡

재수생인 저의 아들도 올해 수능 볼 때 위 필적 확인 문구를 썼을 텐데 … 수능 당일 밤새 잠을 한 숨도 자지 못한 저의 아들은 아무 생각 없이 자신의 수험번호 적듯이 위 필적 확인 문구를 적었을 것입니다. 저는 대리시험을 막고자 2006학년도 수능부터 필적 확인이 도입되었다는 사실을 오늘 처음 알았습니다. 2020학년도 문구는 정호승 시인의 시 '나무에 대하여'의 일부인 '굽은 나무의 그림자가 사랑스럽다'이고, 2019학년도 문구는 김남조 시인의 시 '편지'의 일부인 '그대만큼 사랑스러운 사람을 본 일이 없다'라고 합니다.
여러분에게도 "세상에 와 그대를 만난 건 내개 얼마나 행운이었나"라는 말을 할 그대가 있나요? 생각만 해도 행복해지는 그대가 있나요? 그렇다면 당신은 이미 성공한 사람입니다. 그리고 당신이 그런 그대가 되어 있다면, 당신은 진짜 성공한 사람입니다. 우리 모두는 자신에게 그리고 또 서로에게 그런 그대가 되길 소망합니다.

12 '좋다' 바이러스

좋아요
좋다고 하니까 나도 좋다.

나태주 시인의 '좋다'라는 아주 짧은 시입니다.
시는 짧지만, 그 의미는 만리장성(萬里長城)입니다.
'좋다' 바이러스는 코로나19 보다 감염 속도가 더 빠릅니다.
배우자에게, 자녀에게, 친구에게, 곁에 있는 사람에게
"좋다"라는 말을 한 번 해보십시오.
'좋다' 바이러스가 기하급수적으로 퍼져 나갈 것입니다.
또한 그 말은 지금 당장 우리가 꼭 해야 할 말입니다.

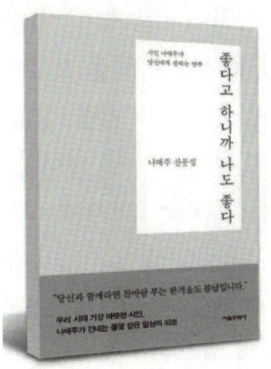

13 씨앗처럼 정지하라

기차를 세우는 힘, 그 힘으로 기차는 달린다
시간을 멈추는 힘, 그 힘으로 우리는 미래로 간다
무엇을 하지 않을 자유,
그로 인해 무엇을 해야 할 것인가를 안다
무엇이 되지 않을 자유, 그 힘으로 나는 내가 된다
세상을 멈추는 힘, 그 힘으로 우리는 달린다
정지에 이르렀을 때, 우리는 달리는 이유를 안다
씨앗처럼 정지하라, 꽃은 멈춤의 힘으로 피어난다

백무산 시인의 '정지의 힘'이라는 시입니다. 교보생명 광화문글판 2020년 여름편에 이 시의 끝부분인, '씨앗처럼 정지하라 꽃은 멈춤의 힘으로 피어난다'가 실렸습니다. 우리는 무엇을 해야만 살 수 있는 세상이고, 또한 무엇이 되어야만 하는 세상에 살고 있습니다. 우리는 오르골(orgel, 자동적으로 음악을 연주하는 악기)처럼 배터리가 소멸될 때까지 쉼 없이 움직이는 삶을 살고 있습니다. 계속 움직이다보니 스스로 멈추는 법을 잃어 버렸습니다.

백무산 시인의 외침처럼, 우리는 때로는 정지해야 합니다. 정지는 물러섬의 일부가 아니라 '나아감'의 일부입니다. 또한 조금 물러서면 어떻고, 조금 늦게 가면 어떻습니까? 그냥 조금 늦더라도 자기 자리에서 자기의 꽃을 아름답게 피우면 됩니다.

14 꽃들처럼

꽃들은 서로 화내지 않겠지
향기로 말하니까
꽃들은 서로 싸우지 않겠지
예쁘게 말하니까
꽃들은 서로 미워하지 않겠지
사랑만 하니까

비가 오면 함께 젖고
바람 불면 함께 흔들리며
어울려 피는 기쁨으로 웃기만 하네
더불어 사는 행복으로 즐겁기만 하네

꽃을 보고도 못 보는 사람이여
한철 피었다 지는 꽃들도 그렇게 살다 간다네
그렇게 아름답게 살다 간다네

이채 시인의 '5월에 꿈꾸는 사랑'이라는 시입니다.
읽으면 읽을수록 감동이 더해지는 시입니다.
부끄러운 실력이지만
저도 슬쩍 꽃에 대한 시를 써 봤습니다.

꽃에 대한 단상

꽃들은 때에 맞게 산다.
꽃들은 서로 싸우지 않는다.
꽃들은 서로 미워하지 않는다.
꽃들은 서로 시샘하지 않는다.
꽃들은 서로 비교하지 않는다.
꽃들은 반드시 열매를 맺는다.
꽃들은 자신을 아낌없이 준다.
꽃들은 향기로운 존재이다.
꽃들은 사랑받는 존재이다.
꽃들은 기쁨을 주는 존재이다.
꽃들은 자기 자리를 지킨다.
꽃들은 욕심이 없다.
꽃들은 더불어 산다.
우리도 꽃들처럼 살자.
꽃들처럼 …

ⓒ 안수근

15 라일락꽃향기처럼

오늘(2019년 4월 18일) 아침 출근길에 보라색 라일락꽃을 만났습니다. 그는 늘 그 자리에 있었는데, 제가 이제서야 그를 알아본 것입니다. 오늘 날씨는 흐리지만, 꽃향기는 흐리지 않습니다. 도종환 시인의 '라일락꽃'이라는 시를 소개합니다.

꽃은 진종일 비에 젖어도
향기는 젖지 않는다
빗방울 무게도 가누기 힘들어
출렁 허리가 휘는
꽃의 오후

꽃은 하루 종일 비에 젖어도
빛깔은 지워지지 않는다
빗물에 연보라 여린 빛이
창백하게 흘러내릴 듯
순한 얼굴

꽃은 젖어도 향기는 젖지 않는다
꽃은 젖어도 빛깔은 지워지지 않는다

저는 라일락꽃향기만 느꼈는데, 시인은 라일락꽃의 모습을 보고 자신의 자리에서 굳건하게 소신을 지켜가는 위대한 우리 이웃들을 노래하고 있습니다.

  꽃향기는 젖지 않습니다. 꽃빛깔은 지워지지 않습니다. 시인은 너도 그들처럼 살라고 부르짖는 것 같습니다. 오늘 하루도 라일락꽃향기처럼 행복의 향기로 가득하길 소망합니다.

16 자식 사랑은 내리사랑

아들아
장가 좀 가거라
부모님의 잔소리에

장가를 가서
아직껏
돌아 오지 않는 아들

박원철 시인의 '장가 간 아들'이라는 시입니다. 제가 위 시를 반포 중 부자유친 OB 모임 단체 카톡방에 올렸더니 회원들이 아래와 같이 위 시에 대한 본인들의 소감을 답글로 달았습니다.

○ 김양림 회원 : 숙연해집니다!
○ 김규동 회원 : 아드님이 고약한 놈이네~ 부모님이 잔소리한걸 후회하는 한숨소리가 예까지 들려요 ㅠ
○ 강재호 회원 : 부모님도 놓아주시는 연습이 필요하겠죠. 아이들은 소유물이 아니라 그저 보살펴 키워서 세상에 나가도록 도와주는 것이 부모님의 의무일 테니까요
○ 이정규 회원 : 형수님께 더 잘 하십시오~ ㅎㅎ
○ 문영삼 회원 : 장가 가서 안 와도 되니, 좋은 짝 만나서 재밌게 살아주는 게 효도 아닐까요?

제가 하고 싶은 이야기가 다 들어 있습니다. 저 자신을 돌아

볼 때 저절로 숙연해집니다. 성경에는 '남자가 부모를 떠나 그의 아내와 합하여 둘이 한 몸을 이룰지로다'(창세기 2장 24절)는 말씀이 있습니다. 성경에 제시된 '부모를 떠나라'는 말은 부모를 멀리하라는 부정적인 의미가 아니라, 부모로부터 정신적으로 경제적으로 독립하여 남자가 가정에서 남편과 아버지로서 온전한 리더십을 행사하라는 뜻일 것입니다. 또한 부모는 자녀를 소유물로 여겨서는 안 되고, 자녀가 독립할 수 있도록 돕는 노력이 필요하다고 봅니다.

한편 아들이 장가간 이후 돌아오지 않는 것은 아들 때문이 아니라 며느리 때문일 수 있습니다. 요즘 세대는 가정의 주도권이 아내에게 있는 경우가 많기 때문입니다. 그러므로 남편이 아내에게 더 잘 해서 아내가 시댁에 먼저 가자고 하게끔 해야 하지 않을까요?

그래도 세상의 모든 부모는 문영삼 회원의 답글처럼, 장가 가서 안 와도 좋으니 좋은 짝 만나서 재미있게 살아주는 것이 효도라고 생각할 것 같습니다. 그래서 옛 어른들이 '자식 사랑은 내리사랑'이라고 하신 것 아닐까요? 그렇지만 저의 아들 은철이가 장가 가서 안 돌아온다면 슬플 것 같습니다. 손주도 보고 싶은데 …

17 우리 함께 행복한 꿈을 꾸자

때론 마음먹은 대로 되지 않을 때도 있지만
지나간 세월을 돌아보면 괜히 웃음이 나와

정신없는 하루 끝에 눈물이 날 때도 있지만
지나간 추억을 뒤돌아보면 입가엔 미소만 흘러꿈을 꾼다

잠시 힘겨운 날도 있겠지만
한 걸음 한 걸음 내일을 향해 나는 꿈을 꾼다

혹시 너무 힘이 들면 잠시 쉬어가도 괜찮아
천천히 함께 갈 수 있다면 이미 충분하니까

자꾸 못나 보이는 나 맘에 들지 않는 오늘도
내일의 나를 숨 쉬게 하는 소중한 힘이 될 거야

꿈을 꾼다 잠시 힘겨운 날도 있겠지만
한 걸음 한 걸음 내일을 향해 나는 꿈을 꾼다

꿈을 꾼다 잠시 외로운 날도 있겠지만
세월이 흘러서 시간이 가면 모두 지나 간다

꿈을 꾼다 잠시 힘겨운 날도 있겠지만

한 걸음 한 걸음 내일을 향해 나는 꿈을 꾼다
행복한 꿈을 꾼다

　서영은의 '꿈을 꾼다'는 노래가사입니다. 우연히 주말 아침 페이스북에서 SBS 주영진의 뉴스브리핑을 보다가 주영진 앵커가 소개한 이 노래를 듣게 되었습니다. 주영진 앵커는 2019년 4월 25일 공익인권법재단 공감의 15주년 행사에서 변호사님들이 이 노래를 부르는 모습을 보면서, 그리고 "우리는 희망을 변론합니다."라는 말을 들으면서 본인도 함께 꿈을 꿔야겠다는 생각을 했다고 합니다. 이 땅에서 빛과 소금이 되어 살아가는 황필규 변호사님, 염형국 변호사님 등 '공감' 변호사님들의 멋진 삶을 응원합니다. 저는 이 노래를 들을 때마다 눈물이 납니다. 저의 속마음을 노래하는 것 같습니다. 저의 이웃들의 삶을 노래하는 것 같습니다.
　저는 언제 어디서나 늘 꿈을 꿉니다. 저는 한 걸음 한 걸음 내일을 향해 꿈을 꿉니다. 이 노래는 제가 꾸는 그 꿈들을 응원해주는 것 같습니다. 저를 위한 노래 같아 자꾸 듣게 됩니다.
　우리 함께 행복한 꿈을 꿉시다!!

18 그 중에 그대를 만나

그렇게 대단한 운명까진 바란 적 없다 생각했는데
그대 하나 떠나간 내 하룬 이제 운명이 아님 채울 수 없소
별처럼 수많은 사람들 그 중에 그대를 만나
꿈을 꾸듯 서롤 알아보고 주는 것만으로 벅찼던 내가
또 사랑을 받고 그 모든 건 기적이었음을
그렇게 어른이 되었다고 자신한 내가 어제 같은데
그대라는 인연을 놓지 못하는 내 모습, 어린아이가 됐소
별처럼 수많은 사람들 그 중에 그대를 만나
꿈을 꾸듯 서롤 알아보고 주는 것만으로 벅찼던 내가
또 사랑을 받고 그 모든 건 기적이었음을
나를 꽃처럼 불러주던 그대 입술에 핀 내 이름
이제 수많은 이름들 그 중에 하나 되고
오~ 오~ 그대의 이유였던 나의 모든 것도 그저 그렇게
별처럼 수많은 사람들 그 중에 서로를 만나 사랑하고 다시 멀어지고
억겁의 시간이 지나도 어쩌면 또다시 만나
우리 사랑 운명이었다면
내가 너의 기적이었다면

이선희의 '그 중에 그대를 만나' 노래가사입니다. 2020년 6월 19일 금요일 오전에 아내가 휴가를 내서 처가댁 형님 내외분과 함께 참말로 행복한 시간을 보냈습니다. 저는 오후에 사무실 출근해서 일하다가 우연히 유튜브를 보던 중 이선희의 이 노래 영상을 보게 되

었습니다. 제가 요새 여성호르몬이 많이 나와서 그런지 일은 하지 않고 계속 반복해서 이 영상을 보면서 눈물을 흘리고 있습니다.

"별처럼 수많은 사람들 그 중에 그대를 만나 꿈을 꾸듯 서로 알아보고. 주는 것만으로 벅찼던 내가 또 사랑을 받고. 그 모든 건 기적이었음을"

제가 20대 전남대 법대 고시반 '청운학사(靑雲學舍)'에서 고시공부 할 때 저의 책상에 이선희의 대형 사진을 붙여 놓고 공부를 했었습니다. 그 때는 이선희의 얼굴을 보는 것만으로도 행복했습니다. 제가 고등학교 2학년 경주로 수학여행 갔을 때 버스에서 들었던 이선희의 'J에게'에게 빠져 그 때부터 지금까지 저는 이선희의 열혈 팬입니다. 당시 이선희는 제가 사랑하는 유일한 여인이었습니다. 그 이선희가 부르는 노래라서 그런지 오늘밤 감정에 감정이 더해져 글을 쓰고 있는 지금도 눈물을 흘리고 있습니다.

지금의 제가 있도록 인도해주신 하나님 아버지, 별처럼 수많은 사람들 중에 꿈을 꾸듯 서로를 알아보고 주는 것만으로 벅찬 사랑을 주고받고 있는 사랑하는 아내, 이 세상 무엇과도 바꿀 수 없는 보석 같은 딸과 아들, 부족한 저를 끝까지 사랑해준 가족들과 친구들 그리고 저의 분신인 법무법인 서호 식구들 모두에게 감사하고 감사한 마음 때문에 행복한 눈물을 흘리고 있습니다. 저도 그들에게 기적이 되었으면 좋겠습니다.

당신을 사랑하고 축복합니다. ♡

19 모든 게 마음먹기 달렸다(빙고)

ladies and gentlemen
아싸 또 왔다 나 아싸 또 왔다
나 기분 좋아서 나 노래 한곡 하고 하나 둘 셋 넷
터질 것만 같은 행복한 기분으로 틀에 박힌 관념 다 버리고
이제 또 맨 주먹 정신 다시 또 시작하면
나 이루리라 다 나 바라는대로
지금 내가 있는 이 땅이 너무 좋아 이민 따위 생각 한 적도 없었고
요즘 같은 시간 아끼고 또 아끼며 나 비상하리라 나 바라는대로
산 속에도 저 바다 속에도 이렇게 행복할 순 없을 거야 랄랄랄라
구름타고 세상을 날아도 지금처럼 좋을 수는 없을 거야 울랄랄라
모든 게 마음먹기 달렸어 어떤 게 행복한 삶인가요
사는 게 힘이 들다 하지만 쉽게만 살아가면 재미없어 빙고
거룩한 인생 고귀한 삶을 살며 부끄럼 없는 투명한 마음으로
이내 삶이 끝날 그 마지막 순간에 나 웃어보리라 나 바라는대로

(간주)

아싸 또 왔다 나 기분 좋아서 나 노래 한 곡 하고 하나 둘 셋 넷
한치 앞도 모르는 또 앞만 보고 달리는 이 쉴 새 없는 인생은
언제나 젊을 수 없음을 알면서도 하루하루 지나가고
또 느끼면서 매일매일 미뤄가고 평소 해보고 싶은 가보고 싶은 곳에

단 한 번도 못 가는 이 청춘
산 속에도 저 바다 속에도 이렇게 행복할 순 없을거야 랄랄랄라
구름타고 세상을 날아도 지금처럼 좋을 수는 없을거야 울랄랄라
모든 게 마음먹기 달렸어 어떤 게 행복한 삶인가요
사는 게 힘이 들다 하지만 쉽게만 살아가면 재미없어 빙고
피할 수 없다면 즐겨 봐요 힘들다 불평하지만 말고
사는 게 고생이라 하지만 쉽게만 살아가면 재미없어 빙고
거룩한 인생 고귀한 삶을 살며 부끄럼 없는 투명한 마음으로
이내 삶이 끝날 그 마지막 순간에 나 웃어보리라 나 바라는대로 빙고

 우리나라를 비롯하여 세계는 지금 코로나19 때문에 말로 표현할 수 없는 고난의 터널을 지나고 있습니다. 이탈리아는 2020년 3월 18일 현재 코로나19로 인한 감염자가 31,506명에 이르고, 사망자가 2,503명으로 국가 자체가 완전히 마비 상태입니다. 그런데, 도시가 마비되어 집 밖으로 나오지 못하는 이탈리아 국민들이 각자 자택의 테라스로 나와서 음악을 연주하고, 노래를 부르고, 고생하는 의료진들을 위해 박수를 보내주는 등 서로를 위로하고 격려하고 있다는 뉴스를 본 적이 있습니다. 온 세계가 한 마음 한 뜻으로 지혜를 모아 하루빨리 코로나19를 극복하기를 기원하고 기원합니다.
 위 가사는 거북이의 '빙고'라는 노래 가사입니다. 노래 가사 하나하나가 우리들의 삶을 격려하는 것 같아 너무 좋습니다. 지금 우리는 노래 부를 기분은 전혀 아니지만, 이탈리아 국민들처럼 '빙고' 노래를 부르면서 잠시나마 마음을 달래고, 서로 격려하는 시간을 가졌으면 좋겠습니다. 노래 가사처럼 모든 게 마음먹기 달렸습니다. 터널은 반드시 끝이 있습니다. 우리는 끝내 승리할 것입니다. 빙고!!

20 나뭇잎이 벌레 먹어서 예쁘다

나뭇잎이 벌레 먹어서 예쁘다
귀족의 손처럼 상처 하나 없이 매끈한 것은
어쩐지 베풀줄 모르는 손 같아서 밉다
떡갈나무 잎에 벌레구멍이 뚫려서
그 구멍으로 하늘이 보이는 것은 예쁘다
상처가 나서 예쁘다는 것이 잘못인 줄 안다
그러나 남을 먹여가며 살았다는 흔적은
별처럼 아름답다

이생진 시인의 '벌레 먹은 나뭇잎'이라는 시입니다. 2019년 9월 교보생명 가을편 글판에 위 시의 일부가 게시됐습니다. 이생진 시인은 참 아름다운 눈을 가졌습니다. 시인은 벌레 먹은 나뭇잎을 통해 하늘을 보고, 별을 보고, 사랑을 봤습니다. 남을 먹여가며 산 낙엽은 곧 우리 부모님의 모습이 아닐까요? 평생 자신의 몸을 기꺼이 내준 저의 아버지를 생각할 때마다 마음이 아픕니다. 벌레 먹은 나뭇잎처럼 변한 모습으로 천국에 가신 아버지의 마지막 모습이 눈에 선합니다. 저는 벌레 먹은 나뭇잎 같았던 아버지가 참 자랑스럽습니다. 저도 아버지처럼 살아가야겠습니다. 이 가을도 …

21 가족은 도깨비방망이

한 우산을 쓴다.
우산 하나에 다 들어간다.
우산이 작거나 찢어져 아빠 엄마 어깨가 젖더라도
새 우산을 펴지 않는다.
좁을수록 가까워진다.
강한 비는 그리 오래 내리지 않는다.

카피라이터 정철이 《사람사전》이라는 책에서
'가족'이라는 단어를 새롭게 정의한 글입니다.
가족의 참 의미를 되새기게 하는 글입니다.
현재 우리 가족의 모습이고,
앞으로 살아갈 우리 가족의 모습이 아닐까요?
함께 하는 가족이 있는 한 강한 비를 두려워할 필요 없습니다.
설령 우산이 없더라도 가족이 있으면
강한 비든 태풍이든 견뎌낼 수 있기 때문입니다.
그래서 가족은 무엇이든 가능하게 만드는 '도깨비방망이'입니다.

22 하루를 가장 잘못 보낸 날은 웃지 않은 날이다

그 상가의 5호 가게에는 늘 손님이 끓었으나 건너편에 있는 3호 가게는 파리만 날릴 뿐이었다. 3호 가게 주인은 유심히 5호 가게를 관찰하였다. 가게 주인이 예쁜 것도 아니었다. 그렇다고 가게의 물건이 특별히 좋은 것도 아니었다. 그는 이웃 장로를 찾아가 사정을 이야기하였다. 장로가 입을 열었다.
"그것은 가게 터가 나빠서도 아니고 물건이 나빠서도 아니오. 손님이 들지 않은 이유는 당신 얼굴에 있소."
3호 가게 주인이 말했다.
"저 가게 주인은 저보다 그다지 예쁘지 않은걸요."
장로가 대꾸했다.
"진정한 아름다움은 얼굴에 있지 않고 표정에 있는 것이에요."
장로는 자리에서 일어나면서 말했다.
"이 말을 명심하십시오. 웃는 얼굴에는 화살도 비켜갑니다."
그날 이후, 3호 가게에는 날로 손님이 들끓고 번창하였다. 새로 장사를 시작하고자 하는 사람이 이 가게를 살펴보았더니 주인의 책상 위에 이런 글귀가 놓여 있었다.
'하루를 가장 잘못 보낸 날은 웃지 않은 날이다.'
– 정채봉의 《참 맑고 좋은 생각》 중에서 –

정채봉 선생님의 《참 맑고 좋은 생각》 동화에 나온 이야기입니다. 이 책 맨 뒷장을 보니 '1997. 9. 7. 16:30 강원도 삼성APT에서'라고 적혀 있는 것으로 봐서, 제가 강원도 철원 백골부대 법무참모로 근무할 때 읽은 것 같습니다. 참 많은 것을 생각하게 하는 어른용

동화책입니다.

　웃을 일이 없는데, 어떻게 웃느냐고 반문할지 모르겠습니다. 그렇지만 울어도 하루, 웃어도 하루입니다. 24시간은 한정되어 있고, 우리들 인생도 유한합니다. 내 생애 다시 오지 않을 오늘을 행복하게 만듭시다. 하루살이처럼 오늘이 마지막 날이라는 마음으로 오늘을 삽시다. 오늘 웃으면서 살고, 오늘 행복하게 삽시다. 내일 일은 내일이 염려하게 합시다. 내 생에 다시 오지 않을 오늘입니다.

23 지란지교(芝蘭之交)를 꿈꾸며

저녁을 먹고 나면 허물없이 찾아가 차 한 잔을 마시고 싶다고 말할 수 있는 친구가 있었으면 좋겠다. 입은 옷을 갈아입지 않고 김치 냄새가 좀 나더라도 흉보지 않을 친구가 우리 집 가까이에 있었으면 좋겠다. 비 오는 오후나 눈 내리는 밤에 고무신을 끌고 찾아가도 좋을 친구, 밤늦도록 공허한 마음도 마음 놓고 열어 보일 수 있고, 악의 없이 남의 얘기를 주고받고 나서도 말이 날까 걱정되지 않는 친구가…

사람이 자기 아내나 남편, 제 형제나 제 자식하고만 사랑을 나눈다면 어찌 행복해질 수 있으랴. 영원이 없을수록 영원을 꿈꾸도록 서로 돕는 진실한 친구가 필요하리라. 그가 여성이어도 좋고 남성이어도 좋다. 나보다 나이가 많아도 좋고 동갑이거나 적어도 좋다. 다만 그의 인품이 맑은 강물처럼 조용하고 은근하며 깊고 신선하며, 예술과 인생을 소중히 여길 만큼 성숙한 사람이면 된다. 그는 반드시 잘 생길 필요가 없고, 수수한 멋을 알고 중후한 몸가짐을 할 수 있으면 된다. 때론 약간의 변덕과 신경질을 부려도 그것이 애교로 통할 수 있을 정도면 괜찮고, 나의 변덕과 괜한 흥분에도 적절히 맞장구를 쳐 주고 나서, 얼마의 시간이 흘러 내가 평온해지거든 부드럽고 세련된 표현으로 충고를 아끼지 않았으면 좋겠다.

나는 많은 사람을 사랑하고 싶진 않다. 많은 사람과 사귀기도 원치 않는다. 나의 일생에 한두 사람과 끊어지지 않는 아름답고 향기로운 인연으로 죽기까지 지속되길 바란다. 나는 여러 나라 여러 곳을 여행하면서, 끼니와 잠을 아껴, 될수록 많은 것을 구경하였다. 그럼에도 지금은 그 많은 구경 중에 기막힌 감회로 남은 것은 거의 없다. 만약 내가 한두 곳 한두 가지만 제대로 감상했더라면, 두고두고 되새겨질 자산이 되었을걸.

우정이라 하면 사람들은 관포지교를 말한다. 그러나 나는 친구를 괴롭히고 싶지 않듯이, 나 또한 끝없는 인내로 베풀기만 할 재간이 없다. 나는 도를 닦으며 살기를 바라지 않고, 내 친구도 성현 같아지기를 바라진 않는다. 나는 될 수록 정직하게 살고 싶고, 내 친구도 재미나 위안을 위해서, 그저 제자리서 탄로 나는 약간의 거짓말을 하는 재치와 위트를 가졌으면 바랄 뿐이다. 나는 때로 맛있는 것을 내가 더 먹고 싶을 테고, 내가 더 예뻐 보이기를 바라겠지만, 금방 그 마음을 지울 줄도 알 것이다. 때로는 얼음 풀리는 냇물이나 가을 갈대숲 기러기 울음을 친구보다 더 좋아할 수 있겠으나, 결국은 우정을 제일로 여길 것이다.

우리는 흰 눈 속 참대 같은 기상을 지녔으나 들꽃처럼 나약할 수 있고, 아첨 같은 양보는 싫어하지만 이따금 밑지며 사는 아량도 갖기를 바란다. 우리는 명성과 권세, 재력을 중시하지도 부러워하지도 경멸하지도 않을 것이며, 그보다는 자기답게 사는 데 더 매력을 느끼려 애쓸 것이다. 우리가 항상 지혜롭지 못하더라도, 자기의 곤란을 벗어나기 위해, 비록 진실일지라도 타인을 팔진 않을 것이다. 오해를 받더라도 묵묵히 할 수 있는 어리석음과 배짱을 지니기를 바란다. 우리의 외모가 아름답지 않다 해도 우리의 향기만은 아름답게 지니리라.

우리는 시기하는 마음 없이 남의 성공을 얘기하며, 경쟁하지 않고 자기 일을 하되, 미친 듯 몰두하게 되기를 바란다. 우리는 우정과 애정을 소중히 여기되, 목숨을 거는 만용은 피할 것이다. 그래서 우리의 우정을 애정과도 같으며,

우리의 애정 또한 우정과 같아서, 요란한 빛깔도 시끄러운 소리도 피할 것이다.

나는 반닫이를 닦다가 그를 생각할 것이며, 화초에 물을 주다가, 안개 낀 아침 창문을 열다가, 가을 하늘의 흰 구름을 바라보다가, 까닭 없이 현기증을 느끼다가 문득 그가 보고 싶어지며, 그도 그럴 때 나를 찾을 것이다. 그는 때로 울고 싶어지기도 하겠고, 내게도 울 수 있는 눈물과 추억이 있을 것이다. 우리에겐 다시 젊어질 수 있는 추억이 있으나, 늙는 일에 초조하지 않은 웃음도 만들어낼 것이다.

우리는 눈물을 사랑하되 헤프지 않게, 가지는 멋보다 풍기는 멋을 사랑하며, 냉면을 먹을 때는 농부처럼 먹을 줄 알며, 스테이크를 자를 때는 여왕처럼 풍위 있게. 군밤은 아이처럼 까먹고, 차를 마실 때는 백작부인보다 우아해지리라. 우리는 푼돈을 벌기 위해 하기 싫은 일을 하지 않을 것이며, 천 년을 늙어도 항상 가락을 지니는 오동나무처럼, 일생을 춥게 살아도 향기를 팔지 않는 매화처럼 자유로운 제 모습을 잃지 않고 살고자 애쓰며 격려하리라. 우리는 누구도 미워하지 않으며, 특별히 한두 사람을 사랑한다 하여 많은 사람을 싫어하진 않으리라. 우리가 멋진 글을 못 쓰더라도 쓰는 일을 택한 것에 후회하지 않듯이, 남의 약점도 안쓰럽게 여기리라.

내가 길을 가다가 한 묶음의 꽃을 사서 그에게 들려줘도 그는 날 주책이라고 나무라지 않으며, 건널목이 아닌 데로 찻길을 건너도 나의 교양을 비웃지 않을 게다. 나 또한 그의 눈에 눈꼽이 끼더라도, 이 사이에 고춧가루가 끼었다 해도, 그의 숙녀됨이나 신사다움을 의심하지 않으며, 오히려 인간적인 유유함을 느끼게 될 게다.

우리의 손이 비록 작고 여리나, 서로를 버티어 주는 기둥이 될 것이며, 우리의 눈에 핏발이 서더라도 총기가 사라진 것은 아니며, 눈빛이 흐리고 시력이 어두워질수록 서로를 살펴주는 불빛이 되어주리라. 그러다가 어느 날이 홀연히 오더라도, 축복처럼 웨딩드레스처럼 수의를 입게 되리라. 같은 날 또는 다른 날에라도. 세월이 흐르거든 묻힌 자리에서 더 고운 품종의 지란이 돋아 피어, 맑고 높은 향기로 다시 만나지리라.

유안진 교수님의 '지란지교를 꿈꾸며'라는 글의 전문입니다. 한 문장 한 문장이 아름다운 시입니다. 한 마디 한 마디가 경구(警句)입니다. 유교수님은 우리들 모두가 위 글에서 말한 지란지교의 삶을 살아가는 것이 올바른 삶의 태도라고 가르쳐 주신 것 같습니다. 서로 서로가 지란지교를 꿈꾸고, 서로가 서로에게 그런 친구가 되길 원합니다. 그것이 사랑입니다. 우리 그렇게 사랑합시다.

성경말씀 중에는 잠언에 유독 친구에 관한 말씀이 많이 나오는데, 특히 '친구는 사랑이 끊어지지 아니하고 형제는 위급한 때를 위하여 났느니라(잠언 17장 17절)'는 말씀이 크게 마음에 와 닿습니다. 어떤 학자는 본 절을 '친구는 사랑이 끊이지 아니하고 위급한 때의 형제로서 났느니라'고 역(譯)하기도 합니다.(톰슨Ⅲ 주석 1358쪽)

동고동락(同苦同樂)할 수 있는 친구를 가진 사람은 행복한 사람입니다. 예수님도 '사람이 친구를 위하여 자기 목숨을 버리면 이보다 더 큰 사랑이 없다(요한복음 15장 13절)'고 가르치신 바 있습니다. 또한 잠언에는 '철이 철을 날카롭게 하는 것 같이 사람이 그의 친구의 얼굴을 빛나게 하느니라(잠언 27장 17절)'는 말씀도 있습니다. 그 사람을 알려면 그의 친구를 보면 됩니다. 친구가 나의 얼굴입니다.

감사하게도 저에게는 그런 지란지교를 꿈꾸고, 서로가 그런 친구가 되기를 원하는 친구들이 있습니다. 하나님의 축복 중에 최고의 축복은 만남의 축복입니다. 저와 저의 이웃들에게 그런 만남의 축복이 가득하길 기원합니다. 그래서 우리의 외모는 아름답지 않다 해도 우리의 향기만은 아름답게 지니길 소망합니다.

※ 지란지교(芝蘭之交)는 지초(芝草)와 난초(蘭草)의 교제라는 뜻으로, 벗 사이의 맑고도 고귀한 사귐을 이르는 말입니다.

24 돈은 인격체(person)다

어떤 돈은 사람과 같이 어울리기 좋아하고 몰려다니며, 어떤 돈은 숨어서 평생을 지내기도 한다. 자기를 소중히 여기는 사람에게 붙어 있기를 좋아하고, 함부로 대하는 사람에겐 패가망신의 보복을 퍼붓기도 한다. 작은 돈을 함부로 하는 사람에겐 큰돈이 몰려서 떠나고 합당한 대우를 하면 자식(이자)을 낳기도 한다. 돈을 너무 사랑해서 집 안에만 가둬놓으면 기회만 있으면 나가려고 할 것이고, 자신을 존중해주지 않는 사람을 부자가 되게 하는 데 협조도 하지 않는다. 술집이나 도박에 자신을 사용하면 비참한 마음에 등을 돌리는 게 돈이다.

돈은 감정을 가진 실체라서 사랑하되 지나치면 안 되고 품을 때 품더라도 가야 할 땐 보내줘야 하며, 절대로 무시하거나 함부로 대해서는 안 된다. 돈은 당신을 언제든 지켜보고 있다.

다행히 돈은 뒷끝이 없어서 과거 행동에 상관없이 오늘부터 자신을 존중해주면 모든 것을 잊고 당신을 존중해줄 것이다. 돈을 인격체로 받아들이고 깊은 우정을 나눈 친구처럼 대하면 된다. 그렇게 마음먹은 순간, 돈에 대한 태도는 완전히 바뀌기 시작한다. 이런 돈의 특성 때문에 나는 돈을 인격체라 부른다.

위 글은 글로벌 외식기업 스노우폭스(SNOWFOX)의 김승호 회장이 쓴 《돈의 속성》에 있는 내용입니다. 저는 늘 '변호사는 돈 버는 직업이 아니라 남을 돕는 직업'이라는 것을 강조해 왔습니다. 그러다 보니 저는 돈 잘 버는 변호사는 아닙니다. 그렇지만 지금도 그런 마음가짐으로 변호사 일을 하고 있고, 앞으로도 그렇게 살아갈 것입니다.

저는 2006년부터 서울 용산에서 '공증인가 법무법인 서호'를 운영하고 있습니다. 비록 작은 로펌이지만 매월 수천만 원의 경상비를 부담해야 하는 저의 입장에서는 부담이 아닐 수 없습니다. 저는 한 달 한 달을 하나님의 은혜로 살아가고 있다 보니 '돈은 인격체'라는 말에 더 공감(共感)합니다. 또한 제가 그동안 돈을 인격체로 대하지 못했음을 반성합니다.

학교에서는 학생들에게 국영수만 강조해서 가르칠 것이 아니라 '돈과 경제'에 대해 충분히 가르쳐야 합니다. 가정에서도 자녀들에게 돈 대하는 법을 가르쳐야 합니다. 돈은 우리 삶의 모든 영역에서 지대한 영향을 주고 있음에도 그동안 우리는 돈의 속성을 너무 모르고 산 것 같습니다. 김승호 회장의 조언대로, 돈을 인격체로 받아들이고 깊은 우정을 나눈 친구처럼 대합시다. 다행히 '돈은 뒷끝이 없다.'는 것에 마음이 놓입니다. 요즘 코로나19 때문에 우리 사회 구성원들 삶의 현장 대부분이 한 겨울이겠지만, 서로 서로 도와가면서 돈과 함께 따뜻한 봄을 맞이할 수 있기를 소망합니다.

25 오늘을 살아가세요. 눈이 부시게

"내 삶은 때론 불행했고 때론 행복했습니다. 삶이 한낱 꿈에 불과하다지만 그래도 살아서 좋았습니다. 새벽에 쨍한 차가운 공기, 꽃이 피기 전 부는 달콤한 바람, 해질 무렵 우러나오는 노을의 냄새, 어느 한 가지 눈부시지 않은 날이 없었습니다. 지금 삶이 힘든 당신, 이 세상에 태어난 이상 당신은 이 모든 걸 매일 누릴 자격이 있습니다. 대단하지 않은 하루가 지나고, 또 별거 아닌 하루가 온다 해도, 인생은 살 가치가 있습니다. 후회만 가득한 과거와 불안하기만 한 미래 때문에 지금을 망치지 마세요. 오늘을 살아가세요. 눈이 부시게. 당신은 그럴 자격이 있습니다. 누군가의 엄마였고, 누이였고, 딸이었고, 그리고 나였을 그대들에게."

JTBC 드라마 '눈이 부시게'의 주연 김혜자 선생님이 제55회 백상예술대상 TV부문 대상을 받을 때 드라마 최종회의 감동적인 내레이션(narration)으로 수상 소감을 대신한 내용입니다. 위로가 필요한 시대에 살고 있는 우리들에게 참 따뜻한 위로를 해주신 김혜자 선생님에게 경의를 표합니다. 우리 모두 후회만 가득한 과거와 불안하기만 한 미래 때문에 지금을 망치지 맙시다. 오늘을 살아갑시다. 눈이 부시게 ...

26 고사리

"우리 모두는 단 한 번의 생을 산다."

MBC 주말드라마 '두 번은 없다' 포스터 글입니다. 우리 인생 두 번은 없습니다. 서울 한복판의 오래된 '낙원여인숙'의 사연 많은 투숙객들과 낙원여인숙 근처에 있는 구성호텔 구성원들 사이에 얽히고 설킨 이야기를 다룬 드라마입니다. 특히 낙원여인숙 투숙객들의 따뜻한 사랑을 다룬 참 재밌는 드라마입니다. 주일 오후 내내 아내와 함께 TV 몰아보기를 하고 있습니다..

"고사리"

드라마 6회분 때 낙원여인숙 투숙객들이 삼겹살 파티를 할 때 감풍기 역 오지호가 건배사로 한 말입니다. 고사리는 "고맙습니다. 사랑합니다. 이해합니다."의 줄임말입니다. 우리 인생살이에서 꼭 필요한 세 마디입니다. 우리 서로 "고사리" 이야기 자주 하며 살아갑시다!

27 人人人人人人

우연히 TV 채널을 돌리다가 Asian M에서 상영해 준 '조폭 마누라 3'을 봤습니다. 2006년 12월 말 개봉되어 관객 146만명을 동원한 액션이 가미된 코미디 영화입니다. 대만 여배우 서기(舒其 Shu Qi)와 이범수가 주연이지만, 조연인 현영(조선족 통역인), 오지호(똘마니1), 조희봉(똘마니2)의 연기가 약방의 감초입니다. '人人人人人人'은 영화에서 '꽁치' 역을 맡은 오지호가 자신의 집 가훈이라고 하면서 한 명대사입니다. "사람이 사람이라고 사람이냐? 사람이 사람다워야 사람이지."라는 뜻입니다.

맞습니다. 사람이라고 다 사람이 아닙니다. 사람값을 하는 사람이 사람이지요. '사람'이라는 단어 대신 어떤 직업이나 직책, 신분을 넣어도 말이 됩니다. 대통령, 군인, 의사, 검사, 학생 등등 "변호사가 변호사라고 변호사냐? 변호사가 변호사다워야 변호사이지."라는 말은 저 자신에게 하는 말입니다. 우리는 각자의 자리에서 '다워야' 합니다. 그리고 서로 기대면서 도와야 합니다. 그래야만 진짜 사람(人)입니다.

28 영화 '행복을 찾아서'

주일 저녁(2020년 3월 23일) 요즘 대세인 NETFLIX에서 영화 '행복을 찾아서(the PURSUIT of HAPPYNESS)'를 다시 봤습니다. 우리나라에서 2007년도에 개봉한 영화입니다. 어느 가난한 남자가 행복을 찾아가는 이야기입니다. 한물간 의료기기를 파는 무능한 가장 '크리스 가드너'(Chris Gardner, Will Smith역)가 나방이 나비가 되듯이 억만장자가 되는 과정을 그린 감동적인 실화를 바탕으로 한 영화입니다. 그는 살기 위해 야간 근무까지 해야 하는 아내, 철부지 다섯 살 아들(실제 Will Smith의 친아들입니다)과 함께 삽니다. 집세도 몇 달치 밀리고, 주차 벌금조차 내지 못해 경찰서 유치장에 구금되기도 합니다. 그의 아내는 가난을 견디지 못해 어린 아들을 두고 집을 나갑니다. 설상가상으로 그는 집에서 쫓겨나 모텔로 거처를 옮기고, 나중에는 그 모텔에서도 쫓겨납니다. 어느 날 주인공은 아들과 함께 농구를 하다가 멈추고 아래와 같은 말을 합니다. 아마 그 말은 주인공이 아들에게 한 말이 아니라 자기 자신에게 한 말이었을 것입니다.

"아들, 네가 해내지 못할 거란 말을 믿어서는 안 돼. 그리고 할 수 없다고 말하는 사람을 네 곁에 두어서도 안 돼. 다른 사람들이 할 수 없다고 하는 걸, 너도 할 수 없다고 믿게 되어버릴 테니까. 누구도 너에게 '넌 할 수 없어'라고 말하게끔 하지마. 그게 이 아빠라도 말이다. 꿈이 있다면 그걸 지킬 수 있는 용기가 필요해."

국세청이 주인공의 통장에서 체납세금을 가져가는 바람에 그의 통장에는 '21달러 33센트'밖에 남지 남았습니다. 그의 전 재산입니다. 그런데 그는 어렵게 들어간 회사의 6개월짜리 무급 인턴 사원입니다. 인턴 사원이 정규직이 되는 경쟁율은 무려 60:1입니다. 그렇지만, 고졸에 불과한 그는 결코 포기하지 않습니다. 그는 모텔에서도 쫓겨나 아들과 함께 지하철역 화장실을 잠궈 놓고 잠을 청하기도 하고, 매일 매일 줄서서 교회에서 하룻밤 무료로 제공해 주는 방에서 잠을 잘 때도 있습니다. 교회에서 하룻밤 자는 사람들과 함께 예배드리는 시간에 성가대원들이 아래 찬송가를 부르는데, 주인공도 아들을 안고 그 찬송을 따라 부릅니다. 찬송가가 아니라 간절한 기도입니다.

"주여, 산을 옮기지 마시고 산을 오를 힘을 주소서. 장애물을 치우지 마시고 비켜 가도록 인도하소서. 비록 내 짐이 무거워 견디기 힘들다 하여도 포기하지 않겠나이다. 주께서 약속하신 대로 기도의 제단에서 주를 만나게 하소서. 주여, 산을 옮기지 마시고, 산을 오를 힘을 주소서."

찬송가를 듣는데, 그들이 주님을 찾는 간절함이 느껴져 눈물이 났습니다. 주인공은 회사 임원으로부터 정규직으로 채용한다는 이야기를 듣고 행복의 눈물을 흘리며 아들이 있는 어린이집을 찾아가 아들을 안아 줍니다. 그는 아들과 함께 어린이집에서 나와 길을 걸으면서 이야기하는 장면으로 영화는 끝을 맺습니다. 그렇게 가족과 함께 동행하는 것이 성공의 끝이 아닐까요? 이 영화의 주인공은 실제 인물인 크리스 가드너는 회사에서 경력을 쌓은 후 1987년 투자회사인 가드너 리치를 설립했고, 2006년 가드너 리치의 지분을 수백만 달러에 매각했습니다. 그는 현재 홀딩스 인터내셔널 최고경영자입니다.
영화를 두 번 봤어도 그 감동은 처음 봤을 때와 같았습니다. 가난하지만 남편으로서, 아빠로서 그리고 살기 위해서 일을 해야 하는 일꾼으로서 하루하루 열심히 살아가는 주인공의 모습이 참 처절합니다.
　주인공은 "제퍼슨은 미국 독립선언문에서 인간에게 주어진 권리 중에 자유와 행복추구권이 있다고 했는데, 행복은 추구만 해야 하고 절대 잡히지 않는 건지도 모른다."는 독백을 합니다. 그런데 주인공은 그 행복을 추구하였고, 끝내 그 행복을 찾았습니다. 주인공은 말합니다. 꿈이 있다면 그것을 지키라고 ...

29 영화 '감쪽같은 그녀'

2019년 성탄절 이수교회 박정수 담임목사님의 설교 주제가 '니들이 사랑을 알어?'입니다. 이 땅에 독생자를 보내 십자가에 죽기까지 사랑하신 하나님의 그 사랑을 잊지 맙시다.

기쁜 성탄절 예배를 드린 후 친구 윤철수 상무 집에서 애들은 영화관으로 보내고, 두 부부가 TV로 영화 '감쪽같은 그녀'를 봤습니다. 치매 걸린 할매에게 어느 날 죽은 딸이 남긴 초등학생 손녀 '공주'가 젖먹이 갓난쟁이 손녀 진주를 업고 오는 것부터 이야기가 시작됩니다. 2019년 12월 4일 개봉한 영화인데, 왜 관람객이 46만 명 밖에 안 되는지 이해가 안 됩니다. 저는 평점으로 별 5개를 주고 싶습니다. 강추하고 강추합니다. 손수건이나 휴지는 필수품입니다. 영화 속에서 '공주'가 흥얼거리는 노래가 있습니다. 김민식의 '나의 사람아' 노래입니다. "해가 없어도 살 수 있지만, 달이 없어도 살 수 있지만, 당신 없이는 견딜 수 없네. 아름다운 나의 사람아~" 가족은 그런 사이입니다. 당신 없이는 견딜 수 없는 사이가 가족입니다.

30 영화 '기생충'

　영화 '기생충(parasite)'이 2020년 2월 9일(현지시간) 제92회 아카데미상 시상식에서 최고 영예인 작품상을 비롯해 감독상, 각본상, 국제영화상을 수상했습니다. 영어 아닌 외국어 영화 중 최초의 작품상 수상이고, 64년 만에 역대 세 번째로 칸 국제영화제의 황금종려상과 아카데미 작품상 공동 수상 기록을 세우게 되었습니다. 아카데미상은 일명 '오스카(Oscar)상'이라고도 하는데, 이는 미국 영화업자와 사회법인 영화예술 아카데미협회가 수여하는 미국 최대의 영화상입니다.
　저는 아카데미상 수상식 다음날 '기생충' 영화가 너무 궁금해서 혼자서 영화관으로 갔습니다. 제 옆자리에 앉은 남자도 혼자 오신 분이었습니다. 이미 우리나라의 누적 관람객수가 1,000만 명이 넘었습니다. 저는 코로나 바이러스 때문에 생애 처음으로 마스크를 쓰고 영화를 봤습니다.
　반지하(semi-basement)에 사는 하류층 김기택 가족과 지상에 사는 상류층 박동익 사장 가족 그리고 햇볕이 들지 않은 지하에 사는 문광 부부가 서로 얽히고 얽혀서 살아가는 세 가족의 이야기입니다.참 많은 것을 생각하게 하는 영화입니다. 반지하방에는 어울리지 않을 것 같은 수석(壽石), 계층 간의 선을 넘나드는 냄새, 어쩔 수 없이 무계획(無計劃)적인 삶을 살 수밖에 없는 기택과 끊임없이 계획을 세우는 기택의 아들 기우, 기택의 아들 기우와 딸 기정의 같으면서 다른 삶, 박사장의 아들 다송이 바라본 세계와 다송의 인디언 코스프레(cospre), 모스(Morse)부호를 통해 본 계층 간의 단절된

소통, 폭우가 쏟아지면 집이 잠기는 반지하에서 계속해서 살아가야 하는 우리 이웃들의 삶, 자영업자들 실패의 상징인 대만 카스테라, 끊임없이 사랑과 관심을 요구하는 박사장의 딸 다혜, 한 그릇에 담긴 소고기를 넣은 짜파구리(짜파게티와 너구리의 합성어), 기택 가족의 모함으로 숙주(宿主)인 박사장 집에서 쫓겨났다가 다시 들어온 가사도우미 문광과 할 수 없이 지하에서 살아가야 하는 문광의 남편 근세의 슬픈 인생 등 우리나라의 양극화(兩極化)와 빈부격차(貧富隔差)의 문제점을 잘 부각한 사회고발 영화입니다. 봉준호 감독은 아카데미 수상 수감으로, 시상식 현장에 있던 마틴 스콜세이지(Martin Scorsese) 감독이 말했던 "가장 개인적인 것이 가장 창의적인 것이다."라는 말을 했습니다.

박근혜 정부는 봉준호 감독이 만든 영화 '살인의 추억'을 '경찰을 무능한 집단으로 묘사해 부정적 인식을 주입한다'고 평가했고, 영화 '설국열차'를 '시장경제를 부정하고, 사회 저항을 부추긴다'고 평가했습니다. 또한 이명박 정부는 영화 '괴물'을 '반미 및 정부 무능을 부각시킨다'고 평가하여 이명박·박근혜 정부에서는 봉준호 감독을 문화계 블랙리스트에 포함시켜 '창작의 불'에 찬물을 끼얹었습니다. 그래서 외신은 블랙리스트가 이어졌다면, 기생충은 없었을 것이라면서, '한국 민주주의의 승리'라고 평가하고 있는 것입니다. 이처럼 문화예술인들이 마음껏 창의력을 발휘하게끔 하는 것이 정부가 할 일입니다.

저는 이 영화를 보면서 줄곧 '행복한 동행'을 떠올렸다. '부자와 가난한 자는 행복한 동행을 할 수 없는가?' 우리가 명심해야 할 것이 있습니다. 부자들만 살기 좋은 세상은 결코 좋은 세상이 아니라는 점입니다. 영화 '기생충'에서 암시하고 있는 바와 같이, 무시당한 가난한 자는 순간 무시한 부자를 살해할 수도 있는 것입니다. 지금 가졌다고 해서, 지금 부자라고 해서 영원히 가진 사람이고, 영원히 부자는 아니지 않습니까? 부자는 가난한 자를 존중해 줘야 합니다. 부자들이 사는 아파트촌에 임대아파트를 분리해서 건축하고, 그 임대아파트에 사는 사람들을 '임대충'으로 비하하는 모습 속에서는 행복한 동행을 할 수 없습니다. 우리 그렇게는 살지 맙시다. 일찍이 김구 선생은 이렇게 말했습니다.

"나는 우리나라가 세계에서 가장 아름다운 나라가 되기를 원한다. 가장 부강한 나라가 되기를 원하는 것이 아니다. 내가 남의 침략에 가슴이 아팠으니 내 나라가 남을 침략하는 것을 원치 아니한다. 우리의 부력은 우리의 생활을 풍족히 할 만하고 우리의 강력은 남의 침략을 막을만하면 족하다. 오직 한없이 가지고 싶은 것은 높은 문화의 힘이다."

봉준호 감독의 영화 '기생충'과 BTS 등의 한류 열풍은 우리 조국 대한민국의 높은 문화의 산물입니다. 김구 선생의 꿈대로, 우리는 마음과 뜻을 모아 세계에서 가장 아름다운 나라를 만들어야 합니다. '기생충' 영화포스터에 있는, '행복은 나눌수록 커지잖아요'라는 문장을 늘 기억합시다. 행복한 동행의 시작과 끝은 '상호 존중과 배려'입니다.

31 영화 '정직한 후보'

    사랑하는 딸과 함께 용산 CGV에서 영화 '정직한 후보'를 봤습니다.(2020년 2월 19일) 원래는 '남산의 부장들'을 보고 싶었는데, 그 영화는 종영되어서 꿩 대신 닭으로 '정직한 후보'를 봤습니다. 그런데, 닭이 아니라 꿩입니다. 오늘이 영화 개봉 7일차인데, 109만 명이나 봤습니다. 처음부터 끝까지 배꼽을 잡게 하는 영화입니다.
    "우리 국민들의 바람을 표현한 것 같아요." 딸의 영화평입니다. 맞습니다. 지금 우리 국민들은 정직한 후보를 바라고 있습니다. 어제 지인의 모친 장례식장을 다녀왔는데, 그 때 함께 문상하신 분이 이런 말을 했습니다. "변호사님이 정치 안 한 것은 로또 맞은 거에요." 200% 공감합니다. 제가 고등학교 때부터 가졌던 정치인이 되는 꿈을 몇 년 전에 포기했는데, 영화를 보니 정말 잘한 결정이라는 생각이 들었습니다. 그렇지만, 저는 여야 구분 없이 좋은 정치인들을 열심히 응원할 생각입니다. 또한 그것은 우리 국민들이 꼭 함께 해야 할 일입니다. 저는 여당편도 야당편도 아닌 우리 조국 대한민국 편입니다.

32 영화 '롱 리브 더 킹 : 목포 영웅'

작년에 태국 가는 비행기 기내에서 본 영화 '롱 리브 더 킹 : 목포 영웅'을 주말 저녁(2020년 2월 29일) 아이들과 함께 TV로 다시 봤습니다. 목포 깡패 장세출(김래원 역)이 철거 용역으로 나간 재건축 반대 시위 현장에서 만난 변호사 강소현(원진아 역)으로부터 따귀를 한 대 맞더니 불현듯 그녀에게 반하고, "좋은 사람이 되라."는 그녀의 말을 하나하나 실천해 나갑니다. 결국 홍길동 같은 장세출이 무소속임에도 목포시민의 선택을 받아 국회의원이 되고, 사랑도 쟁취합니다.

이 영화는 '롱 리브 더 킹' 웹툰이 원작이고, '롱 리브 더 킹(Long Live the King)' 원래 뜻은 "대왕만세! 새 폐하 만세! 새로운 왕 만세!"입니다. 장세출이 새로운 목포의 영웅이 되는 과정에서 권선징악을 그린 참 통쾌하고 재미있는 영화입니다. 이번 4.15 국회의원 선거에서도 장세출처럼 사람만 보고 가는 국회의원들이 선출되길 기대합니다. 좋은 세상은 그렇게 서로 도우면서 나누는 것입니다.

33 영화 '미드웨이(Midway)'

"너무 재밌어요. 다시는 전쟁이 일어나면 안 된다는 생각을 했어요."

영화 미드웨이(Midway)를 보고난 후 저의 딸, 아들의 공통적인 소감입니다. 일본군은 1941년 경고 없이 하와이 진주만을 공습한 이후 미국 본토 공격을 계획하고, 미군은 일본군의 다음 공격 목표가 어디인지 암호를 해독하는데 애쓰면서, 전열을 정비해나갑니다. 미군은 일본군의 미드웨이 공격일시를 5분 틀릴 정도로 정확히 암호를 해독합니다. 만약 미군이 그 암호를 해독하지 못했고, 목숨 바쳐 용감하게 싸운 군인들이 없었다면, 지금의 미국은 없을 것입니다. 미군의 항공모함 함재기만으로 일본군의 항공모함 4척을 격침시켜 미군이 태평양의 제해권을 장악한 spectacle한 전쟁이야기입니다.

영화가 끝날 때까지 가슴을 졸일 정도로 참 멋진 영화입니다. 요즘 미국인들은 이 영화를 보고 일본 불매운동에 가담하고 있다고 합니다. 과거에도 지금도 일본은 우리나라의 우방이 아닙니다. 일본은 지난해 경제침략을 통해 또다시 우리 대한민국을 침략했습니다. 일본이 항복하지 않는 한, NO JAPAN 운동은 지속 되어야 합니다. 그래서 일본이 다시는 우리 조국 대한민국을 침략하지 못하도록 해야 합니다.

34 영화 '미라클 프롬 헤븐(Miracles from Heaven)'

   2020년 마지막 주일 온 가족이 저녁식사 후 이수교회 박정수 담임 목사님이 주일 설교 말씀 중에 추천해 주신 '미라클 프롬 헤븐'이라는 영화를 봤습니다. 실화를 바탕으로 한 이 영화의 줄거리(네이버 공개 자료)는 다음과 같습니다.

   사랑하는 남편, 세 딸과 함께 평화로운 나날을 보내던 '크리스티' 둘째 딸 '애나' 가 원인을 알 수 없는 불치병에 걸리게 되면서 가족은 절망에 빠진다. 병원에서는 끝내 병명을 알아내지 못한 채 치료를 포기해버리고, 희망의 끈을 놓을 수 없는 '크리스티' 는 '애나' 의 치료를 위해 고군분투한다. 그러던 어느 날, '애나' 는 집 앞 나무에 오르다 추락하는 사고까지 당하게 되고, 더 이상 희망이 보이지 않던 순간, 가족은 놀라운 기적을 경험하게 되는데… 절망 앞에 찾아온 희망의 기적 한 가족에게 찾아온 믿을 수 없는 감동 실화!

   같이 영화를 보던 저의 딸은 주인공 '애나'가 고통스러워할 때마다 보지 못하고 본인방으로 갈 정도로 애나와 그 가족들은 절망의 시간을 보내고 있었습니다. 심지어 애나의 엄마 '크리스티'는 교회 성도들 일부가 "애나가 아픈 것은 부모의 죄나 애나의 죄 때문일 수 있다."는 말에 상처를 받고 교회를 떠나버립니다. 교회 담임목사는 교회를 떠나 있는 크리스티에게 "애가 아프다고 사랑의 주님이 안 계신 건 아닙니다. 난 제일 힘들 때마다 두 가지를 다 해봤어요. 주께 열심히 다가가든가 멀어지든가 … 내 경험으론 전자 쪽이 훨씬 나았어요."라는 조언을 해줍니다.

가족이 최고의 명약이고, 이름 모를 이웃들의 사랑이 기적임을 깨닫게 해주는 참 감동적인 영화입니다. '크리스티'가 교회에서 이런 간증을 합니다.

"아인슈타인이 삶엔 두 가지가 있다고 했죠. 기적은 없다고 믿는 삶과 인생의 모든 게 기적이라고 믿는 삶. 전 모든 게 기적이라고 믿고 살지 않았어요. 모든 것을 놓치고 살았죠. 기적은 모든 곳에 있어요. 선한 마음도 하나의 기적이죠. 때론 낯선 사람을 통해 특별한 방법으로 나타나기도 하죠. 어떤 상황에서도 달려와 주는 친구들, 기적은 사랑입니다. 기적은 하나님이고, 하나님은 용서입니다. 기적을 통해 하나님은 보여주십니다. 그 분이 우리 곁에 계심을 …"

제가 2020년 마지막 주일 대표기도할 때 이런 기도를 했었습니다.

"하루하루가 하나님이 주신 기적임을 잊지 않게 하시고, 하나님의 사람답게 살게 하시고, 우리의 삶이 예배가 되고, 전도가 되게 하옵소서."

정말 우리에게 주어진 하루하루가 기적임을 잊지 맙시다. 영화 마지막 장면에서 크리스티가 온 가족이 함께 피자를 먹을 때, "하나님이 우리 곁에 계심을 감사하고, 우리의 주님이 돼주심을 감사합니다." 라고 한 기도가 우리 모두의 기도가 되길 소망합니다.

35 영화 '교회오빠'

화요일(2019년 5월 28일) 저녁 8시 용산 롯데시네마에서 아내와 함께 '교회오빠'를 관람했습니다. 제가 성경 66권 중 가장 이해가 안 되는 것이 '욥기'입니다. 이 영화는 현대판 욥기입니다. 그래서 그런지 영화는 욥기 제1장 제1절을 시작으로 해서, 욥기 제2장 제10절로 끝을 맺습니다.

우스 땅에 욥이라 불리는 사람이 있었는데 그 사람은 온전하고 정직하여 하나님을 경외하며 악에서 떠난 자더라(욥기 1장 1절)

영화는 뼛속까지 교회오빠인 이관희 집사와 그의 아내 오은주 그리고 그의 딸 소연의 삶을 그린 다큐멘터리 영화입니다. 하나님 앞에서 온전하기를 바라던 이관희 집사는 욥이 그랬듯이 죽는 날까지 입술로 범죄 하지 않고 고난 속에서 하나님의 뜻을 찾다가 마흔 살 생일날 하나님의 품으로 돌아갔습니다. 사랑하는 아내와 세 살배기 딸 소연을 남기고서 …

"내 삶을 전체를 봤을 때, 내가 받은 은혜들을 다 계산해보면 '감히 하나님께 원망을 할 수 없다'라는 게 제 결론입니다." 이관희 집사의 행복과 감사의 손익계산서론입니다. 욥과 판박이입니다. 이관희 집사는 임종 직전 참기 힘든 고통이 찾아왔지만, 죽는 순간까지 맑은 정신으로 성경말씀을 보고, 설교를 듣기 위해 모르핀(morphine)주사를 맞지 않습니다.

또한 이관희 집사는 "오늘 나에게 주어진 이 하루가 내 인생의 마지막 날이라고 가정을 하면 나에게 주어진 이 하루를 누군가를 미워하고 누군가를 증오하면서 보내고 싶지는 않다."고 했습니다. 오늘 우리에게 주어진 하루도 이관희 집사에게 주어진 그 하루와 같지 않은가요? 이관희 집사가 딸 소연이 곁에 하루라도 더 있고 싶어 했던 그 하루를 우리는 너무 낭비하고 있지 않은가요? 다시는 오지 않을 나의 그 하루를 …

이관희 집사는 아내에게 "시간을 되돌릴 수 있다면 결혼하기 전으로 가고 싶다."고 합니다. 아내 오은주를 더 사랑해주지 못해 미안해서 … 이관희 집사 부부를 보면, 부부는 끼리끼리 만난다는 말이 맞는 것 같습니다. 이관희 집사의 아내 오은주는 여자 욥입니다.

욥기와 이 영화의 다른 점은 2가지입니다. 첫 번째 다른 점은 욥의 아내는 욥을 떠났지만, 이관희 집사의 아내는 끝까지 그의 곁을 지킨다는 것이고, 두 번째 다른 점은 욥은 140년을 살며 아들과 손자 사대를 보았고 늙어 나이가 차서 죽었지만, 이관희 집사는 마흔 살이라는 젊은 나이에 소천했다는 점입니다.

내가 주께 대하여 귀로 듣기만 하였사오나 이제는 눈으로 주를 뵈옵나이다 (욥기 42장 5절)

영화 보는 내내 눈물이 났습니다. 평일인데도 관객이 많았고, 영화가 끝났는데도 대부분의 관객이 자리에서 일어나지 않고 자막이 올라가면서 흘러나오는 찬양을 듣고 있었습니다. 마음이 아파 도저히 영화를 두 번 볼 수는 없을 것 같습니다. 영화 마지막 장면은 이관희 집사가 딸 소연이와 함께 성경말씀을 읽는 것으로 끝을 맺습니다. 이 영화가 우리에게 하고 싶은 외침입니다.

"태초에 하나님이 천지를 창조하시니라. 아멘"
"강하고 담대하며 여호와를 기다릴 지어다. 아멘"

제3편 주님과 동행

01 찌찌뽕

딸 : 저는 하나님이 좋아요
아빠 : 우리딸 훌륭한데
딸 : 우리 하나님이 훌륭하시죠

어젯밤(2020년 3월 18일) 늦은 시간 저의 딸과 함께 집 근처 남산공원을 산책할 때 한 대화내용입니다. 저는 이생의 자랑, 육체의 정욕, 안목의 정욕 속에 사는 때가 많은데, 저의 딸은 매 순간 하나님이 좋고, 하나님이 훌륭하다는 말을 하고 있습니다. 저보다 하나님을 우선시 하는 그 마음이 지금 제가 그리고 우리가 가져야 할 마음 아닐까요? "지금 모든 것이 감사하다."는 딸의 말에 참 감사했습니다. 같은 마음이고, 찌찌뽕(상대방과 둘이 또는 여럿이 있을 때에 같은 말을 동시에 내뱉을 경우 쓰임)입니다.

너희가 내게 부르짖으며 내게 와서 기도하면 내가 너희들의 기도를 들을 것이요 (예레미야 29장 12절)

02 우리 모두는 서로를 돕기 위해 태어났다

Beautiful message from holy father Pope Francis
He says,
"Rivers do not drink their own water;
trees do not eat their own fruit;
the sun does not shine on itself
and flowers do not spread
their fragrance for themselves.
Living for others is a rule of nature.
We are all born to help each other.
No matter how difficult it is ...
Life is good when you are happy;
but much better when others are happy because of you."

강은 자신의 물을 마시지 않고,
나무는 자신의 열매를 먹지 않으며,
태양은 스스로를 비추지 않고,
꽃은 자신을 위해 향기를 퍼트리지 않습니다.
남을 위해 사는 것이 자연의 법칙입니다.
우리 모두는 서로를 돕기 위해 태어났습니다.
아무리 어렵더라도 말입니다 ...
인생은 당신이 행복할 때 좋습니다.
그러나 더 좋은 것은 당신 때문에 다른 사람이 행복할 때입니다.

프란시스코 교황님의 참 아름다운 메시지입니다.
어느 말도 덧붙일 수 없는 감동적인 메시지입니다.
메시지를 읽는 것만으로도 행복합니다.
우리 모두는 서로를 돕기 위해 태어났습니다.

03 모든 것이 잘 되리라

저희 가정은 2020년 1월 31일 남산 서울타워가 보이는 아파트로 이사했습니다. 이제 저는 중구청 구민입이다. 어제(2020년 2월 14일) 이수성결교회 박정수 담임목사님 내외분, 김윤철, 이영훈 시무장로님 부부와 함께 감사하고 감사한 이사 감사예배를 드렸습니다. 담임목사님께서는 로마서 8장 26~28절 성경 본문으로, '모든 것이 잘 되리라'라는 격려와 은혜로운 말씀을 주셨습니다.

이와 같이 성령도 우리의 연약함을 도우시나니 우리는 마땅히 기도할 바를 알지 못하나 오직 성령이 말할 수 없는 탄식으로 우리를 위하여 친히 간구하시느니라 마음을 살피시는 이가 성령의 생각을 아시나니 이는 성령이 하나님의 뜻대로 성도를 위하여 간구하심이니라 우리가 알거니와 하나님을 사랑하는 자 곧 그의 뜻대로 부르심을 입은 자들에게는 모든 것이 합력하여 선을 이루느니라(로마서 8장 26~28절)

인생을 살면서 내 뜻대로 되지 않아 눈물 흘릴 때가 있습니다. 내가 생각하는 최선과 하나님이 생각하는 최선은 다를 수 있습니다. 기도가 중요한 이유는 하나님의 최선을 맞이할 수 있기 때문입니다. 우리가 마땅히 기도할 바를 모를 때 성령께서 말할 수 없는 탄식(groan : 고통의 신음소리를 내다는 뜻이다)으로 우리를 위해 친히 간구하시고, 하나님의 뜻대로 우리를 위해 간구하십니다. 성령께서 그렇게 간구하셨기 때문에 성부 하나님은 성령의 생각 즉, 나를 향한 하나님의 최선의 길을 아십니다. 그래서 성령 충만은 곧 하나님의 응답 충만이고, 하나님의 최선이 내 삶에 이루어지는 축복이 임하게 되는 것입니다. 하나님을 사랑하는 자가 되십시오. 내 뜻이 아닌 하나님의 뜻이 이루어지기를 소망하십시오. 그리하면 모든 일이 선을 이룰 것입니다. 모든 것이 잘 될 것입니다.

약 7년 전 천안에서 11년 동안 살다가 전혀 계획하지 않았던 서울로 이사를 오게 된 것도, 우연히 산책하다가 발견한 이수성결교회를 섬기게 된 것도, 저의 딸과 아들이 강남에서 중고등학교를 졸업하게 된 것도, 친형제같은 반포중 부자유친 모임 아버지들을 만나게 된 것도, 올해 딸이 삼수를 마치게 되고, 아들이 재수를 준비하게 된 것도 그리고 이렇게 책상에 앉아 남산이 보이는 아파트에서 글을 쓰게 된 것도 다 하나님의 은혜입니다. 참말로 감사하고 감사합니다.

사람이 마음으로 자기의 길을 계획할지라도 그의 걸음을 인도하시는 이는 여호와시니라(잠언 16장 9절)

하나님이 우측으로 가라 하시면 우측으로 가고, 좌측으로 가라 하시면 좌측으로 가겠습니다. 다시금 사랑과 행복이 넘치는 가정을 만들어 가리라 다짐해 봅니다. 이사 감사예배 때 부른 찬송가 382장 '너 근심 걱정 말아라' 가사가 저의 남은 인생의 나침반이요 방패가 될 것으로 믿습니다.

"주 너를 지키리 아무 때나 어디서나 주 너를 지키리 늘 지켜주시리"

04 기도할 때 일어나는 일들

1. 사랑받을 수는 없어도 사랑할 수는 있다.
2. 하루가 완전할 수는 없어도 감사로 가득할 수는 있다.
3. 무거운 짐을 내려놓을 수는 없어도 감당할 힘을 가질 수는 있다.
4. 원하는 곳에 갈 수 없어도 있어야만 하는 곳에 있을 수는 있다.
5. 완벽한 사람이 될 수는 없어도 소중한 사람은 될 수 있다.
6. 다른 사람을 바꿀 수는 없어도 나를 성장시킬 수는 있다.
7. 무언가를 소유할 수는 없어도 무언가에서 자유로워질 수는 있다.
8. 어제를 바꿀 수는 없어도 오늘을 바꿀 수는 있다.
9. 세상이 내 뜻대로 될 수 없어도 하나님 뜻대로는 될 수 있다.

이수성결교회에서는 중보기도 1기생 50명과 함께 2018년 3월 4일부터 4월 12일까지 40일간 ① 매일 나라와 민족을 위하여, ② 교회와 목회자를 위하여, ③ 중보기도 1기생들 각자의 기도제목을 위하여 매일 1시간 이상 기도를 시작했습니다. 저는 장로지만 아직도 기도하는 것이 서툴러서 박정수 담임목사님이 주신 기도 제목을 반복해서 낭독하는 방법으로 기도했었습니다.

때마침 제가 사랑하고 존경하는 탁영철 목사님의 오늘(2019년 3월 5일) 큐티 본문이 에스더의 기도에 관한 '에스더 5장 1~14절' 말씀이고, 큐티 제목도 '기도할 때 일어나는 일들'입니다.

에스더는 사촌 모르드개로 말미암아 하나님의 뜻을 깨닫고 "죽으면 죽으리라"는 마음으로 3일 동안 금식하면서 기도하고 아하수에로왕에게 나가갑니다. 에스더의 기도는 자신을 위한 기도가 아니라 나라와 민족을 위한 이타적인 기도였고, 하나가 되게 하는 기도였고, 죽음을 각오한 기도였습니다. 기도는 내가 하나님 편에 선다는 것임을 믿습니다. 하나님께 내 편이 되어달라고만 하지 말고, 내가 먼저 하나님 편에 섭시다. 하나님은 내가 필요할 때만 부르는 콜택시가 아니지 않습니까?

기도한다는 것은 하나님 편에 선다는 것을 의미합니다.
하나님 편에 서면 주변의 모든 상황과 모든 사람이 내편이 됩니다.
(탁영철 목사)

　이수성결교회 성도들의 40일간의 중보기도를 통해 일어날 일들을 기대하고 기대합니다. 하나님이 하나님의 때에 하나님의 방법으로 합력하여 선을 이루어 주실 것으로 믿습니다.

05 영원토록 감사해

날 구원하신 주 감사 모든 것 주심 감사
지난 추억 인해 감사 주 내 곁에 계시네
항기론 봄철에 감사 외론 가을날 감사
사라진 눈물도 감사 나의 영혼 평안해

응답하신 기도 감사 거절하신 것 감사
헤쳐나온 풍랑 감사 모든 것 채우시네
아픔과 기쁨도 감사 절망 중 위로 감사
측량 못할 은혜 감사 크신 사랑 감사해

길가에 장미꽃 감사 장미 가시도 감사
따스한 따스한 가정 희망주신 것 감사
기쁨과 슬픔도 감사 하늘 평안 감사
내일의 희망을 감사 영원토록 감사해

2020년 11월 둘째 주일 이수교회 헌신의 시간에 부른 '날 구원해 주신 주 감사' 찬양 가사입니다. 가사 한 마디 한 마디가 저의 고백이 되어 다시 메아리쳐 울립니다. 호흡이 끝나는 순간까지도 근심걱정이 끊이지 않는 것이 우리들의 삶입니다. 그렇지만, 오늘 박정수 담임목사님 말씀처럼 감사할 수 있는 마음과 눈이 있는 사람은 행복한 사람입니다. 내가 행복한 것이 곧 전도입니다. 저도 이웃들로부터 "당신의 모습을 보니까 교회 가고 싶다."는 말을 듣고 싶습니다.

다음 주일이 추수감사주일인데, 담임 목사님께서 추수감사헌금 봉투에 '나의 10가지 감사내용'을 적을 수 있게 했다고 하시면서 담임목사님의 10가지 감사내용을 소개하셨습니다. 담임목사님의 첫 번째 감사는 '이 죄인이 예수 믿고 구원받게 하심을 감사합니다.'이고, 마지막 열 번째 감사는 '날마다 감사하며 내일을 기쁨으로 맞이할 수 있게 하심에 감사합니다.'입니다. 저도 10가지 감사내용을 간략히 적어 봤습니다.

1. 죄 많은 저를 구원해주신 것 감사합니다.
2. 지혜로운 아내를 주심을 감사합니다.
3. 사랑하는 은혜와 은철이를 보내주심을 감사합니다.
4. 사랑하는 부모형제를 만나게 해주심을 감사합니다.
5. 은혜와 은철이가 믿음 안에서 건강하게 성장하게 해주심을 감사합니다.
6. 변호사로서 이웃을 돕는 일을 하게 해주심을 감사합니다.
7. 좋은 목사님을 만나게 해주시고, 장로로서 이수교회 성도님을 섬기게 해주심에 감사합니다.
8. 법무법인 서호 가족을 보내주심을 감사합니다.
9. 오성회 친구들, 반포중 부자유친 OB 모임 형제들, 윤철수 집사 가정을 보내주심을 감사합니다.
10. 감사하는 마음과 눈을 주셔서 감사합니다.

06 신이 우리에게 두 손을 준 이유

왼손이 할 수 있는 최고의 일은
오른손을 만나는 일이다.

누군가를 위해 기도하라고
친구의 성공에 박수를 보내라고
신은 우리에게 두 개의 손을 주었다.

정철의 '한글자' 책에 있는 '손'이라는 글입니다. 그런데, 그 기도와 박수는 손이 하는 것이 아니라 마음이 하는 것입니다. 눈도, 입도, 팔도, 다리도 모두 마음이 시키는 대로 합니다. 그래서 우리는 마음을 곱게 가꾸어야 합니다. 사람이 무엇으로 심든지 그대로 거두기 때문입니다.(갈라디아서 6장 7절) 우리는 손뿐만 아니라 눈, 입, 팔, 다리 모두 나뿐만 아니라 누군가의 행복을 위해 사용해야 합니다. 하나님은 나만 행복하라고 나를 창조한 것이 아니고, 나와 나의 이웃이 함께 행복하라고 나를 창조한 것임을 명심합시다.

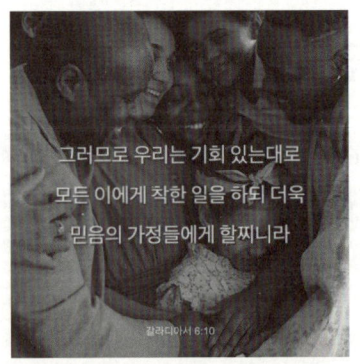

07 감사의 4원칙

중국 국경 지방에 한 노인이 살고 있었다. 어느 날 노인이 기르던 말이 국경을 넘어 오랑캐 땅으로 도망쳤다. 이에 이웃 주민들이 위로의 말을 전하자 노인은 "이 일이 복이 될지 누가 압니까?" 하며 태연자약(泰然自若)했다. 그로부터 몇 달 후 도망쳤던 말이 암말 한 필과 함께 돌아왔다. 주민들은 "노인께서 말씀하신 그대로입니다." 하며 축하했다. 그러나 노인은 "이게 화(禍)가 될지 누가 압니까?" 하며 기쁜 내색을 하지 않았다. 며칠 후 노인의 아들이 그 말을 타다가 낙마하여 그만 다리가 부러지고 말았다. 이에 마을 사람들이 다시 위로를 하자 노인은 역시 "이게 복(福)이 될지도 모르는 일이오." 하며 표정을 바꾸지 않았다. 그로부터 얼마 지나지 않아 북방 오랑캐가 침략해 왔다. 나라에서는 징집령(徵集令)을 내려 젊은이들이 모두 전장에 나가야 했다. 그러나 노인의 아들은 다리가 부러진 까닭에 전장에 나가지 않아도 되었다. 이로부터 변방(변방 塞)에 사는 노인(늙은이 翁)의 말이라는 새옹지마(塞翁之馬)란 고사성어가 생겨났다. 인간만사 새옹지마(人間萬事 塞翁之馬)란 인간 세상에서 일어나는 모든 일이 새옹지마니 눈앞에 벌어지는 결과만을 가지고 너무 연연해하지 말라는 뜻이다.(네이버 지식백과에서 인용)

중국 ≪회남자(淮南子)≫의 '인간훈(人間訓)'에 나오는 이야기입니다. 어느 주일 이수성결교회 박정수 담임목사님 설교 중에 '그러니까 감사, 그럼에도 감사, 그럴수록 감사, 그것까지 감사'에 대한 말씀을 주셨습니다. 감사의 4원칙입니다. 좋은 일이 생겼을 때 하는 감사는 누구나 할 수 있습니다. 그러나, 고난이 찾아왔을 때 불평하지 않고 인내하기란 참 어렵습니다. 고난 앞에서 우리는 믿음으로 하나님의 언약을 바라보고, 십자가에 드러난 하나님의 사랑을 묵상하며 '그럼에도 감사, 그럴수록 감사, 그것까지 감사'해야 한다고 하셨습니다.

대부분의 사람들은 고난을 피하고 싶어 합니다. 저도 그렇습니다. 그런데 성경은 믿는 자에게 고난도 받게 하신다고 합니다.

그리스도를 위하여 너희에게 은혜를 주신 것은 다만 그를 믿을 뿐 아니라 또한 그를 위하여 고난도 받게 하려 하심이라(빌립보서 1장 29절)

세상에 고난이 없는 사람이 어디 있겠습니까? 욥기에서는 '사람은 고생을 위하여 났다'(욥기 5장 7절)고 합니다. 고난의 연속이 우리의 인생입니다. 그렇지만, 시편 기자(記者)는 '고난 당하기 전에는 내가 그릇 행하였더니 이제는 주의 말씀을 지키나이다'(시편 119편 67절)라고 하고, '고난 당한 것이 내게 유익이라 이로 말미암아 내가 주의 율례를 배우게 되었나이다'(시편 119편 71절)라고 합니다. 저에게도 고난이 없었다면, 분명 지금의 저도 없습니다.

범사에 감사하라 이것이 그리스도 예수 안에서 너희를 향하신 하나님의 뜻이니라(데살로니가전서 5장 18절)

하나님은 범사(凡事) 즉, 모든 일에 감사하라고 하셨습니다. 그래서 저는 기도할 때 마다 '감사하는 마음을 주십시오'라는 기도를 빠뜨리지 않습니다. 범사에 감사하는 마음은 간절히 기도하고 기도해야만 얻어지는 아주 귀한 보물(寶物)이기 때문입니다. 하루하루 '그러니까 감사, 그럼에도 감사, 그럴수록 감사, 그것까지 감사'하는 감사의 4원칙을 지키는 저와 여러분이 되길 소망합니다.

08 주 안에서 항상 기뻐하라

주안에 있는 나에게 딴 근심 있으랴
십자가 밑에 나아가 내 짐을 풀었네
그 두려움이 변하여 내 기도 되었고
전날의 한숨 변하여 내 노래되었네내 주는 자비하셔서 늘 함께 계시고
내 궁핍함을 하시고 늘 채워주시네내 주와 맺은 언약은 늘 불변하시니
그 나라 가기까지는 늘 보호하시네

(후렴)

주님을 찬송하면서 할렐루야 할렐루야
내 앞길 멀고 험해도 나 주님만 따라가리

한국인이 가장 좋아하는 찬송가 중의 하나인 370장 '주 안에 있는 나에게' 가사입니다. 찬송가 370장이 작사(作詞)된 유래를 보면 더 은혜롭습니다.

찬송가 370장 작사가인 E. E. Hewitt 여사는 주일학교 교사요 작가였습니다. 그녀가 36세 되던 해 불의의 교통사고로 척추를 다쳐 마음대로 움직이지 못하고 6개월 넘게 병원생활을 하게 되자 육체와 정신이 피폐(疲弊)해져 갔습니다. 그녀는 자신의 처지를 비관하고 현실을 원망하면서 하루하루를 보내고 있었습니다.

그러던 어느 화창한 봄날 여자 청소부가 빗자루 질을 하면서 흥얼거리며 즐거워하는 모습이 그녀의 눈에 들어 왔습니다. 병실에 누워

심사(心思)가 뒤틀려 있던 Hewitt 여사에게 청소부가 즐거워하는 태도는 그녀를 화나게 했습니다. "이봐요! 청소부 주제에 뭐가 그리 좋다고 생글거리는 거예요?" 버럭 역정을 낸 Hewitt 여사에게 그 청소부는 이렇게 말했습니다. "좋지 않다니요? 나에게 닥친 모든 고난을 찬송으로 바꿀 수 있는 힘을, 주님이 주셨으니 즐거울 수밖에요!"라고 대답하는 것이었습니다.

Hewitt 여사는 감전된 듯한 충격을 받았습니다. "나는 나에게 닥친 고난에 하나님을 원망하기만 했구나!" 깊은 회한과 애통이 그녀의 입술에서 터져 나왔습니다. 그녀는 병실에 누워 고난을 기쁨으로 바꾸실 수 있는 하나님을 찬양하게 되었습니다. 그리고 적어내려 간 찬송시가 오늘 우리가 부르는 370장 '주 안에 있는 나에게'입니다.

오늘(2020년 7월 26일) 이수교회 박정수 담임목사님 설교 말씀 중 일부입니다. 코로나19 때문에 모든 영역에서 근심걱정으로 가득 차 있는 것 같습니다. 어려운 환경을 바라보면 답이 안 나옵니다. 환경 대신 우리에게 닥친 모든 고난을 찬송으로 바꿀 수 있는 힘을 주시는 하나님을 바라봅시다. 우리의 앞길이 멀고 험해도 주님을 찬송하면서 주님만 따라갑시다.

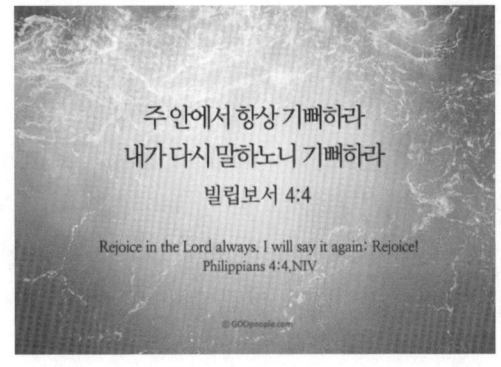

09 광야를 걸으며 감사하라

비가 올똥말똥하는 2020년 7월 둘째 주일 이수성결교회 박정수 담임목사님의 '광야를 걷게 하신 하나님'(성경 : 신명기 8장 1~10절)이라는 주제의 은혜로운 설교 말씀의 감동을 나누고자 합니다. 특히 오늘 2부 예배시간에 김유진 집사와 나주옥 집사 두 분이 특송해 주신 '그래도'(송명희 작사, 신상우 작곡)라는 찬양의 가사 하나하나가 오늘 설교 말씀과 합체되어 감동으로 다가왔습니다.

네가 나를 떠나가도 그래도
나는 너를 떠나지 않으며
네가 나를 버려도 그래도
나는 너를 버리지 아니하리라
네가 나를 사랑하지 않아도 그래도
나는 너를 사랑하며
네가 지은 죄 많으나 그래도
나는 너를 용서하리라
네가 천하고 미련하나 그래도
나는 너를 받으리라

성경에서 말하는 광야(廣野)는 대개 건조하고 사람이 살기 힘든 불모의 땅을 가리킵니다. 그래서 나의 노력만으로는 살 수 없는 땅, 하나님의 은혜로 살 수 있는 곳이 광야입니다. 이스라엘 민족은 종살이하던 애굽(이집트)에서 나와 하나님이 약속하신 땅 가나안으로 들어가기 전에 광야에서 40년 동안 지냅니다. 그들에게 광야는 '시험과 시련'의 장소이자 동시에 '하나님의 보호와 은총을 체험'하는 장소이기도 했습니다. 우리 모두는 광야 같은 삶을 살았고, 광야 같은 삶을 살고 있고, 광야 같은 삶을 살아 갈 것입니다. 하나님은 왜 사랑하는 자녀들에게 광야를 걷게 하실까요?

이는 너를 낮추시며 시험하사 네 마음이 어떠한지 알려하심이라
(신명기 8장 2절)

하나님은 우리들이 하나님만 바라보게 하시려고, 하나님만 의지하게 하시려고 광야를 걷게 하신 것입니다.

너를 낮추시며 너를 주리게 하시며 또 너도 알지 못하며 네 조상들도 알지 못하던 만나를 네게 먹이신 것은 사람이 떡으로만 사는 것이 아니요 여호와의 입에서 나오는 모든 말씀으로 사는 줄을 네가 알게 하심이니라(신명기 8장 3절)

또한 하나님은 40년 동안 광야 생활하던 이스라엘 백성들에게 매일 '만나(manna)'를 내려주셨습니다. 저도 그 '만나'가 어떻게 생겼고, 그 맛이 어떠했는지 참 궁금합니다. 시중에 나와 있는 아이스크림 '아맛나'가 그 만나의 맛이었을까요? 하나님은 만나와 하나님의 말씀을 먹게 하시려고 광야를 걷게 하신 것입니다.

하나님은 이스라엘 백성들이 광야 40년 사는 동안 의복이 해어지지 않고 발이 부르트지 않도록 보호하셨습니다.(신명기 8장 4절) 낮에는 구름기둥이 뜨거운 태양을 막아주고 네비게이션 역할을 해주었고, 밤에는 불기둥이 이스라엘 진영을 훈훈하게 해주었습니다. 하

나님은 이스라엘 백성들이 애굽을 탈출할 때 홍해가 갈라지는 기적을 체험하게 하시고, 사막에서 목마를 때 반석(盤石)에서 샘물이 솟아나게 하시고, 이스라엘 백성들이 고기가 먹고 싶을 때 메추라기가 진영에 쌓이게 하는 특별한 은혜를 체험하게 하셨습니다. 또한 성막(聖幕)을 통해 하나님을 만나게 해주시고, 하나님과 교제하게 해주셨습니다. 그 성막은 오늘날 교회입니다.

광야를 지날 때는 황금이 아니라 생수를 달라고 기도해야 하고, 케이크가 아니라 만나를 달라고 기도해야 합니다. 곳간을 채워달라고 기도하는 것이 아니라 일용할 양식을 달라고 기도해야 합니다. 광야에서는 부자도 가난한 사람도 없습니다. 광야에서는 풍성한 삶을 사는 것이 목표가 아니라 생존이 목표이며, 통과하는 것이 목표입니다. 광야는 하나님만 바라보게 되는 곳이며 그래서 하나님을 생생하게 체험하는 곳입니다.

살아있음에 감사합시다. 작은 것에 감사합시다. 광야가 종착역이 아님에 감사합시다. 우리의 목적지는 광야가 아닌 가나안입니다. 요즘 코로나19로 전 국민이 광야를 통과하고 있습니다. 내 노력만으로 살 수 없기에 하나님을 더 의지해야 합니다. 광야는 세상 명예와 욕심에 고정되었던 우리의 시선을 창조자 하나님께 돌리게끔 합니다. 광야에서 오아시스가 쉼을 제공하듯 교회는 광야 같은 인생을 살고 있는 세상 사람들에게 오아시스 같은 역할을 해야 합니다.

**네 하나님 여호와께서 너를 아름다운 땅에 이르게 하시나리
(신명기 8장 7절)**

저에게도 가족 외에는 누구에게도 말 못할 '인생의 광야'의 시절이

있었습니다. 죽도록 힘든 시간이었습니다. 돌이켜 보면 그 시간은 하나님의 은혜를 체험하는 시간이었습니다. 광야는 이 악물고 견디면 됩니다. 머지않아 우리 하나님은 저와 여러분에게 옥토(沃土)를 주실 것임을(신명기 8장 10절) 믿습니다. '그래도' 하나님은 우리를 떠나지 않으며, 우리를 버리지 않으며, 우리를 사랑하며, 우리를 용서하며, 우리를 받아주실 것을 믿습니다. 광야를 걸으며 감사합시다.

10 유명해지려고 하지 말고 유익해지도록 하라

"유명해지려고 하지 말고 유익해지도록 하라.
그리스도인은 사랑하다 죽어야 한다."

오늘(2019년 8월 18일) 이수성결교회 박정수 담임목사님 설교 말씀 중 일부입니다. 인류역사상 존경받는 위인들은 사람을 소중히 여기고, 사람을 사랑했던 사람들입니다. 저의 삶의 목적도 이웃의 유익과 하나님의 영광을 위해 사는 것입니다.

그리고 하나 더 바램이 있다면 저의 아내로부터는 "당신이 나의 남편이어서 감사하다."는 말을 듣고 싶고, 저의 딸과 아들로부터는 "아빠가 우리의 아빠여서 행복했다."는 말을 듣고 싶습니다.

박정수 담임목사님이 지난주 목요복음집회 때 대부분의 사람들이 소중하게 여기는 "건강, 돈, 예배 등 16가지 중 덜 소중한 것을 하나씩 버리고 가장 소중한 것을 골라보라."는 숙제를 내주셨습니다. 저에게 가장 덜 소중한 것은 '취미'였고, 그 다음에 덜 소중한 것은 '명예'였고, 가장 소중한 것은 '가정의 행복'이었습니다. 가장 소중한 것에 대해서는 저와 아내와 딸의 생각이 같았습니다. 반면 아들은 '건강'을 가장 소중한 것으로 선택했습니다.

지난주 월요일 소천하신 아버지를 선산에 모시면서 많은 분들의 위로와 사랑에 참 행복했습니다. 이 세상 끝날까지 사랑의 빚도 갚고, 사랑을 나누면서 살아갈 것을 다짐하고 다짐합니다. 우리 모두 사랑하다 죽읍시다!!

11 당신의 옛사람은 장사지냈습니까?

　오늘(2019년 6월 30일) 이수교회 1부 예배 때 박정수 담임목사님이 '예수와 함께 못 박혔나니' 설교 말씀 중에 '당신의 옛사람은 장사지냈습니까?'라는 제목으로 시를 써보라고 하셨습니다. 담임목사님이 시를 써보라고 하신 이유를 그 질문에 진지하게 답을 해보라는 뜻으로 이해하고, 1부 예배 목장 모임 때 목원들에게 같은 질문을 던졌습니다. "갈등 중이다, 쉽게 옛사람을 장사지냈다고 답을 못하겠다."는 등의 다양한 답이 나왔습니다. 부끄럽게도 저는 '쉽게' 장사 안 지냈다고 답을 했습니다. 그럼에도 불구하고 그런 저를 사랑해주시는 하나님께 감사할 따름입니다.

　내가 그리스도와 함께 십자가에 못 박혔나니 그런즉 이제는 내가 사는 것이 아니요 오직 내 안에 그리스도께서 사시는 것이라 이제 내가 육체 가운데 사는 것은 나를 사랑하사 나를 위하여 자기 자신을 버리신 하나님의 아들을 믿는 믿음 안에서 사는 것이라(갈라디아서 2장 20절)

　오늘 설교 본문 말씀인 갈라디아서 말씀입니다. 자기 사랑과 자기 자랑으로 가득 찬 옛사람이 죽을 뻔 하면 안 되고, 죽어야 합니다. 99% 믿는 것은 좋은 믿음이 아니라 안 믿는 것입니다. 그런데 여전히 저는 제가 믿을 수 있는만큼만 믿는 것 같습니다. 저는 언제 온전한 성령의 사람이 될 수 있을까요? 내가 죽어야 예수님이 삽니다. 옛사람을 '입관(入棺)'시키는 것만으로는 부족하고, 완전히 '화장(火葬)'시켜야 합니다.

우리가 살아도 주를 위하여 살고 죽어도 주를 위하여 죽나니 그러므로 사나 죽으나 우리가 주의 것이로다(로마서 14장 8절)

바울의 위 고백이 당신과 저의 고백이길 소망합니다.

12 지옥에는 기회가 없다

오늘(2019년 8월 15일) 이수성결교회 박정수 담임목사님 설교 말씀(요한계시록 21:1~8, 주제 : 너의 눈물을 닦아주리라)으로 은혜 받은 것을 나누고자 합니다.

고난 없는 것이 행복이 아니라 고난 속에서 하나님을 만나는 것이 행복입니다. 지옥은 고통 속에 있어서 지옥이 아니라 천국 갈 기회가 없기 때문에 지옥입니다. 천국은 있을 가능성이 있는 것이 아니라 천국은 있습니다.

또 내게 말씀하시되 이루었도다 나는 알파와 오메가요 처음과 마지막이라 내가 생명수 샘물을 목마른 자에게 값없이 주리니 이기는 자는 이것들을 상속으로 받으리라 나는 그의 하나님이 되고 그는 내 아들이 되리라 그러나 두려워하는 자들과 믿지 아니하는 자들과 흉악한 자들과 살인자들과 음행하는 자들과 점술가들과 우상 숭배자들과 거짓말하는 모든 자들은 불과 유황으로 타는 못에 던져지리니 이것이 둘째 사망이라 (요한계시록 21장 6~8절)

성경에서는 말하는 둘째 사망은 천국과 지옥의 갈림길에서 지옥에 있는 것입니다. 내 주변에 있는 사람들이 둘째 사망에 이르게 해서는 안 됩니다. 하나님은 우리에게 천국을 상속해주시면서 값없이 주시겠다고 하셨습니다. 우리가 지불해야 할 그 값을 예수님께서 십자가에서 지불하셨기 때문입니다.

예수님을 구주로 영접해서 우리 모두가 '그러니까' 감사하고, '그러므로' 감사하고, '그럼에도' 감사하고, 평생 감사의 삶을 살아가길 원합니다. 그래서 찬송가 370장 2절 "그 두려움이 변하여 내 기도되었고 전날의 한숨 변하여 내 노래되었네 주님을 찬송하면서 할렐루야 할렐루야 내 앞길 멀고 험해도 주님만 따라가리"라는 가사대로 살아가길 소망합니다.

　해바라기가 아침부터 저녁까지 해를 바라보듯이 그리스도인들은 주를 바라봐야 합니다. 에벤에셀(Ebenezer) 하나님, 임마누엘(Immanuel) 하나님, 여호와이레(Jehovah-Jireh) 하나님이 우리와 함께 하셨고, 지금도 함께 하시고, 사후에도 함께 하실 것임을 믿습니다.

여호와는 너를 지키시는 이시라 여호와께서 네 오른쪽에서 네 그늘이 되시나니 낮의 해가 너를 상하게 하지 아니하며 밤의 달도 너를 해치지 아니하리로다 여호와께서 너를 지켜 모든 환난을 면하게 하시며 또 네 영혼을 지키시리로다 여호와께서 너의 출입을 지금부터 영원까지 지키시리로다(시편 121편 5~8절)

13 믿음이란

"믿음은 내 삶의 영역에서 주님을 초청하는 것이다."

　이수성결교회 목요복음집회(2019년 7월 4일) 때 박정수 담임목사님이 말씀하신 '믿음'의 정의입니다.
　요한복음 4장 46~54절에는 예수님이 행하신 두 번째 표적 이야기가 나옵니다. 왕의 신하의 아들이 병들어 거의 죽게 되자, 왕의 신하가 예수님이 물로 포도주를 만드신 첫 번째 표적을 행한 갈릴리 가나에 오셨다는 것을 듣고 가서 자신의 아들 병을 고쳐달라고 요청합니다.
　그러자 예수님께서 "너희는 표적과 기사를 보지 못하면 도무지 믿지 아니하리라"고 하시면서 "가라 네 아들이 살아 있다"라고 하시니 그 신하가 예수께서 하신 말씀을 믿고 가는 도중에 그 종들이 오다가 만나서 아들이 예수께서 네 아들이 살아 있다고 말씀 하신 때부터 열기가 떨어져 낫기 시작했다는 이야기를 듣고, 자기와 온 집안이 예수님을 다 믿는다는 이야기입니다.
　예수님을 믿지 않았던 왕의 신하는 아들이 곧 죽게 되자 예수님을 초청하였고, 아들이 살아 있다는 예수님의 말씀을 믿고 그대로 갔습니다. 왕의 신하는 그와 같이 자신의 삶의 영역에서 예수님을 초청했고, 예수님을 말씀을 믿고 그대로 따랐습니다.
　교회에서 예배드리고, 찬양하는 것도 중요하지만, 나의 모든 삶의 영역에서 예수님을 초청하는 것이 믿음의 시작이라면, 그 말씀을 믿고 가는 것이 믿음의 끝이 아닐까요? 하나님께서 목사님 말씀을 통해 하루를 스마트폰으로 시작해서 스마트폰으로 끝나는 저의 삶을 꾸짖는 것 같습니다. 식사 때만 예수님 찾지 말고, 저의 모든 삶의 영역에서 예수님을 초청할 것을 다짐합니다. 언제 어디서나 ...

14 너희 말이 내 귀에 들린 대로 내가 너희에게 행하리니

　　이번 주일(2019년 7월 14일) 이수성결교회 박정수 담임목사님 설교말씀 주제 '불평과 혈기'(민수기 20장 1~13절) 중 받은 은혜를 나누고자 합니다. 이스라엘 백성들은 애굽(지금의 이집트)에서 노예생활을 하다가 하나님의 도움으로 애굽을 탈출하여 약속의 땅 가나안으로 가는 도중에 뒤에서는 애굽 군사들이 뒤쫓아 오고 앞에는 홍해 바다가 펼쳐진 상황에서 모세가 지팡이를 들자 하나님이 바람으로 홍해를 갈랐고, 그 사이로 이스라엘 백성이 지나간 뒤 모세가 다시 지팡이를 흔들자 바다가 합쳐지면서 애굽 병사들이 몰살하는 홍해의 기적을 체험했습니다. 그런데, 이스라엘 백성들은 홍해의 기적 등 상상조차 할 수 없는 수많은 기적을 체험했음에도 불구하고 신(Sin) 광야에 이르러 물이 없자 모세를 찾아와 '우리 형제들이 여호와 앞에서 죽을 때에 우리도 죽었더라면 좋을 뻔하였도다'(민수기 20장 3절) 하면서 신세 한탄을 합니다. 물론 살려고 애굽에서 탈출했는데, 농사도 지을 수 없고, 아무 것도 없는 광야에 물조차 없으니 신세 한탄 할 만합니다. 그런데 하나님은 이에 대해 모세와 모세의 형 아론에게 이렇게 말씀 하셨습니다.

나를 원망하는 이 악한 회중에게 내가 어느 때까지 참으랴 이스라엘 자손이 나를 향하여 원망하는 바 그 원망하는 말을 내가 들었노라 그들에게 이르기를 여호와의 말씀에 내 삶을 두고 맹세하노라 너희 말이 내 귀에 들린 대로 내가 너희에게 행하리니(민수기 14장 27~28절)

결국 하나님은 이스라엘 백성들이 말 한대로 행하셨습니다. 하나님은 이스라엘 백성들에게 애굽에서 약속의 땅 가나안까지 성인 남자는 걸어서 2개월이면 갈 수 있는 거리를 40년 동안 광야생활을 하게 하시고, 그렇게 불평한 이스라엘 백성들 모두를 약속의 땅에 가 보지도 못하고 광야에서 죽음을 맞이하게 하셨습니다.

정말 무섭지 않은가요? 자신이 말 한대로 이루어진다면, 우리는 함부로 부정적인 말, 불평의 말을 하지 않을 것입니다. 하나님은 하나님 귀에 들린 대로 행하시는 분임을 명심하고, 사랑의 말, 격려의 말, 축복의 말을 합시다. 말은 씨가 되어 자라고, 마음도 씨가 되어 자랍니다.

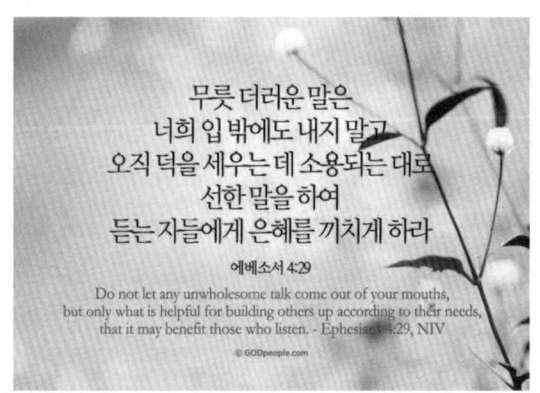

15 사랑은 해우소(解優所)이다

예쁘지 않은 것을 예쁘게
보아주는 것이 사랑이다
좋지 않은 것을 좋게
생각해주는 것이 사랑이다
싫은 것도 잘 참아주면서
처음만 그런 것이 아니라
나중까지 아주 나중까지
그렇게 하는 것이 사랑이다.

나태주 시인의 '사랑에 답함'이라는 시입니다. 시를 읽는 것만으로 사랑이 밀물처럼 밀려옵니다.

사랑은 오래 참고 사랑은 온유하며 투기하는 자가 되지 아니하며 사랑은 자랑하지 아니하며 교만하지 아니하며 무례히 행치 아니하며 자기의 유익을 구치 아니하며 성내지 아니하며 악한 것을 생각지 아니하며 불의를 기뻐하지 아니하며 진리와 함께 기뻐하고 모든 것을 참으며 모든 것을 믿으며 모든 것을 바라며 모든 것을 견디느니라(고린도전서 13장 4~7절)

성경에서 말하는 사랑의 첫 번째 덕목은 '오래 참음'입니다. 심지어 성경은 '모든 것을 참으라'고 합니다. 시인이 말한 예쁘지 않은 것을 예쁘게 보아주는 것과 좋지 않은 것을 좋게 생각해주는 것 또한 오래 참음과 모든 것을 참는 것의 다른 모습이 아닐까요?

또한 성경은 '너희 모든 일을 사랑으로 행하라(고린도전서 16장 14절)'고 합니다. 부부와 부모자식이, 형제자매와 이웃이 서로 서로 오래 참고 모든 것을 참는다면 이 세상의 문젯거리 대부분은 해소될 것입니다. 근심을 푸는 곳이라는 뜻의 해우소(解優所)는 사찰에서 화장실을 이르는 말인데, 그런 의미에서 사랑은 해우소입니다.

16 에바다(Ephphatha)

에바다는 '열려라'(Be opened)는 뜻의 아람어를 헬라어로 음역한 말입니다. 마가복음 제7장에서 예수께서 하신 말씀입니다. 사람들이 귀 먹고 말 더듬는 자를 데리고 예수께 나아와 안수하여 주시기를 간구하니, 예수께서 손가락을 그의 양 귀에 넣고 침을 뱉어 그의 혀에 손을 대시며 에바다라고 선포 하시니 그의 귀가 열리고 혀가 맺힌 것이 곧 풀려 말이 분명하여졌습니다.(마가복음 제7장 31~37절)

이수성결교회 어느 주일 1부 예배(박정수 담임목사님 설교 주제 : 열리는 축복) 후 목장 모임 할 때 5명 목원들 안에 닫히고 막혀 있는 것들 즉, 건강, 관계, 말(혀), 재정, 진로 중에서 목원들이 열리는 축복을 받고 싶어 하는 영역은 각기 달랐습니다. 저는 연로하신 집사님에게 하소연투로 "제가 중국으로 유학가려면 5년 안에 20억 원을 벌어야 하는데(저의 아내가 정해놓은 기준), 어떻게 해야 할지를 모르겠습니다."라고 했더니, 그 집사님이 대뜸 "간단합니다. 하나님께 기도하세요!"라고 대답했습니다. 저는 망치로 머리를 맞은 기분이었습니다. 예수님께서 저에게 그 집사님의 입을 통해 하신 말씀 같았습니다. 저는 그동안 하나님이 하실 수 있을 것 같은 것만 간구하고 있었던 것입니다.

정말 우리 힘으로 열 수 없는 것들이 얼마나 많은가요? 마가복음 제7장에서 등장하는 그 사람들이 귀 먹고 말 더듬는 자를 데리고 예수님께 나아갔듯이, 먼저 우리도 그렇게 예수님께 나아가야 합니다. 그것을 이루고 안 이루고는 우리 몫이 아니라 하나님의 몫입니다.

헌신예배 시간에 함께 찬양한 '열려라 에바다'의 가사가 저를 감동
케 합니다.

열려라 에바다(현운식 작사·작곡)

어두워진 세상길을 주님 없이
걸어가다 나의 영혼 어두워졌네
어느 것이 길인지 어느 것이 진리인지
아무 것도 알 수 없었네
주님 없이 살아가는 모든 삶
실패와 좌절뿐이네
사랑하는 나의 주님
내 영혼 눈을 뜨게 하소서
열려라 에바다 열려라
눈을 뜨게 하소서
죄악으로 어두워진 나의 영혼을
나의 눈을 뜨게 하소서

아무 것도 알 수 없고
아무 것도 볼 수 없고
아무 것도 들을 수 없네
세상에서 방황하며 이리저리 헤메이다
사랑하는 주님 만났네
어두웠던 나의 눈이 열리고
막혔던 귀가 열렸네

답답했던 나의 마음 열리고
나의 영혼 열렸네열렸네
에바다 열렸네 눈을 뜨게 하셨네
죄악으로 어두워진 나의 영혼을
나의 눈을 뜨게 하셨네

17 하나님이 정말 원하시는 것은 내가 행복한 것이다

하나님이 정말 원하시는 것은 '내가 행복한 것'이다. 정말 행복한 것과 행복한 척 하는 것은 다르다. 정말 내가 행복하려면 축복받은 가정을 이루어야 한다.

우리가 태어나서 가장 먼저 만나는 공동체가 가정이고, 가장 의지하고 사랑하는 인간관계도 가정 안에서 이루어진다. 또한 가장 상처를 많이 받는 곳도 가정이고, 자신의 계획대로 잘 안 되는 곳도 가정이다. 축복받은 가정을 이루기 위해서는 어떻게 해야 될까? 하나님의 은혜와 더불어 아래와 같은 세 가지 거룩한 가정 설계가 필요하다.

첫째, 미움의 감옥, 무관심의 감옥, 죄책감의 감옥, 열등감의 감옥, 원망의 감옥, 이기심의 감옥, 복수심의 감옥, 절망의 감옥, 두려움의 감옥, 불신의 감옥에서 벗어나야 한다. 그 수많은 감옥들은 마귀가 만든 것이다.

둘째, 주 예수를 믿으라. 그냥 믿는 것이 아니라 예수를 '주인'으로 믿어야 한다. 교회를 다니지만 변화가 일어나지 않는 이유는 예수를 주인으로 믿지 않기 때문이다. 신앙생활은 취미생활이 아니다.

셋째, 온 집안이 믿음으로 기뻐하라. 가정의 기쁨의 근원이 하나님을 믿는 것이어야 한다. 하나님 때문에 행복하고, 하나님을 위해 사는 것이 삶의 목적이 되어야 한다.

이 세상에는 세 가지 유형의 사람이 있다. ① 물드는 사람, ② 피하는 사람, ③ 물들이는 사람. 죄악에 물드는 사람보다는 죄악을 피하는 사람이 더 낫지만, 기독교인은 내가 행복하고, 그 행복을 물들이는 사람이다.

어린이 주일인 오늘(2019년 5월 5일) 이수성결교회 박정수 담임목

사님이 사도행전 16장 25~34절 말씀을 토대로 '거룩한 가정설계'라는 하나님의 말씀을 전해주신 내용의 일부입니다. 제가 오늘 담임목사님의 말씀을 통해 받은 큰 감동을 글로 제대로 표현하지 못해 너무 아쉽습니다. 하나님을 위하여 사는 가정을 설계합시다. 그 가정이 바로 복되고 아름다운 가정이고, 그 가정을 이루어 가는 것이 내가 행복하게 사는 지름길입니다.

사철에 봄바람 불어잇고
하나님 아버지 모셨으니
믿음의 반석도 든든하다
우리집 즐거운 동산이라

고마워라 임마누엘
예수만 섬기는 우리집
고마워라 임마누엘
복되고 즐거운 하루하루

돌아가신 저의 처 할머니께서 늘 부르셨던 찬송가 559장 '사철에 봄바람 불어 잇고' 1절 가사와 후렴입니다. 처 할머니께서 왜 이 찬송을 그렇게 자주 부르셨는지 이해가 됩니다.

임마누엘(Immanuel)이 무슨 뜻인지 아십니까? '하나님이 우리와 함께 계시다(God with us)'라는 뜻입니다. 예수님을 주인으로 모시는 복된 가정을 이루어 갑시다. 하나님이 늘 우리와 함께 계십니다.

18 "사랑한다" 그 한 마디 어떠신가요?

1. 신앙생활을 하시게 하여 드려라
2. 묻는 말에 대답 잘 하고, 말씀을 잘 읽어 드려라.
3. 표정을 밝게 하고, 웃음을 잃지 말라.
4. 항상 궁금증을 풀어 드려라.
5. 용돈을 정기적으로 드려라.
6. 향토적인 음식을 만들어 드려라.
7. 외모를 아름답게 꾸며 드려라.
8. 일거리를 찾아 드려라.
9. 친구를 자주 만나게 하여 드려라.
10. 등을 긁어 드리고, 손톱과 발톱을 깍아 드려라.

오늘(2019년 5월 12일) 어버이주일 이수성결교회 박정수 담임목사님 설교말씀 중 언급하신 가나안농군학교 김평일 교장의 '부모공경 10계명'입니다. 부끄럽게도 저는 위 10가지 중 2개밖에 실천을 못하고 있습니다. 또한 저는 올해 52살인데, 아버지에게 사랑한다는 말을 못해본 것 같습니다. 제 딸,아들에게는 사랑한다는 말을 자주 하면서… 저의 아버지도 저에게 직접적으로 사랑한다는 말을 안 해주셨습니다. 대신 늘 "몸 조심해라."라고 하십니다. 그것이 아버지가 저에게 하시는 사랑한다는 말씀일 것입니다.

오늘 목사님이 주신 말씀대로 부모님께 기쁨을 드리는 아들, 부모님의 말씀에 순종하는 아들, 형제간에 화목을 선물하는 아들, 부모님의 영혼을 구원하는 아들이 되기를 다짐해 봅니다.

왜 부모님을 존경하라고 하지 않고 공경하라고 했을까요?
존경에는 조건이 붙지만 공경에는 조건이 붙지 않기 때문입니다.
존경은 존경할만해야 존경하는 것이지만,
공경은 무조건 존경하는 것입니다.
(탁영철 목사)

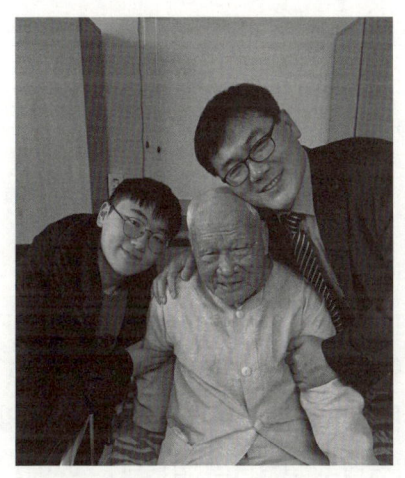

19 그리스도인의 서시(序詩)

죽는 날까지 하늘을 우러러
한점 부끄럼이 없기를,
잎새에 이는 바람에도
나는 괴로워했다.
별을 노래하는 마음으로
모든 죽어가는것을 사랑해야지
그리고 나한테 주어진 길을
걸어가야겠다.

오늘밤에도 별이 바람에 스치운다.

윤동주의 서시(序詩)입니다. 대한민국 국민이라면 누구나 사랑하는 시입니다. 이 시는 일제강점기에 한글로 적은 시임에도 일본의 중고등학교 국어교과서에도 실렸다고 합니다. 2020년 10월 18일 주일 이수교회 박정수 담임목사님이 윤동주의 서시로 설교를 시작해서 목사님이 서시 형태로 지은 '그리스도인의 서시'로 설교를 마쳤습니다. 시를 낭독하는 것만으로도 감동의 물결이 밀물처럼 밀려옵니다.

그리스도인의 서시

죽는 날까지 하나님 앞에
한 점 부끄럼이 없기를,

삶의 모든 순간마다
나는 괴로워했다.
십자가 은혜를 노래하는 마음으로
모든 죽어 가는 영혼을 사랑해야지
그리고 나한테 주어진 전도자의 길을
걸어가야겠다.

오늘 밤에도 나의 비전이 바람에 스치운다.

윤동주와 박정수 담임목사님의 다짐이 저의 다짐이 되길 소망합니다. 저에게 주어진 길을 늘 감사한 마음으로 걸어가겠습니다.

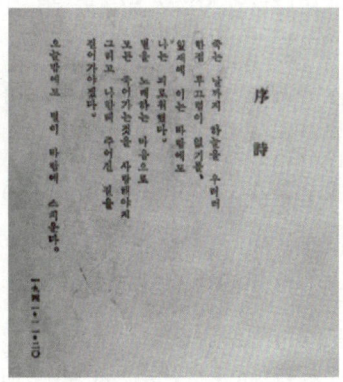

20 베리트(beriyth)

이수성결교회 성도님 세 분이 함께 운영하는 유니스(UNIS) LED 마스크 총판 개업 예배(2019년 5월 7일)에 다녀왔습니다. 사업체 이름이 '베리트'(berityth)인데, 히브리어로 '언약을 세우다, 언약의 땅'이라는 뜻이라고 합니다.

박정수 담임목사님께서 야고보서 4장 13~17절 본문으로 '사업성공의 비결'이라는 주제로 다음과 같이 하나님 말씀을 전해주셨습니다.

첫째, 하나님을 기업의 주인으로 모셔야 한다. 하나님이 사장님이다. 하나님과 동업하며 이 사업이 하나님의 사업이 되도록 하나님께 순간순간 묻고 맡겨야 한다.

둘째, 의롭고 정직한 사업장을 추구하라. 탈세하지 말고, 온전한 십일조를 드려야 한다.

셋째, 교회와 관련된 사업장을 세워라. 사업 성공은 교회 부흥과 깊은 관계가 있어야 하고, 사업이 성공하면 전도와 선교에 존귀하게 쓰임 받아야 한다. 기업의 부흥이 곧 하나님 나라 확장이 되어야 한다.

제가 교회 시무장로로서 대표기도할 때 "돈 세다 잠들도록 해달라."고 기도했습니다. 베리트가 그 뜻대로 하나님의 언약을 세우는 하나님의 기업이 되길 기도합니다. 저도 프리미엄 제품으로 한 개 구입했습니다. 환해진 저의 얼굴을 기대하고 기대합니다.

※ 히브리어 ברית 베리트의 뜻(박정수 목사님이 개업 예배 후 보내주신 글)

▶ 사전적 의미 : 자르다에서 유래
1. 언약, 계약 = 국가 사이, 개인이나 친구, 결혼에 대해
2. 언약의 조건 = 하나님의 약속, 율법, 교훈

언약을 맺다 = ברית כרת 베리트 카라트 = 언약을 쪼개다, 자르다, 죽이다, 파괴하다 → 짐승을 잡아 고기를 자르는데 사용되는 단어

▶ 여호와께서 아브라함과 언약을 맺을 때 쪼갠 고기 사이로 지나가십니다. 언약을 맺을 때는 짐승을 잡아서 반으로 나누는 것은 언약을 어기면 쪼개지는 것을 말합니다.

네 자손은 사대 만에 이 땅으로 돌아오리니 이는 아모리 족속의 죄악이 아직 가득 차지 아니함이니라 하시더니 해가 져서 어두울 때에 연기 나는 화로가 보이며 타는 횃불이 쪼갠 고기 사이로 지나더라(창세기 15장 16~17절)

▶ 성부 하나님께서 독생자 예수를 "짐승을 쪼개듯이 죽였으니 그 언약"이 얼마나 소중하겠습니까?

약속은 말로 맺습니다. 계약은 서류로 맺습니다.
언약은 피로 맺습니다. 언약을 어기면 쪼개집니다.

　(적용) 베리트(언약)란 단어는 은혜로운 단어이면서도 무서운 단어입니다. 목숨을 걸고 약속을 지킨다는 뜻입니다. 하나님께서 우리에게 주신 약속을 생명을 걸고 지켜주신다는 뜻이며, 우리도 하나님 앞에 헌신한 약속을 목숨을걸고 지킨다는 뜻입니다.

제가 오늘 여러분에게 전한 '성공하는 사업의 비결' 세 가지를 마음에 잘 새기시고 꼭 순종하셔서 하나님의 언약이 이루어지길 축복합니다.

21 페어리(Fairy)

"저는 우리 집의 공식적인 노예입니다."

지난해 고등학교를 졸업한 저의 아들이 교회 권사님 부부 앞에서 한 말입니다. 아들말대로 실제로 저희 집에서 아들은 노예처럼 삽니다. 음식물 쓰레기 비우기부터 집안의 모든 잡다한 일의 대부분은 아들 몫입니다. 심지어 저는 아들이 가장 하기 싫어할 때를 골라서 음식물 쓰레기 버리기를 시켰습니다. 아들 스스로 자신이 노예라고 생각할 정도로, 저는 의도적으로 아들을 노예 아닌 노예로 키웠습니다. 이 세상에 하나밖에 없는 아들을 노예처럼 대할 부모가 어디 있겠습니까? 그렇지만 저의 아들은 집안에서 부모에게 그리고 누나에게 노예처럼 섬기는 삶을 살았기에, 세상에 나가서도 먼저는 하나님의 영광과 나라를 위해서 그리고 미래의 아내와 곁에 있는 이웃들을 위해서 노예처럼 충실히 섬기는 삶을 살 수 있으리라 믿습니다. 기꺼이 노예의 삶을 받아들인 아들이 참 대견스럽기까지 합니다.

서로 마음을 같이하며 높은 데 마음을 두지 말고 도리어 낮은 데 처하며 스스로 지혜 있는 체 하지 말라 (로마서 12장 16절)

올해는 아들이 재수를 했기 때문에 그동안 아들이 했던 일을 딸이 대부분 대신했는데, 아들은 수능이 끝나자마자 다시 저희 집의 공식적인 노예로 되돌아왔습니다. 그런데, 어젯밤 아들이 노예라는 단어의 어감(語感)이 좋지 않다고 해서 노예라는 호칭 대신 '요정(妖

精)'이라는 뜻을 가진 '페어리(Fairy)'라는 호칭을 사용하기로 했습니다. 남자에게는 요정이라는 단어가 그다지 어울리는 것 같지는 않지만, 노예라는 단어 보다는 듣기에 더 좋은 것 같습니다.

인자가 온 것은 섬김을 받으려 함이 아니라 도리어 섬기려 하고 자기 목숨을 많은 사람의 대속물로 주려 함이니라 (마태복음 20장 28절)

우리 예수님이 이 땅에 오신 것은 섬김을 받으러 오신 것이 아니라 도리어 섬기려고 오셨습니다. 그러므로 예수님을 구주(救主)로 믿는 우리 그리스도인들은 늘 섬김의 자리에 있어야 합니다. 저는 아들이 가정에서도, 교회에서도, 학교에서도, 직장에서도 종의 삶을 살아가기를 소망합니다. 그래서 아들이 언제, 어디에서든지 기쁨을 주는 진짜 요정이 될 것으로 믿습니다.

22 아기가 자라며

비가 오락가락하는 2020년 8월 첫날 남양주시에 있는 '베일리비스튜디오'에서 개최된 이수교회 정진섭·김주애 집사님의 둘째 딸 라원의 첫 돌 예배에 다녀왔습니다. 코로나19 때문에 가까운 가족들과 교회 성도들 총 15명만 참석한 소박한 돌잔치였지만, 라원의 외할아버지 김재곤 전주태평교회 담임목사님이 예배를 인도해주신 평생 잊지 못할 돌잔치였습니다.

성경말씀은 누가복음 2장 40절 '아기가 자라며 강하여지고 지혜가 충만하며 하나님의 은혜가 그의 위에 있더라'였습니다. 라원이 외할아버지는 라원이가 예수님처럼 강하여지고 지혜가 충만하고 하나님의 은혜 가운데 자라서 예수님과 같은 인물이 되길 바란다는 말씀을 주셨습니다. 지혜의 왕 솔로몬이 하나님께 구했던 것은 지혜가 아니라 '듣는 마음'이었습니다. 하나님의 말씀을 듣는 마음이 지혜이고, 하나님의 말씀에 따라 사는 것이 지혜로운 삶입니다.

우리 라원이가 지혜로운 여인으로 자라서 하나님의 영광을 위해 살아가길 기도합니다. 돌잡이를 할 때 라원이는 디자이너를 상징하는 알록달록한 실패(실을 감아 두는 작은 도구)를 잡았는데, 라원이 부모는 실타래를 잡기를 원했습니다. 라원이 아빠가 인사말 할 때 "라원이가 건강하게 자라기만을 바란다."고 하면서, "음식에 승부를 걸었으니 맛있게 드시고 가시라."고 했는데, 정말 나오는 음식 하나하나가 예술이었습니다.
 저의 꿈은 할아버지가 되는 것입니다. 친할아버지든 외할아버지든 얼른 되고 싶습니다. 그래서 저도 라원이 외할아버지처럼 첫돌 때 손주들에게 "예수님처럼 자라서 예수님과 같은 인물이 되라."는 덕담을 해주고 싶습니다.

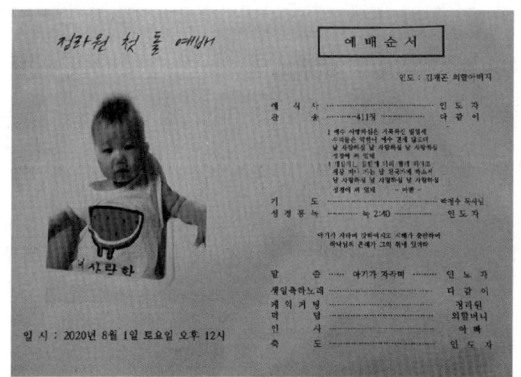

23 언니와 동생의 감사거리

파란 가을하늘과 시원한 가을바람이 천생연분처럼 궁합이 잘 맞는 2020년 10월 둘째 주 주말에 처제 부부와 함께 골프를 했습니다. 전반 홀을 마치고 그늘집에서 대화할 때 저의 아내가 어제 장모님에게 "엄마, 지은이를 낳아주셔서 고마워요."라는 말을 했답니다. 그랬더니 처제도 몇 년 전부터 장모님에게 같은 취지의 말을 했다고 합니다. 아내와 처제는 어렸을 때는 엄청 싸웠다고 하는데, 지금은 한 몸처럼 지내고 있습니다. 그렇기 때문에 아내와 처제의 포도나무 가지인 저와 동서도 친형제처럼 잘 지내고 있습니다.

잠언은 '형제는 위급한 때를 위하여 났다'(잠언 17장 17절)고 하는데, 아내와 처제는 서로가 서로의 행복을 위해 존재하는 것 같습니다. 저는 오늘 볼을 잘 치기 위해 어제 골프연습장도 다녀왔고, 잘 안 맞는 3번 우드와 유틸리티, 4번 아이언까지 빼고 왔음에도 불구하고 제가 골프채를 잡은 이후 20년 만에 최악의 타수(119타)를 기록했습니다. 그러나, 언니와 동생의 멋진 감사거리 때문에 덩달아 최고로 행복한 나들이였습니다.

24 타협의 하나님

저는 이수성결교회 박정수 담임목사님 말씀을 듣고 2020년 3월 8일 주일부터 6.25 70주년인 오늘(2020년 6월 25일)까지 매일 만보 걷기 운동을 하고 있습니다. 그동안 약 5kg을 뺐는데, 앞으로 건강이 허락하는 한 10kg을 더 뺄 때까지 걸어볼 생각입니다. 오늘도 낮에 5,000보밖에 걷지 않아 저녁식사 후 사랑하는 딸과 함께 집 근처에 있는 서울로(Seoullo)를 걷기 위해 아파트를 나섰습니다. 얼마 걷지 않았는데 비가 한 방울 한 방울 떨어졌습니다.

저는 다시 집으로 돌아가 우산을 갖고 오는 것도 귀찮기도 하고, 한편으로는 딸과 함께 비를 맞고 산책하는 것도 좋은 추억이 될 것 같아 주저하는 딸을 설득해서 그냥 걷기로 했습니다. 그런데, 딸이 갑자기 "하나님 비가 안 내리게 해주세요."라고 기도했고, 저는 속으로 '하나님 필요한 비일테니, 그냥 비 내려주세요.'라고 기도했습니다.

이후 얼마 걷지 않았는데, 가랑비가 내렸습니다. 그래서 그냥 머리에 꽃만 꽂으면 딱 어울리는 모습으로 내리는 비를 온 몸으로 맞으면서 걸었습니다. 신기하게도 2,500보쯤 걸었을 때 비가 그쳤습니다. 정말 감탄할만한 '타협의 하나님'이십니다. 오늘밤 사랑이 많으신 타협의 하나님 덕분에 사랑하는 딸과 함께 빗속을 걷는 추억을 남길 수 있었음에 참말로 감사합니다.

25 사랑이란 역지사지(易地思之)이다

그 사람이 좋아하는 것을 주어야 사랑이다.
한 개를 주고
두 개를 바라는 건 사랑이 아니다.
한 개를 주고
한 개를 바라는 것 역시 사랑이 아니다.
사랑이란 아홉 개를 주고도
더 주지 못한 것을 안타까워하는 마음이다.

   유미성 시인의 《사랑은 피지 않고 시들지 않는다》라는 시집에서 정의한 사랑의 개념입니다.
   맞습니다. 사랑은 내가 좋아하는 것을 주는 것이 아니라 상대방이 좋아하는 것을 주는 것이고, 상대방이 바라보는 것을 바라보고, 상대방이 슬퍼할 때 함께 슬퍼하고, 상대방이 기뻐할 때 함께 기뻐하는 것입니다. 그렇게 사랑은 내가 아닌 상대방의 입장에 서는 것입니다. 그래서 사랑이란 역지사지(易地思之)입니다.

26 가장 받고 싶은 상

아무것도 하지 않아도,
짜증 섞인 투정에도 어김없이 차려지는,
당연하게 생각되는 그런 상

하루에 세 번이나 받을 수 있는 상,
아침상, 점심상, 저녁상

받아도 감사하다는 말 한마디 안 해도 되는 그런 상
그때는 왜 몰랐을까?
그때는 왜 못 보았을까?
그 상을 내시던 주름진 엄마의 손을
그때는 왜 잡아주지 못했을까?
감사하다는 말 한마디 꺼내지 못했을까?

그동안 숨겨놨던 말 이제는 받지 못할 상
앞에 앉아 홀로 되뇌어 봅니다.
"엄마, 사랑해요"
"엄마, 고마웠어요"
"엄마, 편히 쉬세요."

세상에서 가장 받고 싶은 엄마 상
이제 받을 수 없어요.

이제 제가 엄마에게 상을 차려 드릴게요.
엄마가 좋아했던 반찬들로만 한가득 담을게요.

하지만 아직도 그리운 엄마의 밥상
이제 다시 못 받을 세상에서 가장 받고 싶은
울 엄마 얼굴 (상)

부안여중 3학년 이슬 양이 우덕 초등학교 6학년 때 쓴 동시입니다. 이슬 양의 어머니는 2011년 유방암 판정을 받고 5년간 투병하다 37세 나이로 소천했습니다. 이 시는 지난 2016년 전북교육청이 주최한 '너도나도 공모전'에서 동시 부분 최우수상을 받았는데, 전남 여수 여도초등학교 조승필 교사가 올해 1월 SNS에서 이 시를 우연히 보고, 같은 제목으로 동요로 만들어 최근에 발표하였습니다.

이 노래를 듣고 있으면 그냥 눈물이 납니다. 강력한 최루탄입니다. 이 시는 2019년 4월 출간된 이슬 양의 에세이집 '내가 엄마니까'에도 실렸습니다. 이슬 양은 얼마나 엄마가 보고 싶을까요? 제 곁에 있는 엄마도 언젠가는 제 곁을 떠나실텐데 ... 이슬 양의 앞길에 하나님의 축복이 가득하기를 기원합니다.

27 낮은 곳으로

낮은 곳에 있고 싶었다
낮은 곳이라면 지상의 그 어디라도 좋다

찰랑찰랑 물처럼 고여들 네 사랑을
온몸으로 받아들일 수 있다면
한 방울도 헛되이
새어나가지 않게 할 수만 있다면

그래, 내가
낮은 곳에 있겠다는 건
너를 위해 나를
온전히 비우겠다는 뜻이다
나의 존재마저 너에게
흠뻑 주고 싶다는 뜻이다

잠겨 죽어도 좋으니
너는
물처럼 내게 밀려오라

이정하 시인의 '낮은 곳으로' 라는 시입니다. 저는 이 시를 보면서 '너희 중에 누구든지 으뜸이 되고자 하는 자는 너희의 종이 되어야 하리라(마태복음 20장 27절)'라는 예수님의 말씀이 떠올랐습니다.

예수님은 그렇게 가장 낮은 자리에서 섬김의 삶을 살다 우리 인간들의 죄를 대속(代贖)하기 위하여 십자가에 못 박혀 돌아가셨다가 3일 만에 부활하셨습니다. '잠겨 죽어도 좋으니 너는 물처럼 내게 밀려오라'는 말은 예수님이 저에게 하신 말씀으로 들립니다.

저도 그렇게 사랑하며 살고 싶습니다. 저를 내려놓고, 저의 뜻대로가 아닌 하나님의 뜻대로 살고 싶습니다. 그렇게 사랑만 하다 천국 가고 싶습니다.

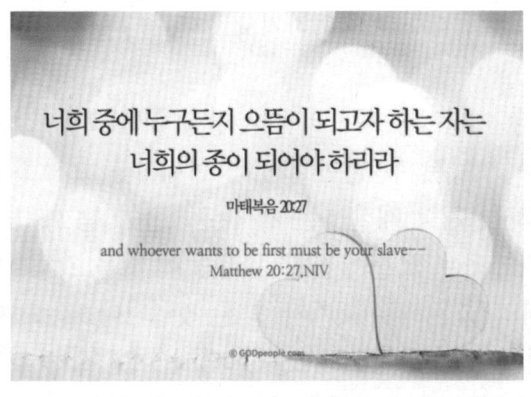

28 빨리 결혼하고 싶어요

"빨리 결혼하고 싶어요." 올해(2020년) 22살인 저의 딸이 어느 날 저녁식탁에서 한 말입니다. 결혼하면 아이도 낳아야 하고, 육아도 해야 하고, 시댁 식구들도 챙겨야 하는 등 지금보다 신경 쓸 일이 최소 2배는 늘어날텐데, 딸은 빨리 결혼하고 싶어 합니다. 또한 딸은 작년에 삼수를 해서 이제 대학교 1학년이고, 지금 남자친구도 없는데 … 설마 대학교 졸업하기도 전에 결혼하겠다는 것은 아니겠지요?

엊그제 독감 예방접종 맞으러 사무실 근처 내과에 갔는데, 병원에 제 또래로 보이는 두 딸이 고령의 아버지를 모시고 와서 아버지와 함께 참새들처럼 재잘재잘 거리는 모습이 참 예뻤습니다. 아마 그 아버지에게는 딸들이 낳은 손주들이 있을 것입니다. 참 부럽습니다. 저의 꿈은 할아버지가 되는 것입니다. 몸도 마음도 건강한 할아버지가 되어 돕는 삶을 살다가 아름답게 지고 싶습니다. 나이 들어 딸과 함께 병원에 가는 것도 좋지만, 더 좋은 것은 천국 갈 때까지 저 혼자 걸어서 병원에 가는 것입니다. 딸이 빨리 결혼해서 빨리 손주를 낳으면 빨리 할아버지가 되기 때문에 저에게는 무척 좋은 일이기는 한데, 아버지로서 예쁜 딸을 시집보내야 한다는 것이 썩 내키지는 않습니다.

제가 섬기는 이수교회 박정수 목사님께서 결혼할 자녀를 둔 아버지들에게 자녀에게 교육할 '배우자 선택기준'을 보내주셨는데 공감이 많이 되어 그 내용을 소개하고자 합니다.

담임목사님이 말씀하신 배우자 선택 기준 10가지는, ① 하나님을 사랑하고, 예수 믿고 구원의 확신이 있는 사람. 만일 불신자를 사랑하게 되었을 때는 결혼 전 반드시 예수 믿도록 인도할 것, ② 독단적이거나 다혈질적이지 않고, 사랑이 많고 남을 배려하는 사람, ③ 건강하고 자신이 이성적으로 사랑할 수 있는 사람, ④ 하나님께 영광 돌리며 이웃에게 유익을 주는 비전을 가진 사람, ⑤ 가족을 안정되게 부양할 수 있는 능력이 있는 사람, ⑥ 부모님과 가정이 화목한 믿음의 집안에서 성장한 사람, ⑦ 게으르지 않고 부지런하고 열정적인 사람, ⑧ 자신이 맡은 일에 대해 성실한 사람, ⑨ 이타적인 사람, ⑩ 친구들이 건전하고 반듯한 사람.(위 10가지를 다 완벽하게 갖춘 사람은 지구상에 없으니 각 항목에 70점 이상 점수를 줄 수 있으면 만족할 것) 그리고 그런 배우자를 만나기 위해 내가 노력할 점은 위 10가지를 지닌 상대를 만나게 해 달라고 하나님께 매일 기도한다, 나도 위 10가지를 지닌 사람이 되도록 노력한다, 나에게 관심 보이는 모든 사람들에게 이성적 마음을 열지 말고, 위 10가지 기준으로 상대방을 저울질하면서 정말 괜찮은 사람이다 싶을 때 이성교제를 시작한다, 몇 번 만나면서 사랑하는 마음이 생기면 부모님과 논의한다.

제가 벌써 딸 시집보낼 것을 염려하는 나이가 되었습니다. 참 세월 빨리 지나갑니다. 2020년도 벌써 찬바람이 부는 가을입니다. 저의 인생의 가을도 곧 찾아올 것입니다. 그래도 저는 지난 가을보다도 앞으로 다가올 가을보다도 이 가을이 더 좋습니다.

※ 한국성결신문 2020년 10월 21일 '김양홍 변호사의 행복칼럼'에 실린 글입니다.

29 My life is my message

　지난해(2018년) 1월 초 28명의 형제자매들이 인도로 7박 8일 선교여행을 다녀왔다. 인도로 가는 비행기에서 우연히 좌석에 부착된 화면 채널을 돌리다가 인도영화 '마운틴 맨(THE MOUNTAIN MAN)'이라는 영화를 두 번 봤다. 인도 비하르주(Bihar) 게홀로르(Gehlore) 마을에 살던 다쉬라트 만지히(Dashrath Manjhi)의 일대기를 그린 영화이다. 그는 인도의 가장 천한 계급인 '무사하르'였다. 어릴 때 장가를 갔는데, 술 30병과 암탉 5마리와 맞바꾼 것이고, 어린 신부의 이름은 파구니야였다. 그가 사는 게홀로르 마을은 산으로 둘러싸인 분지여서 오랫동안 외부와 왕래가 쉽지 않았다. 마을에서 가장 가까운 읍내에 가려 해도 산을 넘어서도 4마일, 산을 돌아서는 40마일(약 64km)을 돌아가야만 했다.

　그는 학교 문턱도 밟은 적 없고, 자기 땅 한 뼘이 없는 가난뱅이였지만, 아내와 함께 행복한 삶을 살던 1960년 어느 날 아내가 마을 앞 돌산에서 굴러떨어져 피를 많이 흘렸는데, 치료할 약도 방법도 없었다. 병원을 가자니 피 흘리는 환자를 둘러메고 산을 에둘러 갈 수도 없었다. 결국, 아내는 죽었다. 영화에서는 임신한 아내를 산을 넘어 병원까지 데리고 갔으나, 병원에서 딸 아이만 출산하고 아내는 사망한 것으로 그려졌다. 그에게 남은 것은 나이 어린 아들과 딸이었다. "눈물? 눈물도 안 나왔어. 그저, 길이 없어서 그랬다, 읍내로만 갔으면 죽지는 않았을 거라는 생각만 들더구먼. 장례를 어찌어찌 치르고 나선 정을 들고 바위를 쪼기 시작했지. 두 번 다시 그런 일이 없어야 된다는 그 생각 하나로 매달린 거지." 그렇게 시작한 공사는 20년을 훌쩍 넘어 1982년에 가서야 끝났다. 완공된 길은 총 길이 915m, 평균 너비 2.3m에 이르렀고, 최고 9m 깊이까지 바위를 파냈다. 그는 길이 완공된 뒤 정부에서 수여하겠다고 한 상과 상금을 모두 거부했다. "상을 왜 주는지 모르겠더군, 내 할 일을 한 거야 나는. 게다가 사지 육신 멀쩡한데 뭐 하러 돈(상금)을 얻어 쓰나. 이제껏 하루 벌어 하루 먹기에 불편한 것 없이 살았어. 더 가질 필요가 뭐가 있나. 길 만들었다고 종이 나부랭이 주지 말고, 다른 동네에 길이나 하나 내도록 해야 할 것 아닌가."

그는 2007년 80세를 일기로 세상을 떠났지만, 그의 언행 하나하나가 우리를 숙연하게 한다. 22년 동안 아내와 이웃을 위해 정과 망치로 바위산을 뚫은 것을 내 할 일을 한 것이라고 말하는 그는 진정 위대한 성인이다. 진짜 성공한 사람은 남을 성공하게 하는 사람이다. 나 아닌 이웃을 행복하게 하고자 마음은 곧 나를 행복하게 하는 마음이다. 영화 마지막 부분 그의 독백이 가슴을 울렸다. "기억 속에도 세월은 흐른다. 내가 당신을 얼마나 사랑하는지 몰라. 어떤 신도 내 사랑을 막을 수 없어. 하늘도 내 사랑을 다 담지는 못해. 누구도 내 사랑을 상상하지 못해." 다쉬라트가 산을 허물기 시작한 지 52년이 지났고, 산을 다 허문 지 30년이 지나고, 그가 죽은 지 4년이 지나서야 마침내 정부는 2011년에 그 산에 도로를 만들었다. 그래서 나라가 나라다워야 한다.

'My life is my message.' 간디 박물관에 있는 간디의 명언이다. 나의 인생이 내가 전하려는 메시지다. 우리 각자의 삶이 전도되어야 한다.

'기억은 짧고, 추억은 길다.' 인도 '희망의 교회' 유영자 선교사님이 자신의 페이스북에 올린 글이다. 그런데 지난 인도 선교여행은 기억도 길고, 추억도 긴 여정으로 남을 것 같다. 여행은 한 권의 책을 읽는 것과 같다고 하는데, 인도 선교여행은 내가 평생 읽은 책을 한 꺼번에 읽은 느낌이다. 함께 해주신 하나님께 모든 영광을 올린다.

※ 코람데오닷컴 2019년 2월 17일 '김양홍 변호사의 행복칼럼'에 실린 글입니다.

30 오늘도 행복해 주세요

전자기학의 아버지로 불리는 마이클 패러데이(Michael Faraday)는 영국 뉴잉톤에서 가난한 대장장이의 아들로 태어났다. 그는 지금의 초등학교 수준의 학교를 다니다 그만두고, 14세 때 서점에 책 만드는 견습공으로 취직, 책을 꿰매면서 공부를 했다. 어느 날 서점에 일을 맡기러 온 손님이 당시 유명한 화학자 험프리의 강의를 들을 수 있는 입장권을 그에게 선물했다. 패러데이는 그 강의를 듣고, 강의 내용을 그림까지 곁들여 무려 386쪽에 걸쳐 정리했다. 그가 자신이 정리한 강의노트를 험프리에게 보여주자 험프리는 그에게 실험실 도구를 정리하는 일을 맡겼다.

1813년 험프리 밑에서 과학 공부를 시작한 패러데이는 3년 만에 처음으로 과학논문을 한편 발표하고, 그 논문 때문에 영국 왕립학회 회원까지 된다. 이후 패러데이는 전자기 유도 법칙을 발견하여 전자기학의 이론적인 틀을 마련했을 뿐 아니라, 발전기나 변압기를 비롯한 수많은 전기 기계의 기술적인 원리를 제시했다.

패러데이의 수많은 과학적 발견은 오늘날은 물론 당시 사회에도 큰 영향을 끼쳤다. 빅토리아 여왕은 직접 만찬에 초대해서 그의 업적을 치하할 정도로 유명해졌지만, 그는 오히려 과학 문명 때문에 런던의 템즈강이 오염되는 것을 걱정했다고 한다. 그는 한평생 검소하게 살았고, 보다 못한 빅토리아 여왕이 직접 런던에 큰 저택을 마련해 주었지만, 그마저 사양했다. 또한 패러데이는 귀족 신분을 주겠다는 것도 사양했고, 영국 왕립학회 회장 자리도 마다했다. 누군가가 그의 성과물에 대해 특허를 내서 돈을 벌라고 하자, 그는 다음과 같은 이유로 거절했다고 한다.

"과학적 성과는 세상 모든 사람들이 함께 누려야 합니다. 그것은 어느 한 개인의 것이 되어서는 안 됩니다. 모든 사람들의 행복을 위해 유익하게 쓰여야 마땅하지요."

패러데이가 그렇게 훌륭한 과학자로 자리매김한 첫 번째 이유는 '만남의 축복' 아닐까? 만약 패러데이가 험프리 강의를 들을 수 있는 입장권을 받지 못했다면, 패러데이가 험프리 강의를 듣지 못했다면 지금의 패러데이는 없었을 것이다. 또한 초등학교 학력의 패러데이가 험프리 강의 내용을 386쪽의 방대한 분량으로 정리할 수 있었던 것은 과학에 대한 호기심과 열정 때문 아니었을까? 우리 아이들을 국영수 달인으로만 키우지 말고, 호기심 천국에서 살게 해야 하지 않을까? 학벌이 아닌 능력으로 사람을 평가한 영국 왕립학회도 참 대단하다. 무엇보다도 패러데이는 이웃사랑 정신이 투철하고, 무척 겸손한 사람이었음이 분명하다.

누구든지 자기를 높이는 자는 낮아지고 누구든지 자기를 낮추는 자는 높아지리라(마태복음 23장 12절)

인생은 시소게임과 같아서, 내가 올라가려면 상대방이 무거워야 한다. 그렇게 나보다 상대방을 무겁게 하려면 상대방을 더 배려해야 하고, 더 존중해야 한다. 어느 구름에 비가 내릴지 모른다. 상대방이 잘 되도록 지극히 섬기자. 상대방도 여러 가지 모습으로 당신을 도울 것이다. 이처럼 세상은 더불어 사는 세상이다.

예수님도 '네 이웃을 네 자신과 같이 사랑하라'고 하셨고, 심지어 '너희 원수를 사랑하라'고 하셨다. 예수님은 나만 행복하고, 나만 즐거운 삶이 행복한 삶이 아니라 더불어 행복한 삶이 더 큰 행복임을 가르쳐 주신 것이다. 곰곰이 생각해 보면, 내가 행복할 때 보다 내가 사랑하는 사람이 행복할 때 더 행복한 것 같다. 그것이 본래 행복의 속성 아닐까? 결국 내가 행복하려면 내 곁에 있는 사람이 행복해야 한다. 그리고 보면 우리는 서로가 서로의 행복을 위해 행복해져야 할 의무가 있다. 그래서 나는 '오늘도 행복하세요'는 문자보다는 '오늘도 행복해 주세요'라는 문자를 자주 보낸다. 일단, 우리 오늘 행복하자.

※ 한국성결신문 2019년 2월 20일 '김양홍 변호사의 행복칼럼'에 실린 글입니다.

31 잘 먹고, 잘 사는 법

'잘 먹고, 잘 사는 법' 주일날 1부 예배 설교 말씀 주제이다. 출애굽기 16장에는 이스라엘 백성이 애굽을 탈출하여 광야 생활할 때 하나님께서 '만나(manna)'를 내려주신 이야기가 나온다. 만나는 희고 꿀 섞은 과자 맛이 났는데, 40년 동안 이스라엘 백성들이 행진하는 곳마다 이슬처럼 내려왔다. 또한 만나는 주 6일간만 주어졌고 안식일 전날은 평일의 2배가 더 내렸는데, 하루 거두어들일 만나의 양은 1인당 1오멜(오늘날 약 2.2리터, 1되 2홉)이고, 그 효용은 당일로 제한되었다. 하나님이 그렇게 하신 이유는 매일의 삶 속에 함께 하시는 하나님의 사랑과 기적을 체험하게 하여 감사와 순종을 삶을 살도록 하기 위해서였다.

당시 이스라엘 백성이 만나를 거둔 것이 많기도 하고 적기도 하였지만, 많이 거둔 자도 남음이 없고 적게 거둔 자도 부족함이 없이 각 사람은 먹을 만큼만 거뒀다.(출애굽기 16장 18절) 만나는 햇볕이 뜨겁게 쬐면 다 녹아버리기 때문에 몸이 약하거나, 불편한 사람들은 아침나절에 그날 먹을 충분한 만나를 거둘 수가 없었다. 건강한 사람들이 더 많이 거둬서, 그들과 나눠먹었던 것이다. 행여 만나를 더 먹기 위해 더 거두어서 보관해 놓으면 만나에 벌레가 생기고, 썩어버렸다. 이스라엘 백성들은 그렇게 하나님을 의지하면서 서로 나눠먹었던 것이다. 잘 먹는 방법이다.

일본이 자랑하는 여류작가 미우라 아야코(三浦綾子)에게는 아름다운 일화가 있다. 미우라 아야코 부부가 상점을 운영하고 있었는데, 장사가 너무 잘 되었다. 그런데 문제가 생겼다. 그녀 부부의 가게가 잘 되면 잘 될수록, 이웃 가게들이 힘들어 지게 되어, 급기야는 폐점하려는 가게도 생겼다. 그렇게 되자, 그녀의 남편이 "여보, 우리 상점은 이렇게 잘 돼서, 돈을 많이 버는데, 다른 가게들이 힘들어서 어떻게 해요? 우리 가게 규모를 줄이는 것이 어때요?"라고 하였고, 그녀도 "그렇게 합시다. 우리 때문에 다른 사람들이 불행해서는 안 되지."라고 하면서, 상점의 규모를 반으로 줄이고, 주변 가게들에서 판매하는 물건을 팔지 않았다. "아, 생수요. 죄송합니다. 그건 우리 집에 없고요. 저 건너편 가게에 가면 있습니다." 그러고 나니까, 이웃 가게들이 다시 활기를 찾았고, 그녀에게도 시간이 많아졌다. 전에는 눈코 뜰 새 없이 바빴는데, 여유로워진 시간에, 그녀는 글을 쓰기 시작하였고, 결국 그 때 ≪빙점(氷点)≫이 탄생한 것이다. 빙점은 1963년 아사히신문(朝日新聞)의 백만 엔 현상공모소설에서 당선되었고, 그녀를 일약 인기작가로 만들었다. 미우라 아야코 부부가 장사 잘 된다고 사업을 확장해 나갔다면, 주변 가게들은 문을 닫았을 것이고, 일본이 자랑하는 미우라 아야코 작가도 없었을 것이다. 잘 사는 방법이다.

'낮엔 해처럼 밤엔 달처럼'이라는 찬양이 있다. 주일날 1부 예배 끝 찬양으로 드리면서 얼마나 울었는지 모른다. '(제1절) 낮엔 해처럼 밤엔 달처럼 그렇게 살 순 없을까 욕심도 없이 어둔 세상 비추어 온전히 남을 위해 살듯이 나의 일생에 꿈이 있다면 이 땅에 빛과 소금되어 가난한 영혼 지친 영혼을 주님께 인도하고픈데 나의 욕심이 나의 못난 자아가 언제나 커다란 짐 되어 나를 짓눌러 맘을 곤고케 하니 예수여 나를 도와주소서 (제2절) 예수님처럼 바울처럼 그렇게 살 순 없을까 남을 위하여 당신들의 온몸을 온전히 버리셨던 것처럼 주의 사랑은 베푸는 사랑 값없이 거저 주는 사랑 그러나 나는 주는 것 보다 받는 것 더욱 좋아하니 나의 입술은 주님 닮은 듯 하나 내 맘은 아직도 추하여 받을 사랑만 계수하고 있으니 예수여 나를 도와주소서'이 찬양의 가사가 나의 마음을 그대로 표현하고 있는 것 같다. 나의 입술과 모습은 주님 닮은 듯 하나 부끄럽게도 내 맘은 추함으로 가득 차 있다. 오늘 아침도 나는 이 찬양을 반복해서 부르면서 예수님을 찾고 찾았다.

우리는 동물이 아니기에, 잘 먹고 잘 사는 법이 나만 잘 먹고 잘 살면 되는 것이 아님은 자명하다. 예수님은 당신을 '생명의 떡'이라고 말씀하셨다.(요한복음 6장 48절) 하늘에서 내려온 참 떡이신 예수님을 나누고, 밥을 나누는 것, 그것이 잘 먹고 잘 사는 법이다.

※ 한국성결신문 2019년 8월 28일 '김양홍 변호사의 행복칼럼'에 실린 글입니다.

32 잘하면 박수, 잘못하면 더 박수

하나님의 말을 하는데 어떻게 함부로 말을 하겠는가? 부정적인 말, 저주하는 말, 짜증내는 말 대신 축복의 말, 격려의 말, 위로의 말을 하자. 천사와 악마의 차이는 모습이 아니라 그가 하는 말이라고 하지 않는가? 따뜻한 말 한 마디가 한 사람의 인생을 바꿀 수도 있다. 사랑의 말이 아니면 차라리 말문을 닫아야 한다.

미국 워싱턴 D.C에 위치한 스미소니언 박물관(Smithsonian Museum)은 19개의 박물관·미술관·도서관 등 모든 분야의 자료를 소장한 종합박물관으로 세계 최대 규모를 자랑한다. 그 박물관에는 에이브러햄 링컨이 암살당한 날인 1865년 4월 14일 밤 링컨의 주머니에 들어 있었던 물품이 전시되어 있다. 'A. 링컨'이라고 수를 놓은 손수건 한 장, 시골 소녀가 선물한 주머니칼, 실로 묶어서 고쳐 놓은 안경집, 5달러 지폐 한 장이 든 지갑 그리고 신문기사를 스크랩한 낡은 신문 조각이다. 링컨의 유품 중에서 사람들의 눈길을 끈 것은 신문 조각이었다.

그 신문 조각에는 '에이브러햄 링컨은 역대 정치인들 중에서 최고의 정치인이다.'라고 언급한 존 브라이트의 연설문이 실려 있었다. 얼마나 자주 보았는지 신문 조각이 너덜너덜 했다. 링컨처럼 위대한 인물도 자신을 격려하는 신문기사를 호주머니에 넣고 다니면서 힘들 때마다 꺼내 보며 위로를 받고 있었던 것이다.

다음 내용은 《로마인 이야기》의 저자 시오노 나나미의 일화라고 한다. 그녀가 이탈리아에서 유학생활을 하고 있을 때, 출판사 편집장인 가스야씨를 안내하게 되었다. 가스야씨는 만나는 사람마다 습

관처럼, "글을 한번 써 보시지요."라고 말했다. 그는 20대의 젊은 시오노 나나미에게도 글을 써 볼 것을 권유했다. 물론 아무 뜻 없이 던진 말이었을지도 모른다. 그러나 시오노 나나미는 그 제안을 발판 삼아 세계적인 작가가 될 수 있었다고 한다.

우리 모두 비판자 보다는 격려자의 삶을 살자. 누군가 나로 인해 힘을 얻고, 누군가 나 때문에 행복하게 해주자. 서로를 돌아보며 사랑과 선행을 격려하자. 인간의 의무 중 최고의 의무가 '격려'임을 명심하자.

미국 올랜도에 있는 비전교회에 슬로건이 하나 있다고 한다. '잘하면 박수, 잘못하면 더 박수!' 격려하고 박수쳐주는데, 돈 드는 것도 아니지 않는가? 기왕 쳐주는 박수 더 힘차게 쳐주자. 그대는 아는가? 박수를 쳐주면, 박수치는 나는 더 건강해진다는 것을 …

서로를 돌아보고 사랑과 선행을 격려하며 모이기를 폐하는 어떤 사람들의 습관과 같이 하지 말고 오직 권하여 그날이 가까움을 볼수록 더욱 그리하자.(히브리서 10장 24~25절)

※ 한국성결신문 2020년 5월 16일 '김양홍 변호사의 행복칼럼'에 실린 글입니다.

33 코로나19의 백신 '시편 91편'

코로나19(COVID-19) 때문에 무서운 겨울입니다. 한국 천주교회는 2020년 2월 26일 모든 교구가 신자들과 함께 하는 미사를 2월 27일부터 3월 7일까지 중단하였습니다. 이는 한국 천주교회가 시작된 후 236년 역사상 처음 있는 일입니다. 제가 섬기는 이수성결교회도 지난 2월 23일 주일부터 주일 성가대 찬양과 점심식사를 중단하고, 새벽기도회와 목요복음집회를 쉬기로 했습니다. 3월 1일과 8일 주일예배는 인터넷방송으로 가정에서 드리는 것으로 결정했습니다.

코로나 3법으로 불리는 감염병의 예방 및 관리에 관한 법률, 검역법, 의료법 개정안이 지난 2월 26일 국회 본회의를 통과되어, 신종감염병에 대한 빠른 대응을 위해 감염병 의심자 단계에서부터 필요한 조치들을 취할 수 있게 되었습니다. 법 개정으로 감염병 의심자에 대한 자가·시설 격리 근거가 마련되었고, 입원이나 격리 조치를 위반하였을 때의 벌칙도 강화되었습니다. 또한 제1급감염병이 유행할 때 의약외품 등의 수출을 금지할 수 있도록 하고, 중앙정부의 역학조사관 인력을 대폭 확충(30명에서 100명 이상)하였으며, 의료기관·약국에서 해외여행 이력 정보를 의무적으로 확인하도록 하였습니다. 아울러, 감염병 발생 지역 등에서 체류·경유하는 사람 등에 대해서는 출국 또는 입국을 금지하는 근거를 명확히 하여 감염병의 유입을 방지할 수 있게 되었습니다.

코로나19 확진자 수가 급격히 늘고 있지만, 외신들은 오히려 우리나라의 신속하고 적극적인 진단검사에 주목하고 있습니다. 올해 올림픽을 개최하는 일본은 코로나19 검사 건수가 우리나라의 50분의

1도 채 안 되고, 심지어 그 증상이 있어도 검사조차도 받지 못하고 있다고 합니다. 코로나19는 감염자의 침방울이 호흡기나 눈·코·입의 점막으로 침투될 때 전염되는 것으로 알려져 있습니다. 우선 우리 모두 한 마음 한 뜻이 되어 질병관리본부에서 발표한 행동수칙을 잘 지킵시다. 코로나는 코리아를 이길 수 없습니다. 우리는 할 수 있습니다.

최근까지 대구 지역 확진자는 전체 확진자 중에서 무려 65%에 이릅니다. 그 이유는 대구 신천지 신도들 때문입니다. 정부가 신천지 측으로부터 받은 신도 31만 명(국내 21.2만 명, 해외 3.3만 명, 교육생 6.5만 명) 전부에 대해 코로나19 감염 여부를 신속히 조사하고 적절한 조치를 취하여 감염병 확산 방지를 위해 최선을 다해야 할 것입니다. 그런데, 전국신천지피해자연대가 검찰에 제출한 자료에 의하면, 2019년 12월 기준으로 신천지 전체 신도는 34만1,202명으로 신천지가 정부에 제출한 신도수와 3만1,202명이나 차이가 납니다. 아마 그 신도들은 정통교회 안에서 활동하는 일명 '추수꾼'일 가능성이 높습니다. 그러므로 정부는 신천지가 제출한 자료에만 의존하지 말고, 강제조사 방법으로 신천지 실제 신도 명단을 하루빨리 확보해야 할 것입니다.

신천지 신도들도 우리 대한민국 국민이고, 우리가 긍휼이 여겨야 할 대상임은 분명합니다. 개신교 연합단체인 한국기독교교회협의회가 목회서신을 통해 밝힌 바와 같이, 재난과 위기 상황 속에서 그리스도인의 책무는 하나님의 사랑을 실천하는 것이지 누군가를 비난하고 정죄하며 속죄양을 삼는 것은 아닙니다. 그렇지만, 전국신천지피해자연대가 신천지 교주 이만희를 고발했는데, 만약 그에게 감염병의 예방 및 관리에 관한 법률위반과 횡령·배임 등의 범죄혐의가 인정되면 마땅히 엄벌하여야 할 것입니다.

  지금 온 나라가 코로나19와 신천지 때문에 두려움에 휩싸여 있습니다. 그러나 19를 뒤집어 91로 바꾸고, 시편 91편을 읽으면 전염병에 관한 하나님의 약속의 말씀을 들을 수 있습니다. 우리 모두 하나님께서 약속하신대로 이 재앙이 우리에게 가까이 하지 못하도록 기도합시다.

지존자의 은밀한 곳에 거주하며 전능자의 그늘 아래에 사는 자여, 나는 여호와를 향하여 말하기를 그는 나의 피난처요 나의 요새요 내가 의뢰하는 하나님이라 하리니 이는 그가 너를 새 사냥꾼의 올무에서와 심한 전염병에서 건지실 것임이로다 그가 너를 그의 깃으로 덮으시리니 네가 그의 날개 아래에 피하리로다 그의 진실함은 방패와 손 방패가 되시나니 너는 밤에 찾아오는 공포와 낮에 날아드는 화살과 어두울 때 퍼지는 전염병과 밝을 때 닥쳐오는 재앙을 두려워하지 아니하리로다(시편 91편 2~6절)

※ 한국성결신문 2020년 3월 4일 '김양홍 변호사의 행복칼럼' 에 실린 글입니다.

34 행복으로 인도하는 성경구절(창세기 40장 6절) : 2cm

아침에 요셉이 들어가 보니 그들에게 근심의 빛이 있는지라
(창세기 40장 6절)
到了早晨，约瑟进到他们那里，见他们有愁闷的样子。
(创世记 40章 6节)

　저의 아내는 직장이 천안이라서 주중에 매일 서울~천안을 출퇴근합니다. 어제는 아내가 서울역에서 내렸기 때문에 저의 사무실이 있는 신용산역에서 만나 같이 귀가했습니다. 아내가 저를 보자마자 대뜸 "나 뭐 변한 거 없어요?"라고 물었습니다. 저는 아내가 머리를 다듬었다는 것을 직감하고, "잘랐어요?"라고 되묻자, 아내는 "이렇게 꽃단장했는데, 알아보지도 못하고~"라고 하면서 핀잔을 줍니다. 2cm 잘랐답니다.
　창세기에 꿈꾸는 자 요셉 이야기가 나옵니다. 요셉은 아버지 야곱의 사랑을 많이 받았지만, 자신이 꾼 꿈 이야기를 했다가 형들의 시기로 은 이십에 미디안 상인들에게 팔려가고, 이후 애굽 왕 바로의 친위대장 보디발 집에서 종 노릇하다가 하나님께서 요셉과 함께 하셔서 그 가정총무가 됩니다. 그러던 중 요셉은 보디발의 아내의 유혹을 받았으나 거절해 누명을 쓰고 감옥에 갇힙니다.
　그런데 그 때 때마침 같은 감옥에 갇힌 바로 왕의 술 맡은 관원장(官員長)과 떡 굽는 관원장 두 사람이 하룻밤에 각기 다른 꿈을 꾸게 되고, 요셉이 그 꿈들을 해석해줬는데 3일 만에 요셉이 해석한대로 이루어집니다. 요셉은 만 2년 후 술 맡은 관원장 소개로 바로의

꿈을 해석하게 되고, 결국에는 애굽의 총리대신이 되어 가족들을 기근에서 구해낸다는 참 드라마틱한 이야기입니다.

그런데 이 드라마의 절정은 위 창세기 40장 6절에서 시작됩니다. 요셉은 누명 쓴 자신의 신세를 한탄하기에 앞서 아침에 같은 감옥에 갇힌 두 관원장의 안색을 살핀 것입니다. 하나님의 섭리로 이웃을 살피고 섬기는 마음 때문에 결국 요셉은 애굽의 총리대신까지 된 것입니다.

어제 저는 불충(不忠)하게도 아내가 머리카락을 2cm 자른 것을 살피지 못했습니다. 빠른 시일 내에 좀 더 잘 보이는 안경으로 교체하고, 매 순간 아내의 안색을 잘 살펴야겠습니다. 오늘 저는 아내의 마음에 흡족한 가정의 총리대신이 되도록 좀 더 노력할 것을 다짐해 봅니다.

35 국가기관이 교회에서 드리는 예배를 금지할 수 있을까?

1. 현행 헌법과 법률상 국가기관이 교회에서 드리는 예배를 금지할 수 있을까요? 헌법상 종교의 자유가 보장되어 있는데, 어떻게 국가기관이 교회에서 드리는 예배를 금지할 수 있느냐며 항의하는 분들이 많은 것 같습니다. 결론부터 말하자면, 국가기관은 교회에서 드리는 예배를 금지할 수 있습니다.

대한민국 헌법 제20조 제1항은 '모든 국민은 종교의 자유를 가진다.'고 규정하고 있지만, 헌법 제37조 제2항 전단은 '국민의 자유와 권리는 국가안전보장·질서유지 또는 공공복리를 위하여 필요한 경우에 한하여 법률로써 제한할 수 있다.'고 규정하고 있습니다. 즉, 헌법과 '감염병의 예방 및 관리에 관한 법률(약칭 : 감염병예방법)'에 따라 종교의 자유를 제한하고 있는 것입니다.

감염병예방법 제49조 제1항은 보건복지부장관, 시·도지사 또는 시장·군수·구청장은 감염병을 예방하기 위하여 '흥행, 집회, 제례 또는 그 밖의 여러 사람의 집합을 제한하거나 금지하는 것' 등의 필요한 조치를 하여야 한다고 되어 있습니다. 오히려 법률에서는 국가기관으로 하여금 감염병 예방을 위하여 그러한 조치를 할 수 있다가 아니라 '하여야 한다'고 규정하고 있습니다.

만약, 국가기관이 성도들이 영상으로 드리는 예배조차 금지하거나 영구적으로 예배드리는 것을 금지한다면, 그것은 종교의 자유의 본질적인 내용을 침해하는 것이기 때문에 위헌입니다. 그렇지만 국가기관이 감염병 예방을 위해 '일정기간만' 교회에서 드리는 예배를 금지하는 것은 헌법과 법률에 합당한 조치라고 할 것입니다.

2. 만약 국가기관이 일정기간 교회 집회를 금지하는 행정명령을 발령했는데, 교회나 성도들이 이를 거부하면 어떻게 될까요? 그렇게 되면 국가기관은 예배 금지 명령을 위반한 교회와 성도들을 감염병예방법위반(제49조 제1항 제2호, 제80조 제7호, 제82조)으로 형사 고발할 것이고, 그에 따라 수사기관인 경찰과 검찰이 수사한 후 검찰에서 교회와 성도들을 감염병예방법위반으로 약식기소 또는 정식기소하면 교회와 성도들은 법원에서 벌금 300만원 이하의 형사처벌을 받게 되는 것입니다. 이는 행정벌인 과태료가 아니기 때문에 국가기관이 임의로 벌금을 징수할 수는 없고, 법원의 판결을 받아야 합니다.

또한 서울시가 최근에 이만희 신천지 총회장과 신천지 법인을 상대로 2억 100원의 손해배상청구를 한 것은 민사소송으로 위 형사처벌과는 별개입니다. 아마 서울시는 신천지가 신도 명단이나 교회 시설 정보를 거짓으로 제공하는 등 국가기관의 방역 업무를 방해한 점을 입증한 다음 청구금액 확장을 통해 손해배상을 받을 수 있을 만큼 받을 것으로 예상됩니다.

3. 제가 섬기는 이수성결교회(담임목사 박정수)도 학교 개학일과 보조를 맞춰서 교회에서 드리는 모든 예배를 중단했습니다. "예수님이라면 어떻게 하셨을까?"라는 질문을 던진 후에 그렇게 한 것입니다. 무척 힘든 결정이었지만, 그렇게 하는 것이 예수님이 말씀하신 이웃사랑을 실천하는 것이라고 판단했기 때문입니다.

4. 아래 글은 루터가 전염병 페스트를 피해 다중이 모이는 예배를 1957년 7월 말부터 10월 말까지 중단하고 가정예배로 전환하면서 한 말입니다.

"약을 먹으라. 집과 마당과 거리를 소독하라. 사람과 장소를 피하라. 나는 내가 꼭 가야할 장소나 꼭 만나야 할 사람이 아니라면 피하여 나와 이웃 간의 감염을 예방할 것이다. 혹시라도 나의 무지와 태만으로 이웃이 죽음을 당하게 해서는 안 되기 때문이다. 만일 하나님이 나를 데려가기 원한다면, 나는 당연히 죽게 되겠지만 적어도 내가 내 자신의 죽음이나 이웃의 죽음에 책임을 져야 할 일은 없을 것이다. 그러나 만일 이웃이 나를 필요로 한다면, 나는 누구든 어떤 곳이든 마다하지 않고 달려갈 것이다."

※ 위 글은 제가 2020년 3월 25일 저의 페이스북에 쓴 것입니다.

제4편 이런 저런 이야기

01 존경받을만한 사람이 되고 싶다

"존경받고 싶은 사람이 아니라 존경받을만한 사람이 되고 싶습니다.
엄마아빠를 존경합니다."

저의 딸의 고백입니다. 세상을 다 얻은 기분입니다. '부모된 사람들의 가장 큰 어리석음은 자식을 자랑거리로 만들고자 함이고, 부모된 사람들의 가장 큰 지혜로움은 자신들의 삶이 자식들의 자랑거리가 되게 하는 것이다.'라는 말이 있습니다. 저의 딸이 지혜로운 삶을 살고자 하는 마음이 있다는 것에 감사하고, 많이 부족한 부모에게 존경하는 마음을 갖고 있다는 것에 참 감사합니다. 이 세상 끝 날까지 저의 딸과 아들에게 존경받을 만한 아버지의 삶을 살고 싶습니다. 모두 주님의 은혜입니다.

> 아이들이 당신 말을 듣지 않는 것을 걱정하지 말고,
> 그 아이들이 항상 당신을 보고 있음을 걱정하라.
> - 로버트 풀검(Robert Fulghum) 목사 -

02 1+1 사랑 이야기

　저의 딸이 어제(2020년 11월 14일) 친구를 만나러 갔다가 돌아오는 길에 노상에서 냉이를 파는 할머니가 불쌍해서 냉이를 1봉지 샀는데, 그 할머니께서 딸의 마음을 이쁘게 보셨는지 냉이를 1봉지 더 주셨답니다. 그래서 저희 가족이 늘 사랑만 받고 있는 윤철수 상무님 가족이 생각나서 주일 아침 예배에 오신 윤상무님께 덤으로 받은 냉이를 드렸습니다. 윤상무님의 아내 조선영 집사님이 시어머님 병간호를 하다가 밤늦게 돌아와 냉이된장국을 끓였다면서 사진을 보내왔습니다. 봄철에 나오는 냉이가 이 추운 늦가을에 나온 것도 신기하지만, 딸의 이웃 사랑의 마음이 윤상무님 가족에게까지 흘러간 것이 더 신기합니다.
　저의 돌아가신 할머니께서도 오늘 냉이를 파신 할머니처럼 텃밭에서 키운 채소나 냉이 같은 것을 캐다가 노상에서 파셨습니다. 그래서 저도 노상에서 할머니가 채소 등을 파시는 모습을 보면 할머니가 생각나서 사기도 합니다. 저의 딸이 따뜻한 마음을 갖고 살아가는 것 같아서 하나님께 참 감사합니다. 할머니가 많이 보고 싶은 주일 밤입니다.

03 봉사란

○ 대학교 봉사동아리 면접관 : 봉사란 무엇이라고 생각하나요?

○ 김은혜 : 자신의 주어진 자리에서 최선을 다하는 것도 봉사라고 생각합니다. 그래서 봉사란 남을 직접적으로나 간접적으로 도와주는 행위를 총칭하는 말이라고 생각합니다.

저의 딸 김은혜의 봉사에 관한 멋진 개념 정의입니다. 자신에게 주어진 자리에서 최선을 다하는 것은 나 자신을 위한 일이지만, 곧 남을 돕는 일이기도 합니다. 농부가 마음을 다해 농사짓는 일이나 어부가 최선을 다해 물고기를 잡는 것은 농부와 어부를 위한 일이기도 하지만, 또한 그것을 유통시키거나 구매하는 사람을 위한 일이기도 하는 것과 같은 이치입니다. 가정이나 직장에서도 마찬가지입니다.
　남편과 아내로서, 아빠와 엄마로서, 회사 대표와 직원으로서의 자리에서 최선을 다하는 것도 우리들이 마땅히 해야 할 도리이자 곧 남을 돕는 봉사의 길입니다. 저의 딸이 멋진 봉사의 삶을 살아가길 기도합니다.

04 누군가는 해야 하는 일

   주말 저녁(2019년 3월 17일) 고3 아들이 독서실에 공부하다가 중간에 나와서 걸어서 약 15분 거리의 방배동 카페골목에 있는 파리바게프까지 걸어가서 빵을 사왔습니다. 집 근처 파리크라샹 빵은 너무 비싸다고 그곳까지 간 것입니다. 주일에 이수성결교회 청소년부에서 아동부 아이들을 위해 빵을 사 주고 아이들과 놀아주는 일을 하기 위해서 준비했다고 합니다.

   아내는 고3이 공부할 시간도 모자라고 이제 청소년부 임원도 아닌데 아들이 시간을 내서 빵을 사온 것이 불만이었는지 아들에게 한마디 했습니다. "다른 임원들도 있고 집이 더 가까운 아이들도 있는데, 굳이 고3인 네가 그 일을 했어야 했니?"라고 물었습니다. 아들은 한 치의 망설임도 없이 이렇게 대답했습니다. "다들 귀찮아하는 일이고, 누군가는 해야 하는 일이라 그냥 하겠다고 했어요."

   아들에게 배웁니다. 누군가 해야 하는 일이라면 그냥 내가 합시다. 성경말씀대로, 작은 것에 충성된 자가 큰 것에도 충성하게 되어 있습니다. 마땅히 우리는 그렇게 살아가야 합니다. 우리 그렇게 함께 감사한 마음으로 더불어 행복한 세상을 만들어 갑시다.

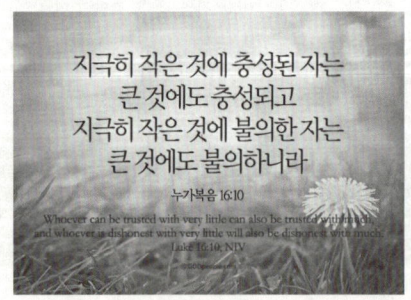

05 배치기

올해(2020년) 저의 아들이 재수를 하고 있습니다. 저는 아들이 학원에서 공부하고 밤늦은 시간에 귀가하면 아들과 배와 배를 부딪치는 '배치기'를 합니다. 코로나19 때문에 어느 때부터 자연스레 배치기를 하고 있습니다. 저와 아들은 둘 다 배가 많이 나와서 배치기 할 때의 느낌이 참 좋습니다.

제가 2011년 천안·아산지역 두란노 아버지학교를 수료했는데, 그 아버지학교에서 내준 숙제 중에 '아침에 자녀들이 학교 갈 때 안아주고 기도해주기'가 있었습니다. 저는 특별한 일이 없는 한 그 때부터 지금까지 그 숙제를 계속하고 있습니다. 저는 딸과 아들에게 축복 기도해주는 그 시간이 참말로 행복합니다. 딸과 아들도 저와 같은 마음인 것 같습니다.

배치기와 안아주고 기도해주기의 공통점은 사랑을 표현하는 '터치(touch)'입니다. 그렇게 사랑은 표현하는 것이고, 터치하는 것입니다. 저는 앞으로도 딸과 아들이 시집장가 갈 때까지 안아주고 축복 기도해주고 싶습니다. 또한, 미래의 손자손녀에게도 같은 기도를 해주는 할아버지가 되고 싶습니다.

06 상문고등학교 성인례(成人禮)

뜻 깊은 2019년 스승의 날, 아들이 다니는 상문고등학교 성인례(成人禮)에 참석하고 왔습니다. 성인례는 예부터 계승되어온 우리의 중요한 문화유산임에도, 우리나라에서 성인례를 절차를 진행하는 남자 고등학교는 상문고등학교와 경상도에 있는 어느 고등학교 1개, 두 곳밖에 없다고 합니다.

성인례는 원래 남자는 관례(冠禮), 여자는 계례(禮)라고 하는데, 이는 어른으로서의 책임을 일깨우는 예(責成人之禮)로서 장차 가족 안에서는 자녀로서 자식의 도리와 형제자매의 도리를 다하게 하며, 사회적으로는 젊은이의 도리를 다하게 하려는 데에 뜻을 두고 있습니다. 남자에게는 갓을 씌워주고, 여자에게는 족두리나 비녀를 씌워줍니다. 우리나라는 매년 5월 셋째 월요일은 '성년의 날'로 지정되어 있습니다.

상문고등학교 3학년 13개 반 전체가 성인례에 참석하고, 대표로 전교 회장과 부회장, 각 반 회장과 부회장 어머니들은 오늘 성인례에 참석하여야 하는데, 저는 아내가 해외에 나가 있는 관계로 9반 부회장 아버지 자격으로 참석하여 생선 처음으로 도포와 갓을 써봤습니다. 아버지가 참석하는 것은 처음이랍니다. 땀도 나고, 아침 8시부터 예행 연습하느라 다리도 아팠지만, 아들이 예를 갖춰 인사하는 모습 보는 것만으로도 행복했습니다.

오늘 성인례는 전통의례의 절차인 관례(冠禮 - 성인됨의 의미로 빈과 선생님께서 관자에게 갓을 씌우는 의식), 초례(醮禮 - 성인됨의 의미로 빈과 선생님과 어머니들께서 관자에게 차를 내리는 의식), 자

(字)와 성년예서(成年禮書) 수여, 즉 자관자례(字冠者禮 - 빈과 선생님이 자첩과 예서를 주는 의식)의 절차를 통해 그 의미를 살리면서 현대에 맞게 각색하여 진행되었습니다.

아들이 도포를 입고 갓을 쓰고 있으니, 진짜 성인이 된 것 같았습니다. 관자(冠者)는 관례를 치르는 남자를 의미합니다. 우리 민법 제4조는 '사람은 19세로 성년에 이르게 된다.'고 규정하고 있습니다. 아들은 이미 법적으로도 성인입니다..

오늘 아들이 받은 자(字)는 '수암(守巖)'입니다. 실제로는 아들이 받은 것이 아니라 아들이 학교에서 제공해 준 100여개의 자(字) 중에서 그냥 마음에 드는 것을 골랐다고 합니다.

수암(守巖)은 '바위를 지킨다'는 뜻입니다. 바위는 움직이지 않는 것을 상징합니다. 아들 은철이가 움직이지 않는 반드시 지켜야 할 첫 번째는 이 나라와 이 민족이고, 두 번째가 가족이길 바랍니다. 우리 은철이가 앞으로 무슨 일을 하든, 어떤 길을 가든 하나님의 영광과 이웃의 유익을 위해 살아가길 소망합니다. 또한 오늘 성인례에 참석한 우리 아들들 모두가 성인례를 통해 자신을 돌아보고, 이 땅에서 빛과 소금으로 살아가길 간절히 기원합니다.

07 어느 아빠와 아들의 문자 대화

1. 아들이 아빠에게 일본으로 여행가고 싶다면서 준 손편지 내용

아빠 지금까지 말씀 안 드린 것 죄송해요. 몰래 갔다 오는 건 아닌 것 같아서 이제서라도 말씀드려요. 저는 아빠가 일본 싫어하시는 것도, 아빠가 지금까지 결사 반대하셨던 것도 모두 기억해요. 하지만 그럼에도 불구하고 저는 살면서 일본은 꼭 한 번은 가보고 싶었어요. 일본이 좋아서가 아니라 좋은 경험이 될 것 같아서요. 친구들이랑 어디 갈지 논의하는 과정에서도 다들 일본은 한 번은 가보고 싶어하더라구요.

아빠, 진짜 눈 딱 한 번만 감고 허락해 주세요. 일본 가서 기념품도 안 사고, 밥만 먹다 올게요. 친구들이랑 시간 상의해 봤는데, 친구 재수학원 시험공부하고 재수학원도 들어가야 돼서 지금 아니면 못 가게 됐어요. 저도 아빠 말씀처럼 일본이랑 합의 되는대로 가려고 했는데, 진짜 이번주 말곤 친구랑 갈 시간이 안되더라구요. 아빠 진짜 제발 허락해주세요.

2. 아빠 문자1 : 2019.12.8. 오후 10:32

아들
일본여행은 절대 안 된다!
나는 내 아들이 매국노의 길을 가는 것을 절대 용납할 수 없다.
아빠가

3. 아들 문자1 : 2019. 12. 8. 오후 10:41

아빠 정말로 친구들이랑 약속도 다 잡아놓았고 여행계획까지 다 짰어요. 제가 일본 여행 가는 건 제 자유라고 생각해요. 아빠가 자유롭게 시위 현장에 나가실 수 있듯이 저도 자유롭게 여행 다닐 거예요. 그리고 저는 아빠가 제가 일본여행 가는 걸 매국노라고 하시는 걸 이해할 수 없어요. 정부 간의 알력다툼과 개인들 사이의 문화교류는, 그니까 정치와 문화는 별개라고 생각해요. 관광 불매운동 때문에 걱정하시는 거라면 중국이랑 다른 나라 여행객 증가로 얼마 영향도 없을 거고 일본사람들한테 돈 주는 게 싫은 거는 제 세뱃돈 모아서 가는 거니까 염려하실 필요 없어요. 아빠, 저는 진짜 정말 친구들이랑 여행 가고 싶어요. 일본이 아니더라도 지금 여행을 취소해 버리면 앞으로 친구랑 여행 못 가볼 것 같아요 아빠.

4. 아빠 문자2 : 2019. 12. 9. 오전 08:30

아들

소신 있는 너의 의견에 일부 공감한다. 그렇지만, 너와 나는 대한민국 국민이다. 우리 누이들이 일본에 위안부로 끌려가 고통당했고, 우리 아버지들과 형들이 일본에 강제 동원되어 노역을 해야 했고, 일본이 36년간 우리나라 재산을 수탈했다.

그런데 일본은 우리나라 정부도 어떻게 할 수 없는 개인의 강제동원 손해배상청구권에 대한 대법원판결을 핑계로 또다시 경제적 침략을 자행한 것에 대해 우리가 분노하고 저항해야 하는 것은 대한민국 국민의 당연한 도리가 아닐까? 힘들게 고3 수험생활을 한 친구들과 함께 해외 여행하는 것 찬성이다. 그런데 왜 굳이 그 여행지가 일본이어야 하는가? 나라를 잃으면 모든 것을 잃어버리는 것이다. 일본여행은 절대 안 된다!

5. 아들 문자2 : 2019.12.9. 오전 09:06

아빠 저는 침략이라고 생각하지 않아요. 침략은 일본이 일방적인 강세였던 구한말 때나 어울리는 단어고, 우리는 그래도 반격을 할 수 있잖아요. 일본의 공격이 더 어울리는 단어라고 생각해요. 그리고 이건 큰 차이라고 생각합니다. 구한말처럼 침략당하는 상황에서는 민족이 근본적인 위기에 처하기 때문에 일제에 대한 무조건적인 배제가 맞다고 저도 생각하지만, 일본에게 공격당한 현 시점에서는 훨씬 다양한 길이 있다고 생각합니다. 우리나라와 일본은 백년 전보다 훨씬 많은 문화적 교류를 하고 있고, 그에 따라 일본과의 관계도 백년 전과는 천차만별입니다. 강제징용이나 위안부 문제는 정말 일본이 잘못했고 일본이 배상하는게 맞다고 생각하지만, 일본의 행위에 분노해 일본 불매운동을 하는 건 오히려 역효과가 날 수 있다고 생각합니다. 일본도 민주주의 사회고, 여론의 힘이 강할 수밖에 없는데 우리가 불매운동 하고 관광 가지 않는 것은 일본 내 한국에 대한 우호 여론을 반대쪽으로 몰아버리는 결과가 될 수 있다고 생각합니다. 애초에 일본 총선 투표율이 30%대임에 불과해 일반 국민이 정치에 관심 없음을 고려해 봤을 때 정치에 관심 없는 일본인들이 아베 쪽으로 돌아서는 건 향후 일본과의 관계에 있어서 커다란 악재가 될 수 있습니다. 아빠는 일본과 관계단절을 원하실 지도 모르겠지만, 지금 상황은 일본과 관계가 이 이상 틀어지면 전쟁억지력이 현저하게 떨어질 수 있기 때문에 눈물을 머금고라도 원수와 손을 맞잡아야 하는 생존의 문제라고 생각합니다. 과거를 잊는 것은 불가하지만 과거에 매몰되어서 현재의 목을 조르지는 않았으면 합니다.

6. 아빠 문자3 : 2019.12.9. 오후 5:42

사랑하는 아들

답장 1안 : 난 아빠 말 잘 들었다.
답장 2안 : 아빠가 일본여행 허락해주면 너는 나에게 무엇을 줄래?
답장 3안 : 여행 떠날 때까지 묵언수행. 화난 표정으로~

아침에 너의 문자를 받고 생각해본 나의 3가지 답장 안이다. 그런데, 아무리 생각해봐도 이 3가지 안은 아빠가 취할 태도는 아닌 것 같아 모두 접었다. 그래서 법학을 전공한 아빠로서 나의 아들에게 우리 조국 대한민국 헌법에 보장된 기본권을 존중하여 조건 없이 일본 여행을 허락하기로 결정했다.
'헌법 제10조 모든 국민은 인간으로서의 존엄과 가치를 가지며, 행복을 추구할 권리를 가진다. 헌법 제14조 모든 국민은 거주·이전의 자유를 가진다. 헌법 제19조 모든 국민은 양심의 자유를 가진다. 헌법 제37조 제1항 국민의 자유와 권리는 헌법에 열거되지 아니한 이유로 경시되지 아니한다.'
아들이 고3 수험생활을 한 친구들과 함께 일본으로 여행을 가서 행복을 추구할 권리가 있다.(헌법 제10조와 제15조) 아빠가 지금 일본으로 여행가는 것은 매국노 짓이라고 생각할 수 있듯이 아들이 일본을 이해하고 정치와 문화는 별개라고 생각하는 것도 존중하기로 했다.(헌법 제19조와 제37조 제1항) 아들이 끝까지 아빠를 설득해줘서 고맙게 생각한다. 그렇지만 언제 어디에서나 나라 사랑하는 마음은 간직하길 바란다. 앞으로도 부자유친(父子有親)하자!! 사랑하고 축복한다.
　　아들을 사랑하는 아빠가

7. 아들 문자3 : 2019.12.9. 오후 6:47

　　와 아빠 정말 감사해요 진짜 아빠 사랑해요♥♥♥ 진짜 너무 감사해요 아빠

08 다이어트는 내일부터, 운동은 오늘부터

은철아 운동해라.
후회하지 말고 …
다이어트는 내일부터 하는 것이고,
운동은 오늘부터 하는 것이다!!

2020년 12월 21일 오늘 오후 아들에게 보낸 카톡입니다. 저는 '운동은 오늘부터 하는 것'이라는 것을 가르쳐주기 위해 아들에게 하루 만보 걷기 어플을 다운받게 한 다음 저녁식사 후 딸, 아들과 함께 남산둘레길을 걸었습니다. 사실 저는 오늘 남부구치소로 피고인 접견 다녀오면서 전철로 이동하고, 접견 후에는 구치소에서부터 천왕역 전철역까지 걷는 등 이미 만보를 걸었는데, 아들의 첫 만보 걷기에 동행하고 싶어 만보를 더 걸었습니다. 제가 올해 3월 8일부터 만보 걷기를 시작한 이래 2만보(20,877보) 이상을 걸어보는 것도 처음입니다. 아들이 첫 만보를 걷는 날을 잊지 못할 것 같습니다.
　오늘밤 상현달과 함께 나란히 서 있는 남산타워가 더 아름답게 보였습니다. 하나님이 오늘도 저에게 '오늘'이라는 기적을 주심을 감사합니다.

09 '아직'이라는 씨앗은 '기어코'라는 열매를 맺는다

오늘(2020년 3월 30일) 아침 재수하고 있는 아들을 학원에 데려다 주고 출근하는 길에 FM 93.9 CBS 라디오 '김용신의 그대와 여는 아침' 프로그램에서 박연준 시인의 수필 내용을 들려줬습니다.

"대부분의 씨앗은 자라기 시작하기 전 적어도 1년은 기다린다. 체리씨앗은 아무 문제없이 100년을 기다리기도 한다. 각각의 씨앗이 정확히 무엇을 기다리는지는 그 씨앗만이 안다."
식물학자 호프 자런(Hope Jahren)의 《랩 걸(lab Girl)》에 있는 말이다. 씨앗에게 싹은 기다림 끝에 돌아난 기적이다. 얼마나 더 기다려야 하는지는 오직 씨앗만이 안다. 어느 연꽃 씨앗은 싹을 틔우기까지 중국의 토탄 늪에서 2,000년을 기다려온 것으로 밝혀졌다. 이유가 없어보일지라도, 이유가 있다. '아직'이라는 씨앗은 '기어코'라는 열매를 맺는다.

맞는 말입니다. 저의 딸이 재작년에 재수하고, 작년에 반수(半修)하여 올해 원하는 대학에 들어갔습니다. 그런데, 올해는 저의 아들이 재수를 하고 있습니다.
저의 딸과 아들은 어떤 씨앗을 품고 있을까요? 작은 솔방울 안에 들어 있는 씨앗 하나가 약 35m 크기의 소나무로 자라고, 아주 작은 겨자씨 하나가 약 1m 크기의 겨자로 자랍니다. 물론 그 보다 더 작게 자랄 수도 있고, 그 보다 더 크게 자랄 수 있습니다.
저의 아이들이 품고 있는 씨앗이 솔방울인지 겨자씨인지 알 수 없습니다. 부모로서 제가 할 일은 기다려 주는 것입니다. 끝까지 기다려 주는 것입니다. 저의 아이들은 '기어코' 아름다운 나무가 될 테니까요 …

10 사랑하는 나의 딸 은혜에게

사랑하는 나의 딸 은혜에게

내일은 우리 은혜의 스물두 번째 생일이다.
엄마와 아빠의 온 마음을 담아 미리 축하하고 축하한다.
나는 우리 은혜가 하나님이 엄마아빠에게 보내주신 천사임을 믿는다.
나는 우리 은혜 때문에 하루하루가 참말로 행복하다.
나는 우리 은혜 생각만 하면 저절로 행복해진다.
아빠는 할아버지가 되는 것이 꿈이지만,
지금은 그 꿈이 조금 바뀌려고 한다.
아빠는 하루 빨리 할아버지 되는 것도 좋지만,
지금은 하루라도 더 우리 은혜랑 시간을 보냈으면 좋겠다.
우리 은혜가 시집가게 되면 지금보다는
함께 보낼 시간이 적을 테니까 …
우리 은혜가 매일 매일 집안 살림을 도와주는 것도 고맙지만,
우리 은철이에게 엄마아빠의 마음으로
누나의 본분을 다하는 모습이 더 고맙다.
가족은 그렇게 해야 한다.
서로 사랑해야 하고,
서로 사랑의 말을 해야 하고,
서로에게 힘이 되어주어야 한다.
우리 은혜가 미래의 남편과 자녀들
그리고 시댁식구들에게까지도 그렇게 하리라 믿는다.

우리 은혜가 모든 영역에서 축복의 통로가 되길 바라고,
우리 은혜가 늘 강건하길 기도한다.
사랑하고 축복한다.

2020년 11월 첫날
우리 은혜를 사랑하는 아빠가 사랑하는 나의 딸 은혜에게

11 사랑하는 나의 아들 은철에게

사랑하는 나의 아들 은철에게(아들 고등학교 졸업 축하 편지)

이 세상에 하나밖에 없는 나의 아들의 상문고등학교 졸업을 축하한다. 우리 아들도 오늘 빛나는 졸업장을 받기까지는 수많은 아침과 낮과 저녁을 보냈으리라. 어느 날은 희망찬 아침이고, 어느 날은 정신없이 바쁜 낮이고, 어느 날은 힘들고 어두운 밤이고, 어느 날은 평안한 저녁이었을 것이다. 엊그제 중학교를 졸업한 것 같은데, 벌써 3년이라는 시간이 지났다. 시간 참 빠르지? 인생의 지나가는 속도가 10대는 시속 10km, 20대는 시속 20km 그리고 50대인 아빠는 시속 50km라고 한다. 이제 우리 아들도 20대가 되었으니, 너의 인생도 좀 더 빠르게 지나갈 것이라는 점을 잊지 말고 하루하루를 낭비하지 않도록 해라.

감동적인 이야기 하나를 소개한다. 스물여덟 살에 아이와 단둘이 남은 이혼녀가 있었다. 정부에서 빈곤층 생활보조금을 받으며 근근이 살아갔다. 그런데 이 여인이 어느 날 작가가 되겠다며 유모차를 밀고 동네 까페에 나가 글을 쓰기 시작했다. 꿈은 가상하지만, 원고를 다 쓰고도 복사비가 없어서 8만 단어나 되는 글을 일일이 처음부터 다시 타자기로 입력해야 할 정도로 현실은 비참했다. 그러나 바로 이 여인이 훗날 해리포터 시리즈로 영국 여왕보다 더 큰 부자가 된 조엔 롤링이다. 하버드대 졸업식 축사에서 그녀는 이렇게 말했다.

"실패는 삶에서 불필요한 것들을 제거해 준다. 나는 내게 가장 중요한 작업을 마치는 데에 온 힘을 쏟아 부었다. 스스로를 기만하는 일을 그만두고 가장 중요한 일을 시작해라."

김난도 교수님의 책 《천번을 흔들어야 어른이 된다》에 있는 글이다. 이제 아들도 게임과 인터넷 소설 대신 '가장 중요한 일'을 시작할 때이고, 그 일에 온 힘을 쏟아 부을 때다.

아빠는 지난 2017년 2월 7일 반포중학교 졸업식장에서 졸업장을 받는 순간 강단 스크린에 아들의 사진과 함께 아들이 남긴 글을 기억한다.

불의 세례를 받아라!!!

나는 아들이 성령충만해서 성령의 불의 세례를 받으라고 한 줄 알았는데, 그것이 '게임 용어'라고 해서 순간 실망한 적이 있었다. 아빠는 재수라는 여행을 떠나는 아들에게 똑같은 말을 남기고 싶다. 그동안 '게임의 나라'에서 3년 동안 충실히 군복무를 마쳤으니, 이제 강대(강남에 있는 대성학원의 줄임말)의 대학생활도 충실히 할 것으로 믿는다. 기왕하는 재수여행 즐겁게 하고, 불의 세례를 받아라!!! 성령의 불을 받으면, 성령 하나님께서 우리 아들의 꿈을 이루어주시고, 하나님의 사람으로 귀하게 쓰실 것으로 믿는다.

그리고 모세가 이스라엘 백성들을 이끌고 홍해를 건너기 직전에 한 말을 꼭 기억해라. 애굽에서 노예생활을 하다가 탈출한 이스라엘 백성들은 자신들을 뒤좇아 오는 바로의 군대를 보고, 모세에게 "애굽에서 매장지가 없어서 이 광야에서 죽게 하느냐"고 원망하자, 모세가 이스라엘 백성에게 이렇게 말했다.

너희는 두려워하지 말고 가만히 서서 여호와께서 오늘 너희를 위하여 행하시는 구원을 보라 너희가 오늘 본 애굽 사람을 영원히 다시 보지 아니하리라 여호와께서 너희를 위하여 싸우시리니 너희는 가만히 있을지니라(출애굽기 14장 13~14절)

우리 아들은 재수할 때 아들을 힘들게 하는 바로의 군대 같은 환경을 보지 말고, 하나님을 바라봐라. 네가 하려하지 말고, 하나님이 하시게끔 해라. 너는 네가 할 일에 끝까지 최선을 다하면 된다. 그 다음은 하나님이 하실 것이다.

내게 능력 주시는 자 안에서 내가 모든 것을 할 수 있느니라(빌립보서 4장 13절)

아빠가 아들 고등학교 졸업하는 날 잔소리를 너무 길게 했다. 먼 훗날 너도 아빠처럼 나이가 들어 너의 아들에게 긴 잔소리 하는 것으로 복수하고, 오늘은 아빠를 널리 이해해주리라 믿는다. 엄마아빠가 우리 아들을 많이 사랑하는 것 알지? 아들의 재수여행에 엄마아빠도 함께 동행하게 돼서 기쁘다. 우리 2020년 하나님과 행복한 동행하자. 사랑하고 축복한다.

2020년 2월 6일 새벽 아들을 사랑하는 아빠가

※ 한국성결신문 2020년 2월 12일 '김양홍 변호사의 행복칼럼'에 실린 글입니다.

12 자식복권론(子息福券論)

    2020년 5월 어느 봄날 이야기입니다. 저의 아내는 직장이 천안에 있기 때문에 매일 이른 아침 천안으로 출퇴근합니다. 그렇기 때문에 주중에는 온 가족이 함께 아침식사를 하는 날이 드문데, 그날 아침은 아내 친구가 바리바리 만들어준 밑반찬에 함께 식사를 했습니다. 제가 식사기도 할 때 재수생 아들을 위해 "아들이 수능에서 만점을 받을 수 있도록 도와주시옵소서."라고 기도했습니다. 그러자 딸이 뜬금없이 "아빠는 운이 좋은 사람이니까 복권을 사보는 것이 어때요?"고 했습니다. 그래서 저는 아들이 수능에서 만점을 맞아 앞으로 잘 되면 그것이 곧 수십억 로또(lotto)복권에 당첨되는 것과 같다는 생각이 들어 "나는 우리 아들을 복권으로 생각한다."고 대답했습니다. 그랬더니 아들이 대뜸 "제가 그렇게 가능성이 없어요?"라고 반문했습니다. 복권을 사는 것은 '기대치(期待値)가 너무 낮아서 사는 것이 손해'라는 것입니다. 수학을 공부하고 있는 재수생다운 대답입니다.
    이처럼 같은 말도 어떻게 해석하느냐에 따라 하늘과 땅 차이가 납니다. 그래서 인생은 해석입니다. 어떤 현상을 긍정적으로 보느냐 부정적으로 보느냐에 따라 인생이 달라지기 때문입니다. 어떤 상황에서도 범사에 감사하는 마음으로 살아갑시다. 하루하루를 복권에 당첨된 것처럼 기쁘게 살아갑시다.
    그런데, 아들이 "아빠와 달리 저는 그동안 운이 없었어요."고 했습니다. 그래서, 제가 "그렇기 때문에 아들은 만점을 받을 운이다."라고 격려해줬습니다. 그러자, 아들이 "평균 회귀 된다는 말이네요."라고 했습니다. 저는 '평균 회귀(mean reversion)' 즉, 평균으로 회귀한다는 말을 처음 들었습니다. 이렇든 저렇든 아들이 올해 수능에서 꼭 만점을 맞았으면 좋겠다는 생각을 했었습니다. 물론 저는 저의 딸과 아들을 만난 것 자체가 복권에 당첨되었다고 생각합니다. 그동안 자녀 양육 때문에 힘들 때도 있었고, 앞으로 힘들 날도 남아있겠지만, 저는 저의 딸과 아들을 생각만 해도 기쁘고 행복합니다. 설령 복권에 당첨되었다고 해도 평생 이처럼 행복하지는 못할 것입니다. 그래서 저의 딸과 아들은 복권입니다. 그냥 복권이 아니라 1등으로 당첨된 로또복권입니다.

얼마 전 수능이 끝났습니다. 아들이 수능 당일 잠을 한 숨도 자지 못하고(저는 새벽에 아들이 잠을 못자고 괴로워하는 모습을 바라보는 것도 크나큰 고통이었습니다), 심지어 시험장에 들어가기 직전에는 속이 울렁거려 토할 것 같다고 했는데, 하나님의 은혜로 시험을 잘 치루고 왔습니다. 아들도 시험 보는 내내 하나님께 간절히 매달렸답니다. 아들이 올해 수능에서 만점은 못 맞았지만, 마음은 만점 맞은 것 이상으로 기쁘고 행복합니다. 저희 부자는 1년 내내 하나님이 함께 하심을 몸소 체험했으니까요 ...

※ 한국성결신문 2020년 12월 23일 '김양홍 변호사의 행복칼럼'에 실린 글입니다.

13 찍은 것 다 맞게 해주세요

오늘은 2020학년도 대학수학능력시험 보는 날(2019년 11월 14일)이다. '수능한파'를 입증이라도 하듯 바깥 날씨가 무척 춥습니다. 문재인 대통령의 '힘들었지? 수고했어'라는 격려메시지가 55만 명 수험생들에게 큰 힘이 되길 기원합니다. 저의 사랑하는 삼수생 딸 은혜와 고3 아들 은철이도 오늘 시험 봅니다. 저는 아침에 하나님께 기도할 때 "오늘 기억 잘 나게 해주고, 판단 잘 하게 해주시고, 은혜와 은철이가 찍은 것 다 맞게 해주세요."라고 했습니다.

'가는 날이 장날'이라고, 오늘은 오전 10시 20분에 경북 의성에 있는 의성지원에서 형사재판이 있고, 오후 3시 30분에는 대우세계경영연구회가 고등기술연구원 대우글로벌인재 양성센터에서 진행하는 '2019 글로벌 청년사업가양성(미얀마6기, 인도네시아5기) 취업/창업 국내 연수과정'에서 '우리 생활과 법'이라는 주제로 강의합니다. 08:40 곧 시험이 시작됩니다. 차창 밖으로 보이는 가을 단풍이 참 예쁩니다. 은혜와 은철 그리고 수능 보는 수험생들 모두 파이팅!!

14 스몸비(SMOMBE)

월요일 오전 수원지방법원에서 재판이 있어서 딸이 다니는 성균관대 자연과학캠퍼스에 들렀습니다.(이후 딸은 삼수하여 지금은 단국대 치대를 다니고 있습니다.) 딸과 함께 학교 커피숍에서 마시는 차의 맛은 글로 표현할 수 없이 맛있었습니다. 캠퍼스 곳곳에 있는 목련꽃이 금방이라도 필 기세입니다. 딸이 오전 9시 수업이라서 강의실로 가는 길에 눈에 띄는 플래카드가 하나 있었습니다.

길을 걸을 때에는 앞을 보자

그리고 그 플래카드 좌측 하단에 'SMOMBE(스몸비)'라는 신조어가 써 있었습니다. 스몸비는 스마트폰 좀비의 줄임말이랍니다. 정말 길을 걸을 때에는 앞을 봅시다. 우리는 좀비가 아니라 사람입니다. 사람의 길을 걸읍시다. 그래도 하늘은 보고 삽시다.

15 사람이 꽃보다 아름답다

저의 뱃살이 남산(南山)이 되어가는 것을 막기 위해 2020년 3월 8일부터 지금까지 매일 만보(萬步) 걷기를 하고 있습니다. 그래서 요새 거의 매일 집 근처에 있는 남산공원이나 남산둘레길 그리고 2017년 조성된 서울역 근처 서울로(seoullo)를 걷고 있습니다. 아래 대화는 지난 주말 서울로를 산책하면서 아내와 주고받은 것입니다.

아내 : 내가 가장 좋아하는 꽃이 무엇인지 알아요?
나 : 진달래
아내 : 또 내가 좋아하는 꽃은요?
나 : 후리지아(표준어 프리지어 freesia)
나 : 내가 가장 좋아하는 꽃은요?
아내 : ○○○(아내 이름)

주일 아침 아이들과 식사하면서 위 대화 내용을 아이들에게 들려줬더니 박장대소(拍掌大笑)합니다. 저의 아들은 아빠의 대답을 통해 세상을 살아가는 지혜를 얻었으리라 믿습니다.

한편, 저의 딸은 아빠가 가장 좋아하는 꽃을 "무궁화"라고 대답해줬습니다. 저는 단 한 번도 우리나라 국화(國花) 무궁화꽃을 좋아한다는 말을 하지 않은 것 같은데, 딸은 제가 늘 "나라 사랑" 이야기를 많이 해서 그런지 제가 무궁화꽃을 가장 좋아할 것으로 생각했나 봅니다. 딸이 아빠의 모습을 잘 이해해주는 대답을 한 것 같아서 참 기뻤습니다.

제가 가장 좋아하는 꽃은 저의 아내이고, 저의 딸과 아들이고, 저의 부모형제이고, 저의 이웃입니다. 사람이 꽃보다 아름답습니다.

16 단풍이 꽃 같다

2020년 11월 둘째 주일 늦은 오후에
아내와 함께 남산둘레길을 다녀왔습니다.
남산은 봄도 예쁘지만, 가을은 더 예쁜 것 같습니다.
"단풍이 꽃 같아요~"
아내가 연신 예쁘다는 감탄사를 연발(連發)했습니다.
단풍터널을 지날 때는
저희 부부가 꼭 영화의 주인공이 된 기분이었습니다.
어느 맹인 부부가 팔짱을 끼고 걷는 모습은
단풍보다 더 아름답게 보였습니다.
이번 주가 지나면 단풍이 많이 떨어질 것 같습니다.
이번 주가 지나기 전에 꼭 남산에 가보십시오.
행복은 그렇게 보는 것만으로도 충분합니다.

17 부부는 어떤 사이일까?

 어젯밤(2019년 10월 2일) 저녁식사 후 아내가 뜽금없이('뜬금없이' 전라도 방언) 물었습니다. "우리는 어떤 사이에요?" 때마침 저는 토마토를 뜨거운 물에 데친 후 그 껍질을 벗기고 있었고, 아내는 껍질 벗긴 토마토를 믹서기에 갈아 주스를 만들고 있을 때였습니다. 그래서 저는 아내의 물음에 이렇게 대답했습니다. "우리는 토마토주스를 함께 만드는 사이에요."

 맞습니다. 부부는 그렇게 함께 토마토주스를 만드는 사이입니다. 큰 일이든 작은 일이든 함께 하는 것이 부부 사이 아닐까요? '법적으로 부부는 무촌(無寸)이다.'는 표현보다는 훨씬 더 정감 있는 개념 정의입니다. 아내와 함께 만든 토마토주스가 참 맛있습니다. 벌꿀도 들어가고, 사랑도 더블로 들어간 주스이기에 … 어젯밤 분명 3통 만들었는데, 아침에 벌써 1통이 사라졌습니다. 만든 보람이 있습니다.

18 다음 생에 또 보세

  2018년 10월 19일 중국 매체 이티투데이(ETtoday)는 70년을 함께 한 남편을 보내는 마지막 순간, 마지막 키스를 나눈 노부부의 사연을 게재해 많은 공감을 얻었다. 그 노부부는 젊은 시절부터 말다툼 한번 없는 잉꼬부부였다. 나이가 들어 병환이 깊어진 할아버지가 자주 정신을 잃고 아이처럼 소리 지르거나 발버둥 칠 때에도 할머니는 힘들다는 소리 한번 하지 않고 직접 목욕을 시키고 밥과 약을 챙겼다.

  그러던 중 2016년 어느 날 할아버지가 중환자실에서 할머니를 애타게 찾았고, 할머니가 오자 "내게 마지막 키스를 해주오"라고 했다. 할머니가 마지막 키스를 해주자, 할아버지는 "다음 생에 또 보세"라는 마지막 말을 남기고 소천했다. 그의 아들 슈잉시(64세)는 그 순간을 사진으로 찍었고, 얼마 뒤 홍콩 필름 퍼스티벌에서 금메달을 땄다. 이후 그 사연이 널리 전해지게 된 것이다.

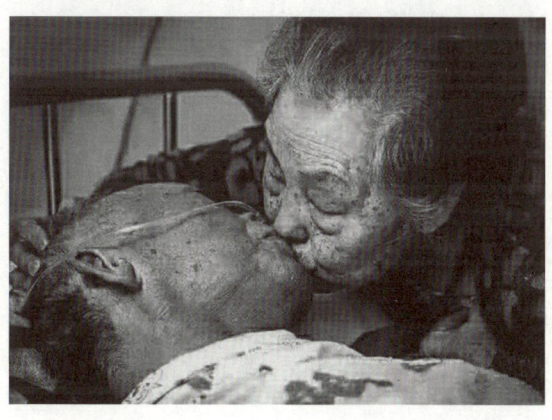

"다시 태어나도 나랑 결혼할거에요?" "아니요~" 저와 저의 아내의 대화록입니다. 저는 그 대화를 생각할 때마다 참 마음이 아픕니다. 누군가가 인생을 잘 살았는지 여부는 그의 배우자와 자녀의 말을 들어보면 알 수 있습니다. 가족으로부터 존경받고 사랑받는 사람이 진짜 성공한 사람이고, 위대한 사람입니다. 그런 점에서 저는 많이 부족한 사람입니다. 제가 세상 떠나는 날 아내에게 "천국에서 또 봅시다."라고 했을 때 아내가 기쁜 마음으로 "그렇게 하겠다."라는 대답을 할 수 있도록 지금부터라도 잘 해야겠습니다.

박노해 시인의 말처럼, '사랑이란 그가 진짜로 원하는 그가 되는 것'입니다. 최소한 저는 아내가 무엇을 원하는 지를 잘 알고 있습니다. 마음을 다해서 아내가 원하는 그가 되고 싶습니다. 하루 빨리 …

19 나는 설거지가 좋다

빌 게이츠는 스트레스 해소법으로 '설거지'를 꼽았다.
"매일 밤 내가 좋아하는 설거지를 한다.
이를 위해 일부러 다른 사람들이 못하게 한다."
플로리다 주립대의 연구에 따르면 설거지에 집중할 경우
스트레스가 27% 감소했다.
(좋은생각 2019년 7월호)

저도 월요일부터 금요일까지 매일 아침 설거지를 합니다. 아내가 매일 서울~천안을 출퇴근하기 때문에 아이들 아침 챙겨주고, 설거지하는 것은 제 몫입니다. 저는 설거지 할 때 고무장갑을 끼지 않습니다. 맨 손으로 그릇을 닦는 느낌이 더 좋기 때문입니다.

얼마 전 설거지하는 로봇이 개발되었다는 신문기사를 봤습니다. 그렇지만, 아마 저는 거동할 수 있을 때까지 평생 설거지를 할 것 같습니다. 빌 게이츠처럼 스트레스 해소용은 아니지만, 설거지 할 때만의 즐거움이 있기 때문입니다. 또한 설거지는 제가 마땅히 해야할 일이기도 합니다.

20 아름다운 밤이에요

"좋다 못해 아름답다.
양홍 같은 은혜 보다 주옥 같은 은혜가 낫다."

　주일 저녁 사랑하고 존경하는 윤철수 상무 가족과 함께 행복한 시간을 보낼 때 윤상무님이 한 말입니다. 힘든 시간이 주마등(走馬燈)처럼 지나갑니다. 그 때는 너무 힘들고, 참 견디기 힘든 시간이었지만, 지나고 보니 모두가 하나님의 은혜였습니다.
　고통과 아픔은 나눌수록 반(半)이 되고, 기쁨과 행복은 나눌수록 배(倍)가 됩니다. 이렇게 이것저것을 나눌 수 있는 가족과 친구, 이웃이 있음에 감사하고 감사합니다. 참 아름다운 2020년 2월 16일 (저의 딸이 삼수를 해서 단국대 치대에 추가 합격 통보를 받은 날입니다) 밤입니다.

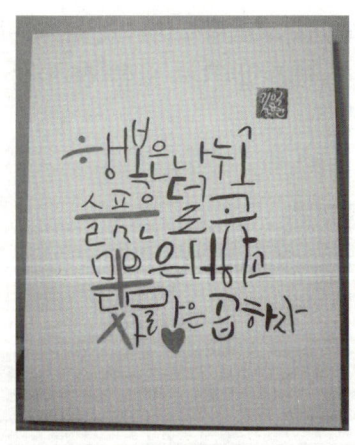

21 썰매견과 애완견

세상에는 썰매견형과 애완견형 사람이 있습니다.
썰매견은 주인을 위해 열심히 썰매를 끌면서
사랑받는 것이 가장 큰 행복이고,
애완견은 주인에게 그 존재 자체만으로도 사랑을 받습니다.
썰매견에게 애완견처럼 살라고 하는 것과
애완견에게 썰매견처럼 살라고 하는 것은 고통 그 자체입니다.
썰매견은 썰매견으로 살아가게 하고,
애완견은 애완견으로 살아가게 해야 합니다.
그렇지만 썰매견에게도 애완견에게도 휴식은 필요합니다.
썰매견도 썰매 없이 뛰어 다닐 수 있는 시간을 주어야 하고,
애완견도 주인 없이 즐길 수 있는 시간을 주어야 합니다.
악보에 쉼표가 있어야 노래가 되듯이
인생에 쉼이 있어야 인생이 됩니다.
'나는 썰매견형일까 애완견형일까?'
저의 아내와 친한 친구 부부는 저를 애완견형이라고 결론지었습니다.
저는 지금도 아내가 오른손을 내밀면,
저는 늘 그 손 위에 저의 오른손을 올립니다.
저는 주인의 애완견이니까 … 맞습니다. 저는 애완견형입니다.
그래서 저는 저의 주인과 이웃에게
존재하는 것만으로도 사랑을 받습니다.
저도 제가 애완견형이라 행복합니다.
멍멍~

22 어서 오십시오

2020년 11월 11일 오늘은 '빼빼로데이'입니다. '빼빼로데이' 풍습은 1983년 롯데제과에서 초코 빼빼로를 처음 출시하였는데, 당시 영남 지역 여중생들 사이에서 '빼빼로처럼 빼빼하기(살가죽이 쪼그라져 붙을 만큼 야윈 상태) 되길 바란다.'는 의미에서 빼빼로를 주고받는 것이 유행이 되고 있다는 내용으로 해당 지역 신문에 기사화된 것이 그 시초라고 합니다.

또한 오늘은 농업과 농촌의 소중함을 널리 알리고, 농업인의 긍지와 자부심을 고취하려는 취지에서 1996년에 제정된 '농업인(農業人)의 날'이기도 합니다. 농업인의 날은 '농민은 흙을 벗 삼아 흙과 살다 흙으로 돌아간다.'는 철학을 바탕으로 '흙 토'자가 겹치는 11월 11일로 지정된 것입니다. '흙 토(土)'를 파자(破字)하면 십일(十一)이 되기 때문입니다. 이후 정부는 농업인의 날을 널리 알리고, 쌀 소비를 촉진하기 위해 2006년부터 '가래떡의 날'로 지정해 각종 행사를 열고 있습니다.

그리고 11월 11일은 2010년부터 지정된 '보행자의 날'이기도 하고, 한국전쟁 70주년을 맞아 올해 처음으로 지정된 '유엔 참전용사 국제추모의 날'이기도 합니다.

'빼빼로데이', '농업인의 날', '가래떡의 날', '보행자의 날', '유엔 참전용사 국제추모의 날'인 2020년 11월 11일 오늘 가을을 그냥 보내주기가 아쉬워 윤철수 상무님 내외분과 함께 가을 나들이를 다녀왔습니다. 저는 오늘 '보행자의 날'답게 11.8km, 16,392보를 걸었습니다. 많이 걸으면서 허기진 뱃속을 채우기 위해 '진골 막국수'라는 식당에 들어갔는데, 입구에 이런 글이 붙어 있었습니다.

어서 오십시오
첫 번째 오신 분은 손님이라 반갑고
두 번째 오신 분은 구면이라 반갑고
세 번째 오신 분은 단골이라 반갑고
네 번째 오신 분은 가족같아 반갑네

참 정겨운 표현이죠? 우리 모두가 가족이 될 수는 없을지라도, 서로가 서로에게 가족처럼 힘이 되어 줄 수 있다면 이 힘들고 어려운 코로나시대를 잘 극복해 나갈 수 있을 것입니다. 행복은 멀리 있는 것이 아니라 '지금, 이 곳'에 있습니다. 지금 당신 곁에 있는 사람에게 빼빼로나 가래떡이 없으면 미소라도 선물해주세요. 소중한 것은 늘 우리 곁에 있습니다.

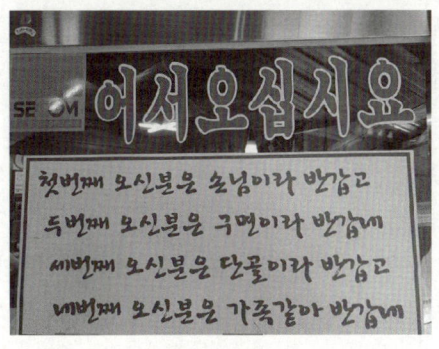

23 아내로부터 사랑받는 변호사

사랑하고 존경하는 윤철수 상무의 아들 상혁 군이 2020년 7월 19일 LEET(법학적성시험)를 보기에 격려하는 쪽지글을 써서 줬습니다. LEET는 로스쿨 입시에서 가장 중요한 평가요소입니다. 2021학년도 LEET 응시자는 총 12,244명으로 지난해보다 1,083명이 증가했습니다. 윤상혁 군은 원래 생명공학을 전공하던 학생이었는데, 제가 꼬셔서 로스쿨 입시를 준비하게 했습니다. 제가 한 청년의 인생 항로를 180도 바꾸게 한 책임도 있기에 꼭 제가 LEET를 보는 것처럼 긴장이 되고 기대가 됩니다. 제가 비록 이름 없는 평범한 변호사이기는 하지만, 매 순간 정의로운 변호사, 존경받는 변호사의 길을 걷고자 발버둥쳤고, 발버둥칠 것입니다. 우리 윤상혁 군이 LEET를 잘 봐서 더 좋은 로스쿨에 입학하고, 더 좋은 교수님들의 가르침을 받아 훌륭한 법조인의 삶을 살아가길 기도하고, 또한 기대합니다.

원래 밖에서 존경받는 변호사보다 가족으로부터 존경받는 변호사가 되기 더 어려운 법입니다. 우리 윤상혁 군은 아내로부터 사랑받고(모든 면에서), 자녀들로부터 존경받고, 부모의 기쁨이 되는 훌륭한 변호사가 될 것으로 믿습니다.

24 오늘밤 잠은 다 갔다

2019년 추석 연휴 주말 사랑하는 친구 한창용 내외와 함께 배 터지게 저녁식사를 하고, 친구가 집에서 핸드 드립 커피(Hand Drip Coffee)를 내려줬습니다. 좋은 커피 원두를 잘 갈아서, 처음에 92도 가량 따뜻한 물을 잘 적셔주고 기다렸다가 서너 번 내리는 방법으로 시간과 물의 양을 잘 조절해야 맛있는 핸드 드립 커피가 만들어진다고 합니다.

제가 맛있다고 하니까 처음 신맛 나는 커피 외 초콜릿 향기가 나는 커피를 또 내려줍니다. 저는 오늘밤 잠은 다 갔습니다. 그래도 좋습니다. 밤새 뜬 눈으로 기쁜 마음으로 주일을 맞이하렵니다. 친구는 맛을 내는데 중요한 것이 좋은 원두라고 하지만, 아닙니다. 사랑입니다. 가장 중요한 것은 사랑입니다. 사랑이 전부입니다. 오늘밤 마신 것은 커피가 아니라 사랑입니다.

25 불멍

'불멍'은 장작불을 보며 멍하게 있는 것을 의미하는 신조어입니다. 2020년 설 연휴 전날 친구 한창용 집에서 불멍하고 있습니다. 장사익 선생의 감정을 후벼 파는 노래를 들으면서, 친구가 내려주는 핸드 드립 커피(hand drip coffee)를 마시고 있으니 천국이 따로 없습니다. 친구가 시간차를 두고 커피를 종류별로 내놓습니다. 지난해 가을밤처럼 오늘밤 잠은 다 잤습니다.

장작불에 구운 고구마와 감자 그리고 마시멜로우(marshmallow)의 맛은 천상의 맛입니다. 이스라엘 백성들이 40년 광야생활 할 때 하나님이 내려주신 만나 맛이 이 맛일 것입니다. 정말 꿀맛입니다.

우리 모두 장작나무인 이 참나무처럼 삽시다. 참나무처럼 아낌없이 주다가 마지막은 장작불로 타다가 갑시다. 그래서 숯이 됩시다.

26 이제야 답장을 드립니다

2019년 추석 날 받은 따뜻한 문자입니다. 같은 마음으로 이 문자를 여러분들께 드립니다. 남은 추석 연휴도 행복해주세요.♡

이제야 답장을 드립니다.

명절 때 뜻밖의 사람들을 만나고,
문자를 받고, 생각하지 못한 사랑을 받고 ...
혼자서 사는 삶 보다 얼마나 서로를 귀하게 여기고
섬기고 살아야 하는지 ...
바쁜 저마다 삶 속에서,
까마득히 잊혀진 소중한 것들을
조금씩 꺼내보고, 부끄러운 생각이 많이 듭니다.
앞으로 남은 시간들은 우리가 받은 은혜를 나누고,
감사와 사랑을 힘써 나누어야 할텐데 ...
변호사님처럼 곁에서 청량 사이다처럼,
늘 일깨워주는 분이 있어서 좋습니다.
고생하는 두 아이들,
수고하는 주옥, 양홍 두 분께
하나님 은혜가 가득하기를 빕니다.
귀경 조심히 잘 가시길 ...

강경태 드림

27 딸에게 남겨주고 싶은 사랑

오늘 아침 오지은 변호사가 나에게 "어려운 부탁을 하나 하겠다."고 하면서, 7살 딸 오서영 양에게 인생 살아가는데 조언해주고 싶은 말을 작은 수첩에 적어달라고 했습니다. 오변호사는 15살 때 부친께서 소천하셨는데, 그 때의 아픔이 생각나서 딸을 한 번이라도 직접 마주하고 인사한 분들이 적어 준 귀한 말씀들을 작은 수첩에 가득 채우고 있었습니다. 딸이 그 글을 보고 다시 만나러 올 수도 있다면서 … 나는 주저 없이 한 문장을 썼습니다.

사랑하는 오서영 양에게
항상 기뻐하라 쉬지 말고 기도하라 범사에 감사하라 이것이 그리스도 예수 안에서 너희를 향하신 하나님의 뜻이니라(데살로니가전서 5장 16~18절) 위 성경말씀대로 살아가면 행복하게 살 수 있습니다. 사랑하고 축복합니다.
2019년 8월 8일
법무법인 서호 대표변호사 김양홍

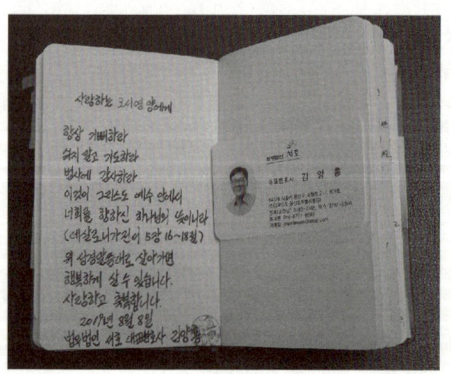

28 골프명언

① 니체는 말했다. '가장 위대한 것은 방향을 결정하는 일이다.'
② 열 받아 클럽을 내던질 때에는 반드시 전방으로 던져라. 그래야 따로 주우러 갈 필요가 없다.
③ 스윙을 할 때 절대로 고개를 들지 말아야 하는 이유, 내 스윙을 비웃는 사람들을 보지 않기 위해서다.
④ 프로의 볼은 본 곳으로 날아가고, 아마추어의 볼은 걱정한 곳으로 날아간다.
⑤ 가능하든 불가능하든 '당신의 샷은 언제나 옳다.' 라고 생각하라.
⑥ 골프장은 군대를 제외하고 가장 많은 한국 남자들을 거짓말쟁이로 만드는 곳이다.
⑦ 골퍼에게는 두 개의 스윙이 있다. 완벽한 연습 스윙과 엉터리 진짜 스윙
⑧ 골프 스윙은 여행가방과 같다. 우리는 거기에 너무 많은 것을 넣으려고 한다.
⑨ 18홀 중 스윙하는 시간은 모두 합쳐 5분이다. 나머지 시간은 모두 반성하는 시간이다.
⑩ 골프는 환상적인 게임이다. 40년을 치고 나서야 내가 골프칠 줄 모른다는 사실을 깨달았다.(게리 플레이어)
⑪ 티부터 그린까지의 페어웨이는 대다수의 골퍼들에게는 쓸모없는 잔디밭이다.
⑫ 세상에 맞지 않는 것을 들라하면 복권, 일기예보, 사주이다. 그러나 이보다 더 안 맞는 것은 골프볼이다.
⑬ 내가 죽으면 골프장에 묻어주오. 그래야 남편이 매주 찾아올 것 아니겠

소?(어느 골프광의 아내)

⑭ 오른쪽으로 가는 볼은 슬라이스, 왼쪽으로 가는 볼은 훅이다. 그럼 똑바로 가는 볼은? '기적'이다.

⑮ 골프는 외면적으로는 비폭력 게임이지만, 내면적으로는 대단히 폭력적인 게임이다. 마음을 먼저 다스려라.

⑯ 많이 치면 몸에 좋고, 적게 치면 마음에 좋다. 많이 치면 파트너가 좋아하고, 적게 치면 지갑이 좋아한다.

⑰ 60타는 나라를 먹여 살리고, 70타는 가정을 먹여 살리고, 80타는 골프장을 먹여 살리고, 90타는 동반자를 먹여 살리고, 100타는 골프공 회사를 먹여 살린다.

⑱ 골프는 연애와 같다. 하찮게 여기면 재미가 없고, 심각하게 여기면 마음을 아프게 한다.

작년에 스카이72 골프장에 갔을 때 각 홀마다 적혀 있는 골프 명언입니다. 골프명언이 아니라 인생 명언입니다. 오늘은(2019년 4월 24일) 제가 사랑하고 존경하는 윤철수 상무 내외분과 함께 크리스탈밸리CC를 다녀왔습니다. 이른 아침부터 비가 내렸는데, 신기하게도 1번 홀 티샷 할 무렵부터 비가 그쳤습니다. 오늘은 골프 보다는 주변 꽃구경하느라 정신줄을 놨습니다. 그곳은 산악지대라서 그런지 벚꽃이 만발했습니다. 위 골프명언에 있는 것처럼, 골프에서는 거리 보다는 방향이 더 중요한 것 같습니다. 아무리 멀리 보내도 OB나 헤저드 지역으로 보내면 벌타만 받습니다. 인생도 마찬가지 아닐까요? 인생의 방향 설정을 잘 합시다.

저는 골프에 입문한지 18년이 되었지만, 여전히 100돌입니다. 그동안 버디를 딱 여섯번 해봤습니다. 그런데, 저는 골프경기만큼은 후회를 별로 안 합니다. 볼을 많이 치면 어떤가요? 볼을 많이 치면 내 몸에도 좋고, 파트너도 좋아하지 않습니까? 저는 동반자의 경기를 방해하지 않을 정도면 얼마든지 많이 쳐도 된다고 생각합니다. 또한 저는 인생은 내 마음대로 못하지만 골프공이라도 내 마음대로 한다면서 연습 스윙 없이 마음가는대로 채를 휘두릅니다.

저는 몇 년 전에는 낚시광이었습니다. 지금도 집에는 낚시가방이 3개나 있습니다. 심지어 붕어낚시의 대가(大家) 송귀섭 선생님과 함께 낚시TV에 출연한 적도 있습니다. 낚시 할 때만큼은 모든 근심걱정을 내려놓고, 오직 고기 잡는 데만 집중하면서 쉴 수 있기 때문입니다.

그런데, 저는 요즘 낚시를 안 하는 대신 기회가 주어지면 골프를 합니다. 저는 모든 운동을 싫어하지만 골프만큼은 재미있어 합니다. 골프는 인생처럼 제 마음대로 안 되지만, 한 홀 한 홀 그 어려움을 극복해 가는 재미가 있고, 동반자와 함께 마음껏 웃으면서 행복한 동행을 할 수 있기 때문입니다.

결국 골프가 재미있는 가장 큰 이유는 나의 부족한 모습을 이해해주는 동반자가 있어서입니다. 동반자와 함께 하는 맛있는 식사와 벚꽃 구경은 덤입니다.

29 거만방만

'거만하다'는 '잘난 체하며 남을 업신여기는 데가 있다.'는 뜻이고, '방만하다'는 '맺고 끊는 데가 없이 제멋대로 풀어져 있다.'는 뜻입니다. 그래서 사람들은 거만한 사람을 싫어하고, 방만한 행위를 옳지 않다고 생각합니다. 그런데 골퍼들이 사용하는 '거만방만'이라는 단어는 거만하다와 방만하다의 합성어가 아닌 '거리만 맞추는 사람과 방향만 맞추는 사람'을 뜻합니다. 그럼 골프에서는 '거만'이 좋을까요 '방만'이 좋을까요? 골퍼들은 늘 멀리 보내려고 애쓰지만, 아무리 멀리 보내고 거리를 잘 맞추더라도 방향이 틀리면 OB나 해저드에 빠질 수 있기 때문에 '거만' 보다는 '방만'이 더 좋습니다. 그리고 거만과 방만을 모두 갖춘 사람을 '프로(pro)'라고 합니다. 인생도 마찬가지 아닐까요? 대개 사람들은 돈과 명예, 성공을 위해 좀 더 멀리 좀 더 높이 가려고 발버둥치지만, 예수님이 가르쳐주신 '이웃 사랑'이라는 방향이 틀리면 진정한 성공이라고 할 수 없을 것입니다. 기왕 사는 인생 진정한 프로의 삶을 살아갑시다.

가장 위대한 것은 방향을 결정하는 일이다.

니체(Nietzsche)가 한 말입니다. 각자가 어떤 삶을 살든 방향 설정을 잘 해서 더불어 행복한 세상을 만들어 갑시다. '홀로 아리랑' 노래가사처럼, 가다가 힘들면 쉬어가더라도 손잡고 함께 가봅시다. 서로 사랑하면서 ...

30 인생은 방향이다

골프는 거리가 아니고 방향이다.
인생도 마찬가지이다.

기독교대한성결교회 서울강남지방회 2017년 장로 장립 동기 장로님 세 분과 함께 골프할 때 어느 장로님이 하신 말씀입니다. 아무리 볼을 멀리 쳤어도 OB 나거나 헤저드에 빠지면 벌타를 먹게 되고, 결국 점수를 잃게 됩니다. 인생도 마찬가지 아닐까요? 인생은 속도도 아니고, 거리도 아니고, 방향입니다. 조금 늦게 가면 어떻고, 조금 높이 되지 않으면 어떤가요? 하나님의 영광과 이웃의 유익을 위하여 사는 방향이라면 그것은 곧 승리하는 인생임을 믿습니다. 오늘 장립 동기 장로님들과의 첫 라운딩이었지만, 18홀 내내 웃느라 얼굴 안면 근육이 후끈 거립니다. 식사하면서도 교회와 섬김에 대한 이야기만 했습니다. 술이 없어도 만취한 것 이상으로 참 행복한 동행을 했습니다.

특히 독도사랑운동본부 총재로 활동하고 있는 원용석 장로님은 임원들과 함께 2019년 2월 20일 울릉군을 방문해 독도입도지원시설 확충 자선골프대회에서 마련된 기금 10,215,681원을 전달했다고 합니다. 독도사랑운동본부의 구호가 "독도가 대한민국이다!"라는 말에 가슴이 벅차오름을 느꼈습니다.

제가 대표변호사로 재직하고 있는 법무법인 서호 홈페이지 화면도 독도 사진입니다. 독도는 우리가 목숨을 바쳐 지켜야 할 우리 대한민국의 자존심입니다. 반포중 부자유친 OB 모임에서도 2019년 6월

6일(현충일)부터 8일(토요일)까지 울릉도와 독도를 방문하기로 했습니다. 그 때 날씨도 좋아서 꼭 독도를 방문하고, 독도 하늘 아래에서 부자유친의 구호 "우리 조국 대한민국을 위하여!"를 힘껏 외치고 싶습니다.

그리고 중국인들과 함께 오랫동안 사업을 해온 곽기태 장로님의 찰진 중국 이야기 중에 "중국인을 대할 때는 30cm 자를 들고 100m를 재려고 하지 말고, 그들의 의도를 우리식으로 이해하려고 하지 마라. 중국인들은 친구를 몸은 두 개인데 마음은 하나인 것으로 생각하기 때문에 친구 사이에서는 절대 배반하지 않는다."는 말씀이 기억에 남습니다. 제가 5~6년 후 중국으로 유학 가게 되면 중국인들을 많이 만나고, 많이 배워서 중국인들의 좋은 친구가 되고, 그들에게 도움을 줄 수 있는 변호사로 자리 매김하고 싶습니다. 그렇게 중국인들과의 행복한 동행하는 것도 제가 꿈꾸는 또 다른 삶입니다.

31 뒤땅도 내땅 앞땅도 내땅

제19호 태풍 '하기비스'가 일본을 강타한 토요일 오후 법무법인 서호 이재철 국장님 동생인 주식회사 에타(정수기부품 제조회사) 이재순 대표님 초대로 진천에 있는 천룡CC에서 김정현 변호사님, 이국장님, 이대표님과 함께 운동했는데, 저의 생애 아홉 번째 버디이자 약 20m 첫 칩인버디(chip in birdie)를 했습니다. 캐디가 버디한 기념으로 티샷 고리를 선물로 줬는데, 그 고리에 '뒤땅도 내땅 앞땅도 내땅'이라는 글이 쓰여 있었습니다. 골프에서 공의 뒤땅을 치는 것은 아마추어들이 자주 하는 실수인데, '뒤땅도 내땅 앞땅도 내땅'이라는 마음으로 편하게 치다보면, 오늘처럼 칩인버디를 하게 되는 것 같습니다. 골프장 주변이 어여쁜 색동옷을 입었습니다.

저는 이재순 대표님의 회사 직원이 100명 가량 된다는 말에 많이 놀랐고, 한편으로 참 감사했습니다. 직원 1명이라도 고용해서 급여를 주는 사람이 진짜 애국자라고 생각하기 때문입니다. 오늘 자신의 형님 직장 상사라고 처음부터 끝까지 섬겨준 이재순 대표님의 섬김에 참 감동했습니다. 하루 종일 저의 눈과 입이 호강한 날이었습니다. 이대표님의 회사 직원들도 그렇게 섬겨 주리라고 생각하니 더 감사했습니다. 이것이 진정한 행복한 동행 아니겠습니까?

32 구찌

골프에서 약방의 감초격으로 사용되는 '구찌'라는 말이 있습니다. 구찌는 '구찌 겐세이'의 줄임말인데, 이는 일본어로 '입'이라는 뜻의 구찌(くち)와 '견제하다'는 뜻의 겐세이(けんせい)의 합성어입니다. 이는 '말로 상대방을 훼방 놓아 일을 그르치게 한다.'는 뜻입니다. 골프에서는 '구찌'를 빼면 앙꼬(떡이나 빵의 안에 든 팥을 뜻하는 일본어) 없는 진빵이 될 것입니다. 그래서 대부분의 골퍼들은 구찌를 자연스럽게 하고, 내기 골프의 경우에는 의도적으로 하기도 합니다.

가을단풍이 절정에 이른 2020년 10월의 마지막 날, 여주에 있는 빅토리아GC에서 네 부부가 남여 두 팀으로 나뉘어 골프를 했습니다. 동반자 곽기태 장로님이 1~6번 홀까지 계속 파(PAR) 행진을 하고, 7번 홀에서는 버디까지 해서 본인 생애 최고의 타수를 향해 달려가는 도중에 제가 파4 8번 홀에서 "장로님, 8번 홀 조심하세요."라고 했습니다. 저는 곽장로님이 8번 홀에서 실수를 하는 경우가 많아서 파 행진을 계속 하기를 바라는 마음으로 8번 홀을 조심하라고 한 것인데, 곽장로님은 제 말 때문인지 평소와 다르게 드라이버 대신 우드로 티 샷(tee shot)을 했고, 그 티샷이 OB가 나는 바람에 결국 보기를 하게 되었습니다. 심지어 9번 홀 파3에서는 더블 보기까지 했습니다. 어제 곽장로님은 최종 75타로 본인의 생애 최고 타수와 같은 타수를 기록했지만, 제가 전혀 의도하지 않았던 저의 구찌 때문에 더 좋은 기록을 세우지 못하게 된 것 같아 미안한 마음이 들었습니다. 어제 동반한 원용석 장로님은 "OK(컨시드) 외에는 모두 구찌다."라는 말씀을 하셨는데, 전적으로 공감합니다. 앞으로는 동반자를 더 배려하는 구찌를 넣어야겠습니다.

그와 같이 골프는 말 한 마디 한 마디, 무심코 상대방을 배려하지 못한 행동 하나 하나에 영향을 받기 때문에 늘 조심해야 하는 운동입니다. 제가 골프 입문시절 잘 모르고 범했던 실수 세 가지를 나열하겠습니다.

첫째, 동반자가 티 샷이나 두 번째 샷을 할 때 마음이 급해서 그 동반자보다 앞에 가서 치려고 한 적이 있었습니다. 이는 상대방이 친 골프공에 내가 맞을 위험이 있고, 동반자에게 심리적으로 부담을 주기 때문에 결코 하지 말아야 할 행동입니다.

둘째, 상대방이 퍼팅(putting)을 하려고 어드레스(address, 공을 치기 전에 자세를 잡고 클럽을 땅에 댄 자세)를 하고 있는데, 내 퍼팅만 생각하고 먼저 퍼팅을 하는 것은 결례입니다.

셋째, 티 샷을 할 때 티 박스(tee box)에 함께 올라가거나 상대방이 티 샷 할 때 대화를 하는 것도 결례입니다. 이는 알면서도 무의식중에 실수를 하는 경우가 많습니다. 이처럼 골프할 때도 언행(言行)을 조심해야 하는데, 우리들의 삶의 현장에서는 얼마나 더 언행을 조심해야 할까요?

2020년 11월 1일 오전 11시 이수교회 창립 44주년 여섯 분의 권사 취임식이 있었습니다. 임병우 원로목사님께서 축사와 권면하실 때 "교회 집사(執事)는 잡을 집(執), 일 사(事)로서 교회 일을 맡아서 봉사하는 직분이고, 권사(勸士)는 권한 권(勸), 선비 사(士)로서 성도들에게 본이 되고, 칭찬과 위로, 격려와 축복의 말만 하는 직분이다."고 하셨습니다. 참말로 공감되는 말씀입니다. 박정수 담임목사님 설교말씀대로, 오늘 취임한 여섯 분(김서란, 김윤재, 박경희, 유현만, 이명숙, 이승연)의 권사님들이 늘 예배의 자리, 기도의 자리,

전도의 자리, 섬김의 자리를 지키고, 덕스러운 말만 하고, 영혼을 사랑하는 권사님들이 되어 먼 훗날 천국가실 때 온 교우가 울어줄 수 있는 권사님들이 되시길 기도합니다.

그런즉 믿음, 소망, 사랑, 이 세 가지는 항상 있을 것인데 그 중의 제일은 사랑이라(베드로전서 13장 13절)

33 군 골프장과 일반 골프장의 차이

군에서 운영하는 골프장의 명칭은 대부분 '지역이름+체력단련장'으로 표기합니다. 군 골프장은 주로 현역 군인들과 20년 이상 복무한 예비역(회원)들이 이용하지만, 요즘은 민간인들도 많이 이용한다고 합니다. 저도 육군법무관으로 10년 동안 군에서 복무한 예비역 소령이기 때문에 모든 군 골프장에서 준회원 대우를 받습니다. 저는 1997~1998년 백골부대 법무참모로 복
무했는데, 당시 박흥근 사단장님과 이동영 관리참모님, 고영원 수색대대장님과 함께 오늘 오전에 남수원체력단련장에서 운동했습니다. 군 골프장과 일반 골프장은 모든 면에서 거의 차이가 없습니다. 오히려 군 골프장이 음식값도 저렴하고, 이른 시간과 늦은 시간에는 군가가 들리는 등 추억을 회상할 수 있어서 더 좋은 것 같습니다. 70대 중반이신 박흥근 사단장님은 18홀 내내 카트를 타지 않으시고 걸으셨습니다. 말 그대로 체력단련을 하시는 모습이 참 보기 좋았습니다. 저도 다음에는 더 걸어야겠습니다. 저는 오늘 골프에 입문한 지 20년 만에 열여섯 번째 버디를 했습니다. 내년 봄에는 두 팀 정도 운동하기로 하고 헤어졌습니다. 존경하는 박흥근 사단장님과 백골전우회 회원 모두의 건강과 평안을 기원합니다. 행복한 동행이 행복한 삶입니다.

34 CBS 음악 FM 93.9MHz 노래 신청 사연들

2020. 6. 9. '김용신의 그대와 여는 아침' 노래 신청 사연

저는 아침마다 재수하는 아들을 학원에 데려다 주고, 출근하는 길에 '김용신의 그대와 여는 아침'을 듣는 애청자입니다. 오늘 인스타그램 cbsfmyou도 팔로우했습니다. 올해 출간된 저의 책 《변호사 김양홍의 행복 나누기》에도 소개했지만, 저는 딸이 2년 전 재수할 때도 학원에 데려다 주면서 딸과 함께 이 방송을 애청했었습니다. 저는 승용차 탈 때마다 CBS FM 93.9만 듣는 애청자 중에 애청자입니다. '그대와 여는 아침'은 그대들의 사연과 음악도 좋지만, 가끔씩 웃으시는 김용신님의 웃음소리가 넘넘 좋습니다. 코로나19 바이러스 대신 김용신님의 웃음 바이러스가 널리 퍼져나갔으면 좋겠습니다. 저의 아들에게 "힘내라"고 응원해주세요. 저의 신청곡은 Carry & Ron의 'I.O.U'입니다. 오늘 하루도 당신 것이고, 저의 아들 것이고, 저의 것입니다. ※ 위 사연이 일부 소개되었습니다.

2020. 7. 30. '김현주의 행복한 동행' 노래 신청 사연

오늘밤도 어제밤처럼 똑같은 남산둘레길을 산책하고 있습니다. 지금 이 순간 '김현주의 행복한 동행' 방송 듣는 것만으로도 넘 행복합니다. 내일도 모레도 들을 겁니다. 우리 모두 서로 서로에게 최고의 복권이 되길 소망합니다. 제가 고등학교 2학년 수학여행 때부터 좋아한 이선희의 'J에게'를 부탁합니다♡ ※ 위 신청곡이 방송되었습니다.

2020. 8. 2. '김현주의 행복한 동행' 노래 신청 사연

회귀하는 연어처럼 오늘밤도 남산둘레길을 돌고 있습니다. 20대부터 저의 꿈은 몸도 마음도 건강한 할아버지가 되는 것입니다. '김현주의 행복한 동행'은 저의 아름다운 꿈을 이루어 가는데 꼭 필요한 멋진 친구입니다. 서영은의 '꿈을 꾼다'를 신청합니다.

2020. 8. 3. '김현주의 행복한 동행' 노래 신청 사연

저녁 때 돌아갈 집이 있다는 것힘들 때 마음속으로 생각할 사람이 있다는 것외로울 때 혼자서 부를 노래가 있다는 것나태주 시인의 '행복'이란 시입니다. 오늘밤은 남산둘레길 대신 헬스장 런닝머신을 걷고 있습니다. 저는 '김현주의 행복한 동행'을 듣는 이 순간 넘 행복합니다. 윤향기의 '나는 행복합니다'를 신청합니다.

2020. 8. 6. '김현주의 행복한 동행' 노래 신청 사연

오늘밤은 남산둘레길 대신 '서울로'를 걷고 있습니다. 서울로를 시계추처럼 왔다갔다 하면서 나무들을 보고, 지나가는 사람들을 보다 보면 행복한 동행 1시간이 1분처럼 훅~ 지나갑니다. 산울림의 '나 어떡해'를 신청합니다.

2020. 10. 28. '김용신의 그대와 여는 아침' CBS 레인보우 게시판 게시글

저는 매일 아침 재수하는 아들을 학원에 데려다주고 출근하면서 '김용신의 그대와 여는 아침'을 듣고 있는 찐팬입니다. 저는 다른 찐팬들이 라떼 드시는 것만으로도 행복해요. 오늘 김용신님을 비롯한 우리 오하당('오늘 하루도 당신 거에요'의 줄임말) 당원들 모두 행복해주세요. 오늘은 우리들 남은 인행에서 가장 젊은 날이잖아요♡

35 3초 아니면 3분

엊그제 새해인사 한 것 같은데, 벌써 2020년 2월 셋째 주일이다. 점심 때 하얀 목화솜 같은 함박눈이 내렸습니다. 유숙자 집사님이 주일에도 일하는 요양원에서 일하는 관계로 오랜만에 주일 예배에 오셨는데, 저를 위해 맛있는 호박 군고구마를 잔뜩 구워오셨습니다. 또한 '원기침향단(元氣沈香丹)'이라는 건강식품까지 챙겨오셨습니다. 식은 고구마를 먹는 데는 3초, 전자레인지에 데워 먹는 데는 3분이면 된다고 하셨습니다. 유집사님은 집에 큰 냄비가 없어서 작은 냄비에 여러 차례 구우셨다고 합니다. 대단한 정성입니다. 군고구마가 아니라 '사랑고구마'입니다.

유집사님은 당신의 부모님을 닮아 천성적으로 나눠주시기를 좋아하시는 분이지만, 친 누님(집사님은 올해 70세인데, 저는 누님으로 부르기로 했습니다)처럼 늘 저를 챙겨주시는 유집사님의 큰 사랑에 오늘 저는 참말로 행복합니다. 많이 가진 자가 부자가 아니라 많이 나눠주는 자가 부자입니다. 사랑은 나눌수록 더 커집니다. 그것이 하나님의 법칙입니다. 유집사님의 삶에 하나님의 축복이 가득하기를 기원합니다.

36 우리가 함께 걷는 아름다운 길

저의 전우(戰友)이자 멋진 참 군인 장동성 예비역 육군대령이 관악구시설관리공단 이사장에 취임하셔서 저의 전우 주정 예비역 육군대령과 함께 이사장실을 방문했습니다. 태극기 아래에 '우리가 함께 걷는 아름다운 길' 표구 글이 걸려있습니다. 장동성 이사장의 아내의 작품이랍니다.

관악구 및 관악구청장과 아무 인연이 없는 장동성 이사장께서 이사장 공모 응시자 17명 중 당당히 선발된 것은 그 선정 과정이 얼마나 공정했는지 가늠할 수 있습니다. 평생을 위국헌신(爲國獻身)한 장동성 이사장의 삶을 높이 평가해주신 관계자 여러분께 깊이 고개 숙여 감사인사를 드립니다. 관악구시설관리공단이 주어진 업무 외 양질의 일자리 창출의 사명도 잘 감당하리라 믿습니다. 우리는 그렇게 함께 걸어가야 합니다. 그것이 아름다운 길입니다.

37 김사모

김사모는 '김양홍을 사랑하는 사람들의 모임'의 약자입니다. 제가 정치인도 아니고 유명한 사람도 아닌데, 예비역 육군대령 두 분, 현역 육군대령 한 분이 만든 모임입니다.

특히 2014년 겨울에는 제가 28~29살 때 검찰부장으로 근무해서 정이 많이 든 수도방위사령부 관악회관에서 당시 사령부 인사처장으로 근무하던 주정 대령님 전역 축하 모임을 장동성 예비역 대령님과 함께 가졌었습니다. 2004년도부터 만난 전우 3명이 모여 삼겹살에 소주 한 잔 하고, 관악회관 내 스크린골프장에서 골프까지 했는데, 그 때 장대령님과 저는 내복 차림으로 쳤습니다. 그 날 저는 93타를 쳐서 당시 생애 최고 점수를 받았었습니다.

물론 지금은 그 때보다는 조금 더 잘 치지만, 크게 다르지 않습니다. 저는 골프는 즐기면 되지 굳이 잘 할 필요는 없다고 생각합니다. 잘못 쳤으면 한 번 더 치면 됩니다. 그래서 나는 골프를 시작한 지 18년이 되었지만, 여전히 100돌이입니다.

2020년 7월에는 장동성 대령님이 서울 관악구 시설관리공단 이사장에 취임하셔서 주정 대령님과 함께 식사한 적이 있고, 오늘은 현재 연대장으로 재직 중인 박동규 대령이 휴가를 받아 오셔서 오랜만에 4명이 함께 식사하는 자리를 가졌습니다. 놀라운 것은 제가 지난 7월 이사장 취임 축하 동양란을 보내드렸었는데, 신기하게도 그 난초가 4개월 만에 다시 꽃을 피었습니다.
　회원은 세 분밖에 없는 '김사모' 모임이지만, 저를 아껴주시는 분들이기에 저에게는 참으로 귀하고 귀한 분들입니다. 참 행복합니다. 부족한 저를 인정해주는 분들이 계셔서 ... '김사모' 회원들의 건강과 하나님의 평안을 기원합니다.

38 다비다자매회 이사회

사단법인 다비다자매회 이사회를 국립중앙박물관 안 호수 앞에 있는 '거울못식당'에서 가졌습니다. 한 해 동안 함께 해주신 하나님의 손길을 느끼는 귀한 시간이었습니다. 제가 용산에서 법무법인 서호를 운영한 지 14년이 되었는데, 용산에 이렇게 아름다운 곳에 식당이 있는지 미처 몰랐습니다. 국립중앙박물관 주변 둘러보는 것만으로도 충분히 가을을 만끽하실 수 있습니다.

다비다자매회는 1994년 1월 20일 창립된 사단법인(회장 김혜란 목사)로서 홀로된 여성들이 그리스도의 사랑 안에서 치유와 회복을 경험하고 동일한 형편의 다른 여성들을 섬기며 사랑과 선행을 격려하는 모임입니다. 매월 넷째 토요일 오후 2시 이수성결교회에서 정기모임이 있습니다.

특히 2019년 11월 30일 오후 5시 예랑홀(방배역 2번 출구 백석비전센터 10층)에서 **다비다자매회와 함께 하는** 셀레스철 트리오 연주회(바이올린 곽안나, 첼로 이재은, 피아노 노인희)가 있습니다. 무료 관람이오니 많이 가셔서 성원해 주시기 바랍니다.

39 감기 예찬

지난주 토요일 이수성결교회 성도님들과 함께 철원 DMZ(비무장지대)로 안보견학을 다녀왔습니다. 그 날은 오전부터 구름에 가려 햇살이 보이지 않았고, 오후에는 바람도 불고 비도 내렸습니다. 교회에서 오전 9시에 출발해서 집에는 오후 6시가 넘어 들어왔고, 이곳저곳을 다니다보니 조금 피곤했습니다.

그런데, 사랑하는 딸이 저녁에 운동하러 가자고 하여 딸과 대화하고 싶은 욕심에 반포종합운동장을 5~6바퀴 걸었습니다. 피곤한 몸에 추운 날씨에 노출되어서 그런지 감기에 걸려 금요일 오늘(2019년 4월 12일) 아침까지 힘이 없습니다. 어제 오전에 경찰서 피의자신문에 참여하는데, 식은땀까지 났습니다.

감기가 걸린 것은 몸이 나에게 쉬라는 신호를 준 것입니다. 저의 아내도 월요일에는 병원에서 자고 오는 경우가 많은데, 이번 주는 맛있는 것 해준다고 집에 와서 이것저것 챙겨줍니다. 또한 아내로부터 운동하라는 잔소리(?)를 안 들어서 좋습니다. 가끔 감기 정도는 걸리는 것이 좋을 것 같습니다. 사랑받고 있다는 이 느낌도 좋고, 그 핑계로 쉴 수 있기 때문입니다.

저는 가끔 감기 걸리는 것이 좋을 것 같다고 하지만, 저의 아버지는 그 감기가 싫었을 것입니다. 도로청소부이셨기에 비가 오나 눈이 오나 매일 새벽 4시30분이면 출근해야 하는 저의 아버지도 감기에 걸리셨을 때도 있었을 것이고, 쉬고 싶을 때도 있었을 것이지만, 저는 아버지가 쉬는 모습을 못 봤습니다. 아버지는 아플 틈조차 없었습니다. 몸이 천근만근 무거웠을 때도 가족을 위해 출근해야만 했던 저의 아버지를 생각하면 마음이 아픕니다. 저는 그런 아버지를 바쁘다는 핑계로 찾아뵙지도 못 하고 있습니다.
 감기 때문에 사랑하는 저의 아버지 얼굴이 떠올라서 좋습니다. 그래서 감기는 가끔 걸리는 것이 좋습니다.

ⓒ 문쾌출 남산

40 겨울은 봄을 이기지 못한다

밤은 아침을 이기지 못하고,
겨울은 봄을 이기지 못한다.
불행은 행복을 이기지 못하고,
절망은 희망을 이기지 못한다.

어느 날 지인이 보내준 글입니다. 저는 10년간의 군법무관 생활을 마감하고, 2003년 최재천 형이 대표변호사로 있던 법무법인 한강에서 3년간 변호사로 있다가 2006년 청운의 꿈을 안고 용산에서 법무법인 서호를 출범시켰습니다.

'서호'는 제가 처음 신앙생활했던 '서호성결교회'(담임목사 지형은)에서 이름 따 왔습니다. 저는 교회에 누가 되지 않도록 변호사 영역만큼은 늘 바른 길을 걷고자 노력했습니다. 어제(2019년 3월 29일) 13년간 둥지를 틀고 지냈던 석우빌딩을 떠나 옆 건물인 토투밸리빌딩 6층으로 이사했습니다.

26살 사법연수원 입소한 이래 올해까지 26년이라는 시간이 흘렀습니다. 그 많은 세월이 엊그제 같습니다. 그동안 죽을 만큼 힘든 시간도 있었고, 참 어리석고 무지한 시간도 보냈습니다. 그때마다 저를 지켜주신 하나님께 참 감사합니다.

이제 토투밸리빌딩에서 저의 꽃피는 봄이 시작될 것으로 믿습니다. 오늘 새벽 1시까지 방을 정리하는데, 하나도 안 힘들었습니다. 오히려 들뜬 마음에 잠을 설쳤습니다.

토투밸리 임대인측에서 먼저 찾아와 입주를 제안해 주신 것, 사무실이 6층이라서 법적으로 외부 광고를 할 수 없는데, 때마침 9×7m 건물 외벽 광고를 하게 된 것, 제가 섬기는 이수성결교회 집사님들이 헌신적으로 인테리어와 전기통신 공사를 해줬고, 건물 외벽 광고도 멋지게 해주셨습니다. 심지어 이사를 마치니까 늦은 비가 내렸습니다. 모두 다 하나님의 은혜이고 은혜입니다.

새로운 보금자리에서 저의 분신인 법무법인 서호 가족들과 함께 제 인생의 후반전을 열심히 뛸 것입니다. 더 사랑하고, 더 섬기고, 끝까지 충성하리라 다짐합니다. 내일이 기대됩니다.

41 아보카도(avocado)

저의 아내와 딸은 '아보카도(avocado)'를 좋아하고, 저와 아들은 안 좋아하는데, 제가 요새 변심해서 아보카도를 잘 먹습니다. 어제도 산책하는 길에 마트에서 아보카도를 10개 샀습니다. 아보카도 씨는 천안 호두과자 크기로 둥글게 생겼습니다. 제가 올해 4~5개월 전에 저희 법무법인 서호 사무실 입구에 놔둔 화분에다 아보카도 씨를 1개 심었는데, 어느새 약 60cm 크기로 자랐습니다. 신기하죠? 아보카도는 멕시코에서 안데스산맥에 이르는 서반구대륙이 원산지인데, 보통 15m까지 자란다고 합니다. 이 아보카도가 사무실 천정에 닿을 정도로 크면 건물 옥상으로 옮겨 심어야 할 것 같습니다. 그리고 저의 사무실 방에는 머루나무가 블라인드를 타고 올라가 창문을 점령할 기세입니다. 머루나무에 머루가 여섯 송이밖에 달리지 않아서 여러분들에게까지는 보내드리지 못함을 아쉽게 생각합니다. 또한 같이 근무하는 세무사님 방에는 무화과나무가 한 그루가 있습니다. 며칠 전 그 무화과나무의 열매가 1개 떨어져 제가 혼자 몰래 먹었는데, 참 달고 맛있었습니다. 아직도 무화과열매가 5개 달려있습니다. 얼른 기나긴 장마가 끝났으면 좋겠습니다. 코로나 바이러스도 긴 장마도 언젠가는 그치게 될 것입니다.

42 어느 수요일 오후

수요일 오후 공증 손님이 앉으시는 쇼파에 앉아 사진을 찍었습니다. 참 예쁜 자리입니다. 제가 지켜야 할 자리 중에 하나가 저의 분신인 법무법인 서호 대표변호사라는 자리입니다. 이곳을 다녀가시는 모든 분들에게 마음을 다하고 뜻을 다해 섬기는 것이 제가 할 일입니다. 어제 영화 '교회오빠'를 보고 나니까 오늘 하루가 너무 귀하게 느껴졌습니다.

그래서 오늘 아침 저의 버킷리스트 10가지를 다시 꺼내 봤습니다. 다시금 저의 곁에 있는 모든 분들의 행복을 위해 살아갈 것을 다짐해봅니다. 그것이 곧 저의 행복을 위해 사는 길이니까요 …

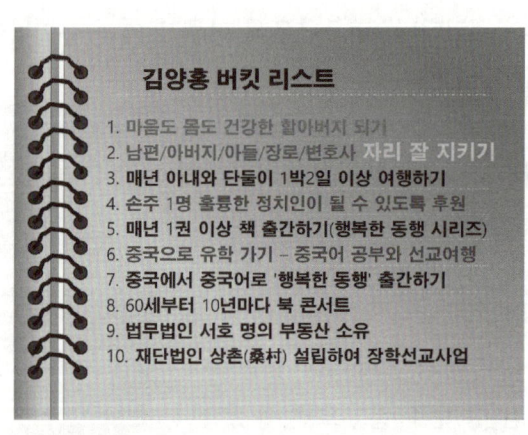

43 남은 날들이 다 생일이다

저는 햇살 좋은 봄날 태어났습니다. 엊그제 태어난 것 같은데, 벌써 쉰두살입니다. 앞으로 살아온 날보다 살 날이 적게 남았습니다.

그렇지만 젊은 날로 돌아가고 싶지는 않습니다. 아쉽고, 후회스러운 순간도 있었지만, 저는 지금 이대로가 좋습니다. 근심걱정거리가 없어서 좋은 것이 아니라 근심걱정 속에서도 감사거리가 많아서 좋습니다. 아니 모든 것이 감사합니다. 빈 몸으로 와서 이렇게 사랑 받고 있으면 되지 않은가요?

남은 날들이 다 생일입니다. 저의 남은 날 중 가장 젊은 날이 오늘이지 않는가요? 제가 태어난 날도 저의 남은 날 중 가장 젊은 날 중 하나였습니다. 오늘 하루도 저의 것입니다. 오늘(2019년 저의 생일날)은 제 생일이니까 …

44 이은아님 송별사와 답사

송별사 : 떠나는 이은아님에게

아직도 실감이 나지 않습니다.
2020년 마지막 날인 내일 퇴근하시면,
내년에 꼭 다시 출근하실 것 같습니다.
늘 그랬듯이…
2003년 5월 제가 변호사 개업할 때부터
지금까지 18년 동안 함께 해주신
이은아님은 저의 삶의 일부가 되어 있습니다.
오늘까지도 '은아씨'라고 불렀는데,
송별사에서만이라도 '은아님'으로 부르고 싶습니다.
그대는 저에게 늘 소중한 '님'이기 때문입니다.
그동안 함께 하면서 이런 저런 사연이 참 많았는데,
돌이켜보니 엊그제 같고,
생각할수록 감사하고 감사한 마음뿐입니다.
제가 그동안 알게 모르게
우리 님의 마음을 아프게 한 것 널리 용서하소서.
한용운님의 '님의 침묵'이라는 시에 이런 시구가 있습니다.

우리는 만날 때에 떠날 것을 염려하는 것과 같이
떠날 때에 다시 만날 것을 믿습니다

우리 님이 비록 법무법인 서호를 퇴직하지만,
저와 법무법인 서호 가족 모두의 마음속에서는
영원히 떠나지 않는다는 것을 믿습니다.
많이 보고 싶을 겁니다.
18년(발음을 잘해야 합니다) 동안 참말로 수고 많으셨습니다.
사랑하고 축복합니다. 내년에 봅시다!!!

2020년 12월 30일 저녁
우리 님을 생각하면서 김양홍 올림

이은아님 답사

저의 두 번째 회사인 서호에 입사하고
변호사님과 직원들이 너무 좋아서
만약 제가 회사생활을 계속 한다면
이곳이 마지막 회사였으면 좋겠다고 생각했습니다.
그렇게 18년이란 시간이 흘렀습니다.
변호사님의 편지를 읽으니 지나온 일들이 주마등처럼 스쳐갑니다.
지난 18년 동안 어찌 좋은 일만 있을 수 있었겠습니까마는
그보다는 좋은 일들이 더 많았고,
좋은 사람들과 함께여서 보낼 수 있었던 시간이었습니다.
같이 먹는다는 의미의 식구처럼
남편보다 더 많이 밥을 함께 먹었던 우리 서호 식구들!
가족 같은 회사를 싫어하지만, 가족 같은 회사라 좋았습니다.
서호에서의 수많은 행복했던 기억들,

소중한 추억들만 가지고 가겠습니다.
그동안 감사했습니다.
그리울거에요.
늘 행복하시고 또 만나요!

2020년 마지막 날 새벽
이은아 드림

45 맛있게 먹으면 영칼로리

'맛있게 먹으면 영칼로리'
명동피자(myeongdongpizza) 광고문입니다.
과학적으로는 맞는 말이 아니겠지만,
심리적으로는 맞는 말 같습니다.
무엇을 먹든 먹는 순간만큼은 맛있게 먹어야 합니다.
우리는 언젠가 밥맛이 없어 맛있게 먹을 수 없을 때가 옵니다.
지금 먹고 있다면,
살찌는 것을 염려하지 말고 맛있게 먹으십시오!
오늘 저는 사랑하는 이들과 함께
가을 나들이 가서 그렇게 맛있게 먹었습니다.
그래서 오늘 나는 분명 살이 안 쪘을 것입니다.
영(zero)칼로리일테니까요...
우리 인생은 소풍입니다.
이 가을은 다시 오지 않을 2020년 가을입니다.
이렇게 멋진 가을을 몇 번이나 더 보겠습니까?
순간순간(瞬間瞬間) 즐기다 갑시다.
오늘 이 시간, 더 감사함으로 즐깁시다.

46 이것이 행복이고, 이것이 행복한 동행이다

오늘(2019년 7월 2일) 제가 이사로 있는 재단법인 금호학원이 운영하는 금호미용예술학교(광주광역시 북구 동운로 167-5)에서 행복한 동행 강의 하고 올라가는 길입니다. 금호미용예술학교는 1년 과정을 수료만 하면 미용사 자격을 주는 교육부 인가 학교입니다.

수강생은 19세 청소년부터 65세 왕누나까지 다양했으나, 수강 태도는 정말 진지했습니다. 왕누나께서 '오늘 정말 좋은 강의였다'는 문자도 주셨습니다. 또한 정경숙 이사장님은 손수 만드신 맛있는 밑반찬까지 챙겨주셨습니다. 이것이 행복이고, 이것이 행복한 동행입니다.

그리고 방금 천안성결교회에서 함께 신앙생활했던 권사님께서 본인이 받는 기도편지에 저의 책(변호사 김양홍의 행복한 동행1,2,3)이 소개되어 있어서 기쁘다는 카톡과 책 소개 내용을 보내주셨습니다. 이래저래 참 행복한 밤입니다.

47 문 열어주는 남자

　어제 오후부터 내린 비가 오늘(2019년 3월 21일) 아침까지 내린 것 같습니다. 온 땅이 목욕한 기분입니다. 늦가을 날씨처럼 조금은 쌀쌀합니다.
　제가 사는 집은 5층짜리 오래된 아파트입니다. 엘리베이터가 없고, 집이 꼭대기층이라 몇 번 오르락내리락하면 숨이 찹니다. 오늘 아침 양손에 재활용 쓰레기를 들고 내려가는 길에 3층에서 사시는 남자 분을 만나 인사를 나눴습니다. 그 분은 바삐 내려가시는 듯 하더니 현관 유리문을 열고 기다리고 있지 않겠습니까? 참 고마웠습니다. 순간순간 우리 그렇게 더불어 삽시다.
　아파트 주변에 있는 목련꽃이 활짝 피었습니다. 목련꽃이 바람에 살랑살랑 움직이는 것이 새색시 치맛자락 움직이는 모습 닮았습니다.

48 일장춘몽(一場春夢) 그렇지만 10년 더

제가 사는 아파트 상가에 사우나가 있는데, 그 사우나 안에 작은 이발소가 하나 있습니다. 저는 그 이발소에서 한 달에 한두 번 이발을 하는데, 그 이발소 사장님이 올해(2019년 10월 26일) 73세 할아버지입니다.

그런데, 사장님의 외모는 정말 50대 후반처럼 보입니다. 제가 그렇게 젊어 보이는 비결을 여쭤보니, 사장님은 저녁 7시 퇴근 후 저녁 식사를 한 다음 매일 밤 9시부터 11시까지 2시간가량 한강변을 걷고, 집에 들어가서도 20분가량 실내 자전거를 돌리고, 매일 새벽 3시30분경에 규칙적으로 일어나 또 운동하고, 아침 6시30분까지 이발소에 출근하신다고 합니다.

더욱 놀랄 일은, 사장님이 이발소에서 일한 지가 60년 10개월째랍니다. 사장님은 초등학교를 졸업하자마자 13살 때 이발소에서 머리 감겨주는 것부터 배우고, 15살 때 면도하는 것을 배웠다고 합니다. 선친께서는 6.25전쟁 때 돌아가시고, 홀어머니와 함께 매우 가난하게 살다 보니 살기 위해 어린 나이에 일을 해야만 했다고 합니다.

그래서 제가 물었습니다. "다시 태어나도 이발사를 하시겠어요?" 사장님은 주저함이 없이 다시 태어나도 이발사를 하겠다고 하시면서, "일은 즐겁게 해야 한다."고 하십니다. 이발사로 일하면서 딸과 아들을 모두 대학 교육까지 시키고, 두 아이 모두 2~3년 캐나다로 유학을 보내 석사 학위까지 취득하게 했다고 하셨습니다. 심지어 아들이 유학 가기 전에는 아들에게까지 이발을 배우라고 권하실 정도로 이발사 직업에 대한 자긍심(自矜心)이 대단합니다.

그런데 사장님은 그 60년 세월이 꿈만 같다고 하시면서, "손만 안 떨리면 10년 이상 더 일을 하고 싶다."고 합니다. 저는 지금 노안(老眼)이 와서 다초점(多焦點) 안경을 착용하고 있는데, 사장님은 안경도 안 쓰실 정도로 눈이 좋습니다. 사장님은 평소 눈을 보호하기 위해 이발소에서 일을 안 할 때는 TV를 보지 않기 위해 눈을 감고 음악을 듣는다고 합니다. 정말 자기 관리가 철저하신 분입니다.

저도 앞으로 88세까지 변호사 일을 하겠다고 하면서, 운동은 '숨쉬기 운동' 밖에 안 합니다. 저는 가끔 가는 골프, 1년에 두세 번 가는 등산, 가끔 딸이 운동하러 가자고 하면 마지못해 반포 종합운동장 몇 바퀴 도는 것이 전부입니다. 할아버지 이발소 사장님의 삶의 여정(旅程)을 들으면서 저절로 숙연해졌습니다. 저의 꿈인 마음도 몸도 건강한 할아버지가 되려면, 이발소 사장님처럼 살아야 하지 않을까요?

49 세상에서 가장 듣기 좋은 세 마디

세상에서 가장 듣기 좋은 세 마디는
맛있는 거 사갈게.
맛있는 거 사줄게.
같이 맛있는 거 먹으러 가자!

HelloTalk에서 어느 분이 자신의 게시판에 써놓은 글입니다. 저는 평소 이 세상에는 '맛있는 음식과 더 맛있는 음식만 존재한다.'고 생각할 정도 모든 음식을 맛있게 먹습니다. 한 마디로 축복받은 입을 갖고 있습니다. 그래서 저는 누가 먹는 것 주거나 같이 먹자고 하면 행복지수가 쑥쑥 상승합니다.

우리 서로 주머니 사정이 허락하는 한 맛있는 것 사갈 수 있을 때 자주 사가고, 맛있는 것 사줄 수 있을 때 자주 사주고, 같이 맛있는 것 먹으러 갈 수 있을 때 자주 갑시다. 사갈 **때** 행복하고, 사줄 때 행복하고, 같이 먹을 때 행복하잖아요. 그러면 됐습니다. 그렇게 저와 당신이 행복하면 됩니다. 오늘 저희 사무실을 오시면 맛있는 콩국수 사 드릴께요. 오늘 하루도 저와 당신 것입니다!

50 서울 지하철 2호선 어느 안내 방송

"안녕하세요? 승객 여러분. 오늘 하루도 고생 많으셨습니다. 여러분의 오늘 하루는 어땠나요? 이상한 나라의 앨리스에는 '내 기분은 내가 정해. 오늘 나는 행복으로 할래' 라는 대사가 나옵니다. 이 영화의 대사처럼 오늘 좋았던 일만 생각하면서 힘들었던 기억은 훌훌 털어버리는 게 어떨까요? 지치고 아팠던 거 지하철에 두고 내리시면 제가 가져가겠습니다. 오늘 하루 수고 많으셨습니다. 근심 걱정 두고 가시고 편안한 마음으로 하루 마무리하기길 바랍니다."

위 내용은 2020년 3월 10일 19:11경 서울 지하철 2호선 성수행 열차가 서초역을 출발하자 흘러나온 안내방송이라고 합니다. 코로나19 때문에 온 국민이 마음이 무거울 때 지하철 기관사의 따뜻한 안내 방송이 국민들의 마음을 포근하게 합니다. 정치인들을 비롯한 각계각층(各界各層)의 사람들도 이 기관사처럼 우리 국민들에게 위로와 힘을 주는 말을 했으면 좋겠습니다.

코로나19라는 국난(國難) 앞에서 우리는 하나가 되어야 합니다. 우리 한 마음 한 뜻으로 이 어려움을 극복합시다. 그래서 '대한민국은 국난 극복이 특기이고, 취미'라는 말이 진짜임을 증명합시다. 우리는 할 수 있습니다. 우리 모두 오늘 기분을 행복으로 정합시다.

51 인생이란

인생이란
반드시 완벽해야 하는 것이 아니라
반드시 아름다워야 하는 것이다

    외국인과 대화할 수 있는 Hello Talk에 어느 중국인 유학생이 올린 글입니다. 참 지혜로운 인생론(人生論)입니다.
    우리들의 인생은 완벽할 수가 없습니다. 인간 자체가 완벽하지 않은데, 어떻게 인간의 인생이 완벽할 수 있겠습니까? 그렇지만, 위 글 지은이 말처럼, 인생은 반드시 아름답게 가꾸어야 합니다. 두 번 사는 인생이 아니지 않습니까? 인생에는 정답이 없습니다. 내가 만드는 아름다운 인생이 나에게는 이 세상에서 가장 아름다운 인생이기 때문입니다. 다른 사람의 아름다운 인생을 부러워하거나 시샘할 필요도 없습니다.
    이름 없는 들꽃 인생이면 어떻고, 화려한 장미꽃 인생이면 어떻고, 멋없는 호박꽃 인생이면 어떤가요? 다 하나님의 창조섭리(創造燮理)에 따라 자신의 삶을 잘 살면 됩니다. 좋은 이웃들의 삶을 본받아 내 인생을 아름답게 만들면 그만입니다. 또한 나의 인생을 아름답게 만드는 것은 이 땅을 살아가는 나의 사명입니다. 나의 인생은 나의 것입니다.

52 친숙함에 사랑의 자리를 뺏기지 말라

오늘(2019년 3월 30일) 제가 사랑하고 존경하는 김용훈 선생님의 따님 결혼식에 왔습니다. 주례선생님께서 주례사를 짧게 아주 간결하게 세 가지 당부의 말씀을 해주셨습니다.

첫째, 서로 단점을 보지 말고, 비교하지 말고, 역지사지의 마음으로 서로 공감해주고, 편들어주고, 의지하며 살아라.
둘째, 서로 다르다는 것을 인정하며 살아라. 서로의 차이가 나는 것은 틀린 것이 아니라 다른 것이다.
셋째, 몸과 마음이 아름다운 연인이 될 수 있도록 친숙함에 사랑의 자리를 뺏기지 말라.

저는 아내와 연애할 때 서로 반말을 했으나, 결혼한 후에는 서로 존댓말을 하고 있습니다. 물론 지금도 화가 났을 때나 무의식중에 반말을 하는 경우도 있지만, 저희 부부는 가능한 한 존댓말을 하려고 노력하는 편입니다. 또한 오늘 주례선생님 말씀대로, 친숙하다는 이유로 함부로 하거나 소홀히 하는 것은 옳지 않습니다. 가까운 사이일수록 더 조심하고 더 마음을 다해야 할 것입니다.
오늘 결혼식 축가는 신랑의 후배가 이선희의 '그 중에 그대를 만나'를 멋지게 불렀습니다. 노래가사처럼 신랑신부가 별처럼 수많은 사람들 그 중에 그대를 만나 꿈을 꾸듯 알아보고, 서로가 서로에게 운명이고 기적이 되기를 기원합니다. 신랑신부의 행복한 결혼생활을 기도합니다.

53 너는 국가야

어느 장로님이 버스에 탄 어린이에게 앉을 자리를 만들어 주면서 하신 말씀입니다.

"너는 국가야!"

맞습니다. 합계출산율(한 여성이 임신 가능한 연령기에 낳을 것으로 기대되는 평균 출생아 수)이 사상 최저인 0.98명인 대한민국은 아이 1명이 곧 국가라는 생각으로 출산과 보육시스템을 개선해야 할 것입니다. 어느 경찰서장님이 "결혼한 부부에게는 20평 아파트를, 아이 1명 낳은 부부에게는 30평 아파트를, 아이 2명 이상 낳는 부부에게는 40평 아파트를 무상으로 임대해주는 것이 좋을 것 같다."는 이야기를 한 것을 들은 적이 있습니다. 단순하게 생각해 봐도, 그 아이 1명이 평생 나라에 내는 세금이 얼마나 많겠습니까? 그 아이가 빌게이츠 같은 사람이 되지 말라는 법도 없습니다.

그렇기 때문에 결혼한 부부에게 임대아파트 1채씩 주는 정책은 결코 국가에 손해가 되지 않는 정책이라고 생각합니다. 젊은 부부가 마음 편히 아이를 낳아 기르고 교육시킬 수 있는 환경을 만들어줘야 합니다.

54 기업이 국가다

저는 오늘(2020년 1월 3일) 대한상공회의소에서 주관한 <2020년 경제계 신년인사회>에 용산구상공회 수석부회장 자격으로 참석했습니다.

"기업이 국가다."

이낙연 국무총리, 여야 각 당 대표를 비롯하여 많은 경제계 인사들이 참석한 자리서 나온 건배사입니다. 맞는 말입니다. 일자리를 만들고, 세금을 내고, 임직원들에게 세금을 내게 하는 기업가가 최고의 애국자입니다. 그러므로 기업가가 기업을 잘 운영하도록 돕는 것이 곧 국가가 잘 되게 하는 지름길입니다. 박용만 대한상공회소 회장 덕담대로, 경자년에는, "경"제가 "자"유로워지는 한 해가 되길 기원합니다.

코엑스가 있는 봉은사역 입구에 큰 조형물 작품이 하나 있는데, 그 이름이 '꿈나무'입니다. 옥수수, 당근, 포도, 수박 등 채소와 과

일의 집합체입니다. '형형색색의 여러 가지 과일을 통해 다양한 사람들의 꿈과 희망을 형상화한 이 작품은 모든 이들의 바람이 열매를 맺고, 더 높은 꿈을 향해 뻗어 나가기를 응원하는' 최정화 작가의 메시지가 담겨있습니다. 젊음을 상징하는 20이 두 개 있는 2020년 기업이 더 잘 되고, 우리들의 꿈이 아름다운 열매로 맺히길 소망합니다.

55 좋은 만남이 좋은 미래이다

　용산구상공회 수석부회장 김양홍 변호사입니다. 조금 전에 축사를 부탁받아 조금 정신이 없습니다. 16기 회원(서울용산구상공회 제16기 최고경영자과정) 여러분 모두가 말씀도 참 잘 하시고, 훌륭한 분들이 많이 오신 것 같아 뿌듯합니다.
　제가 생애 첫 CEO과정을 마친 것이 용산상공회 CEO과정입니다. 저는 2013년도에 10기를 수료했는데, 강의 내용이 너무 좋아서 개근을 했고, 10기 초대 회장을 역임했습니다. 저는 이후 CEO과정을 몇 개 더 들었는데, 다른 CEO과정 모임은 모두 탈회하고, 유일하게 용산구상공회 CEO과정만 나가고 있습니다. 가족 같기 때문입니다.
　오늘(2019년 4월 4일) 말씀하시는 것 보니까 태어나서 지금까지 56년간 용산에 사는 분도 있던데, 저도 군법무관으로 국방부에서 3년 근무했고, 2006년부터 법무법인 서호를 오픈해서 지금까지 총 16년간 용산에 있습니다. 그런데 용산에서는 10년 20년은 명함도 못 내밉니다. 얼마나 살기 좋으면 그렇겠습니까?
　행복하려면 행복한 사람 곁으로 가야 합니다. 내가 행복하면 내 곁에 있는 사람이 행복할 가능성이 높습니다. 말을 바꾸면 우리는 서로가 서로를 행복하게 해줄 의무가 있는 것입니다.
　제가 참 좋아하는 에머슨의 '무엇이 성공인가'라는 시에 이런 구절이 있습니다.

'자신이 한 때 이곳에 살았음으로 해서 단 한 사람의 인생이라도 행복해지는 것, 이것이 진정한 성공이다.'

김정호 대표님 말씀대로, 좋은 만남이 좋은 미래가 되길 바랍니다. 서로 행복하도록 마음을 다하고, 뜻을 다해서 우리 모두가 행복하고, 성공한 사람이 되길 바랍니다.

56 로봇과 함께 살기

1. 용산구상공회 제1기 인문학아카데미 두 번째 강좌(講座)는 숙명여대 인문학연구소 이재준 교수의 '로봇의 인문학 : 제1편 로봇과 함께 살기'였다. 강의 내내 단지 그냥 놀라울 뿐이었다. 로봇하면 로봇청소기가 떠오른다. 과련 로봇의 개념은 무엇일까? 이교수는 로봇이란 '자신의 환경을 감지할 수 있으며, 의사를 결정할 수 있고, 실제 세계에서 행동할 수 있는 자율적인 기계다.'라고 정의한다. 우선 로봇이 우리 곁에 그렇게 가까이 와 있다는 것이 참 놀라웠다. 강의는 크게 로봇은 산업이고, 과학기술이고, 인간 삶과 연결된다는 3가지 내용으로 진행되었다.

2. 로봇은 4차 산업혁명의 핵심기술이다. 미래에 고부가가치를 창출할 것으로 기대되는 대표적인 신산업이다. 세계 로봇 시장은 2017년 기준 335억 불로, 연평균 25% 이상 성장하여 2023년에는 1,300억 불에 이를 것으로 전망된다.

독일 아디다스는 100% 로봇 자동화 공정을 도입하여 23년 만에 다시 자국에서 생산을 시작했고, '로봇으로 로봇을 만드는 회사' 일본 화낙은 연매출액 8조 원의 성공신화를 쓰고 있다.

우리 역시 세계 최초로 로봇 관련 법률을 마련하고 특히 자동차와 전기, 전자 업종에서 로봇을 많이 활용하고 있다. 우리나라는 제조업 종사자 1만 명당, 로봇 활용 대수가 710대로 로봇밀도 세계1위, 다시 말해 제조업에서는 로봇을 가장 많이 사용하는 나라이다. 제조 로봇의 산업규모도 2017년 약 3조 원으로 세계 5위권이다.

최근 인공지능, 사물인터넷, 5G를 비롯한 4차 산업혁명 핵심기술과 융합되어 로봇의 기능과 활용도는 더욱 커지고 있는 만큼, 이 분야에서 높은 역량을 가지고 있는 우리가 로봇산업 역시 선도해 나갈 수 있다고 자신한다. 세계시장 선점도 가능하다고 생각한다. 4차 산업혁명과 마찬가지로 로봇산업은 미개척의 영역이다. 그런 만큼 처음부터 그 방향을 잘 설계해야 하며 우리의 삶에 도움이 되도록 효용성을 높여야 한다.

첫째, 로봇이 발전할수록 사람의 역할이 커져야 한다. 과거의 로봇은 노동을 대체하는 수단으로 사용되었다. 그러나 최근에는 사람과 협업하는 로봇이 개발·보급되고 있다. 사람이 하기 위험한 일을 로봇이 도와주면서 생산성을 높이고 더불어 일자리도 창출하고 있다.

둘째, 로봇이 인간의 삶을 돕도록 하겠다. 물류·의료·가사 로봇 같은 서비스 로봇은 사람과 교감하며, 우리의 삶이 편리해지도록 돕고 있다. 서비스 로봇이 상용화되어 의료와 재활, 돌봄과 재난대응을 비롯한 다양한 기능을 수행하게 되면 사회적 약자를 비롯한 누구나 안전하고 편리한 삶을 누리게 될 것이다.

지난 2019. 3. 22. 문재인 대통령께서 로봇산업을 핵심육성사업으로 내세우고 있는 대구를 찾아(대구에 '한국로봇산업진흥원'이 있다) 로봇산업을 미래 먹거리 사업으로 적극적인 지원을 하겠다고 하시면서 하신 말씀이다.

3. 2019. 3. 22. 전자신문 기사 중 '[ET투자뉴스] 로봇 관련주 테마_시장에서 경계감 커져'라는 기사는 증시분석 전문기자 "로봇 ET"가 쓴 기사이다. 사람이 아닌 로봇이 쓴 기사인데, 증시 문외한인 내가 보기에도 정확한 분석기사로 보인다. 놀랍지 않은가? 법조계에서도 로봇이 소장과 준비서면을 쓰고, 판결문 쓰는 날이 일상(日常)이 될 날도 멀지 않았다.

4. 내가 가장 놀란 것은 슬로바키아 기아 자동차 공장에서 자동차 몸체를 만드는 영상인데, 사람은 단 한 명도 안 보이고, 모든 과정을 기계가 만들고 있었다. 벤츠 공장도 마찬가지였다. 사람이 하는 것은 겨우 벤츠 엠블럼(emblem) 붙이는 것이 주된 일이었다.

5. 문대통령께서 언급한 바와 같이, 종업원 1만 명 당 제조업용 로봇 수는 710대로 우리나라가 세계 1위이다. 우리나라에서 그렇게 로봇의 수가 많은 주된 원인은 우리나라는 반도체, 디스플레이, 자동차, 2차전지 등 대량생산이 필요한 산업의 비중이 높기 때문이다.

6. 도표상으로도 전세계 로봇 운영대수가 늘어날수록 전세계 평균 고용율인 하락하고 있고, 미국의 경우 노동 비용이 올라가면 올라갈수록 로봇 가격은 점점 하락하고 있는 추세이다. 아마 우리나라도 대동소이(大同小異)할 것이다.

7. 의료분야에서도 로봇 수술기(Da Vinci)가 활용되고 있고, 300만 원 미만의 애완용 로봇(Aibo)을 아마존에서 쉽게 구입할 수 있는 세상이 되었다.

또한 최초의 가족용 소셜 로봇으로 사용자의 안면 및 음성을 인식하고, 스마트 단말과의 연동을 통해 알림 기능과 가정 내 가전 제어 등이 가능한 로봇 Jibo도 날로 그 기능이 향상되고 있다. 요리를 대신해 주는 인공지능 로봇팔도 있다. 세계 최고의 요리사가 하는 만드는 요리를 로봇 쉐프(Moley Robotics)가 만들어 내는 세상이 도래한 것이다.

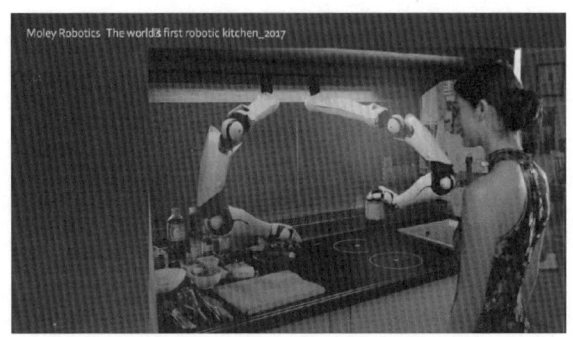

더 충격적인 것은 2005년에 군사용으로 개발된 BigDog라는 로봇이다. 이 로봇은 빙판길을 가다가 미끄러지려고 하면 스스로 중심을 잡고 넘어지지 않는다. 사람보다 더 균형 감각이 뛰어나다.

8. 인간의 모습과 흡사한 로봇을 안드로이드(Android)라고 하는데, 오사카대학교 이시구로 히로시(石黑浩 Ishiguro hiroshi) 교수

는 자신의 얼굴을 본 따 안드로이드 Geminoid HI-1를 제작했다. Geminoid HI-1은 목소리와 머리 움직임, 제스처까지 이시구로 교수를 그대로 복제했고, 자동으로 눈을 깜박이고 호흡한다. 그 로봇을 2005년도에 만든 것이다.

2016년 서강-하버드 질병바이오물리연구센터 국제공동연구진이 만든 가오리 로봇(16.3mm)은 세계 최초의 바이오 로봇으로 쥐의 심근세포를 활용해 동력 없이도 물속을 헤엄칠 수 있게 만들었다. 로봇은 이제 수동적인 기계가 아니다. 심지어 로봇 스스로 학습하고, 감정까지 가지게 되었다.

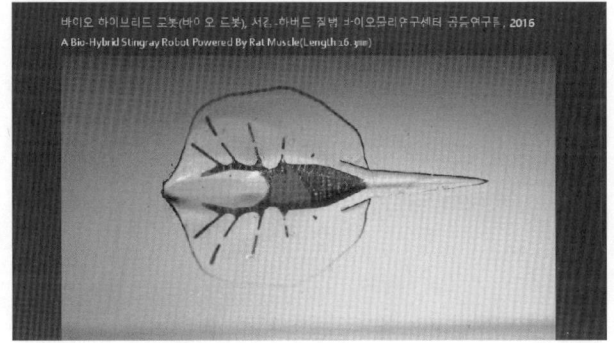

9. 우리에게 로봇이 어떨 때 필요 할까? 공장 생산 로봇, 애완 로봇, 치매환자용 로봇, 수술 로봇, 조리 로봇, 자율주행 로봇, 물건포장 로봇, 운동 보조 로봇, 의학교육 로봇, 전투 로봇, 수색 로봇, 간호 로봇 등 로봇은 우리도 모르는 사이에 우리들 삶 속에 깊숙이 들어와 있다. 이제 우리에게 로봇의 인문학까지 필요한 시대가 되었다. 이재준 교수의 제2편 강의 '로봇100년과 인간의 미래'가 기대되고 기대된다. 앞으로 로봇과 인간의 관계는 어떻게 될까? 참 궁금하다.

※ 위 글은 제가 2019년 5월 22일 저의 페이스북에 쓴 것입니다.

57 100년 만에

코로나19 때문에 가족과 함께 하는 시간이 늘었습니다. 100년 만에 처음으로 주말에 커피숍에서 커피 한 잔 마시는 기쁨을 누립니다. 힘들지만 지금, 그 자리에서 행복을 찾읍시다. 나와 당신 그리고 우리 모두의 행복을 …

"타인을 행복하게 하는 것은 향수를 뿌리는 것과 같다.
뿌릴 때 나에게도 몇 방울 묻는다."
- 벤저민 디즈레일리(Benjamin Disraeli) -

58 2021 변호사수첩

떠나는 가을이 아쉬운지 아침부터 가을비가 많이 내리고 있습니다. 해마다 이맘때쯤 서울지방변호사회로부터 저의 이름이 새겨진 다음해 변호사수첩을 받곤 했는데, 어제 2021 변호사수첩을 받았습니다. 예전에는 재판 때마다 변호사수첩을 꼭 가지고 다니면서 일정을 관리했는데, 몇 년 전부터는 핸드폰으로 일정을 관리하기 때문에 변호사수첩을 일정 관리하는데 사용하는 일은 없습니다. 요즘에는 이 수첩을 주일날 목사님 설교 말씀을 메모하는 용도로 사용하거나 가끔 공식적인 자리에서 메모하는 용도로만 사용하고 있습니다.

그렇지만 저는 늘 변호사수첩을 갖고 다닙니다. '변호사 김양홍'이라는 이름이 새겨져 있기 때문입니다. '김양홍 변호사'가 아닌 '변호사 김양홍'이라는 표기도 참 마음에 듭니다. 무슨 일을 하든지 김양홍이라는 사람을 앞세우기보다는 "변호사라는 사실을 잊지 말라."는 뜻 같기도 하고, "변호사답게 살아가라."는 뜻 같기도 해서 입니다. 변호사수첩에 저의 이름이 기재되지 못하는 날까지 변호사로서 마음을 다하고, 뜻을 다할 것을 다짐합니다. 2020년도 얼마 남지 않았습니다. 여러분들의 건강과 평안을 기원합니다. 사랑하고 축복합니다.

59 한 그루 나무처럼 살고 싶다

이제부터라도 한 그루 나무처럼 살고 싶다.
겉모습은 어쩔 수 없이 변하더라도 ...
속마음은 변하지 않는 사람이 되고 싶다.
한 그루 나무처럼 한 그루 꽃나무처럼 말이다.

서울중앙지방법원 동관 엘리베이터 '마음의 양식' 게시판에 있는 글입니다. 저도 한 그루 나무처럼 살고 싶습니다. 제가 서 있는 자리에서 저의 삶을 충실히 살면, 나무처럼 저를 찾는 이에게 그늘도 드리워 주고, 열매도 주게 되지 않을까요? 기왕이면 큰 그늘을 만들어 주고 싶고, 더 맛있고 더 좋은 열매를 주고 싶습니다.

서울시는 2019년 8월에 서울도서관 정면 외벽에 내걸리는 '서울꿈새김판' 문안 공모전을 진행하여 고등학생인 이혜인(17살)양의 '가을이라 결실에 연연하지 마. 이미 네가 결실이니'를 대상으로 선정하고, 9월 16일 시민들에게 공개했습니다.

이혜인 학생은 외할아버지 말씀을 떠올린 글귀라며, "가을을 결실의 계절이라고 하지만, 그 말이 혹시나 부담이 되지 않을까 생각했다. 결과에 연연하기보다 모두가 열심히 살아가는 과정이 중요하다. 힘든 일상 속에서도, 저마다 자신의 일에 충실하게 하루를 살면 반드시 행복해질 것을 믿는다."고 말했습니다. 17살 고등학생의 말이 아니라 우리들 인생의 스승의 말씀 같습니다.

이혜인 학생의 말이 맞습니다. 내가 억지로 큰 그늘을 만들고, 더 맛있고 더 좋은 열매를 맺으려 한다고 해서 그렇게 되는 것도 아니다. 그것은 하나님의 몫입니다. 나는 나무이고, 나는 나무로서 내 자리만 잘 지키면 됩니다. 나는 나무로서 폭풍우에 견뎌야 하고, 병충해도 견뎌야 합니다. 또한 살을 에는 듯한 추위, 무더운 폭염과 지겨운 장마도 견뎌야 합니다.

그렇습니다. 내가 할 일은 내 자리에서 잘 견디는 것입니다. 그것이 나의 자리를 잘 지키는 길입니다. 가을이라 결실에 연연하지 맙시다. 이미 당신과 저는 결실입니다.

60 나무처럼

네가 모든 것을 잃은 것처럼 느낀다면, 기억하라. 나무는 매년 잎이 떨어져도 여전히 그 자리에 튼튼히 서 있고, 다가올 더 좋은 날들을 위해 기다린다는 사실을(If you feel like you're losing everything, remember that trees lose their leaves every year and still they stand tall and wait for better days to come.)

인터넷에서 퍼온 글입니다. 참 멋진 표현이죠? 서울중앙지방법원 오전 재판을 마치고, 법원 벤치에 앉아 의뢰인께 재판 진행 결과를 보고하고 잠시 쉬고 있습니다. 단풍나무와 은행나무의 옷들이 참말로 예쁩니다. 낙엽이 한 두 개씩 떨어지는 모습도 보기 좋습니다. 날씨도 좋고 ... 따뜻한 커피 한 잔만 있으면 세상 부러울 것이 없을 것 같습니다.

나무는 때를 압니다. 나무는 버릴 줄 압니다. 나무는 견딜 줄 압니다. 나무는 기다릴 줄 압니다. 나무는 열매 맺는 것을 압니다. 그러고 보니 나무는 하찮은 존재가 아니고 저의 스승입니다. 나무처럼 살아야겠습니다. 여기 저기 서 있는 나무처럼 ...

61 세상에서 가장 맛있는 밥

　얼마 전 종영된 KBS2 TV 드라마 《동백꽃 필 무렵》의 '동백'이와 '황용식'처럼 참말로 심성이 착하고 고운 의뢰인 부부께서 승소했다고 오늘 맛있는 저녁밥을 사 주시고, 연말에 직원들 회식하라고 회식비까지 챙겨주셨습니다. 오늘밤 먹은 밥이 세상에서 가장 맛있는 밥입니다. 복은 받는 것이 아니라 짓습니다. 이럴 때마다 변호사하길 참 잘했다는 생각을 더 하게 됩니다. 변호사는 돈 버는 직업이 아니라 남을 돕는 직업임에 참 감사합니다. 두 분의 앞날에 하나님의 축복이 가득하시길 기도합니다.

인생의 그 숱하고도 얄궂은 고비들을 넘어
매일 "나의 기적"을 쓰고 있는 장한 당신을 응원합니다.
- KBS2 TV 《동백꽃 필 무렵》 클로징 멘트 -

62 젖지 않고 피는 꽃이 어디 있으랴

오늘(2020년 3월 11일) 오후 서울동부구치소로 피고인 접견을 다녀왔습니다. 현재 서울동부구치소는 코로나19 때문에 일반인 접견을 금지하고, 변호인 접견만 허용하고 있는데, 변호인 접견을 변호인 접견실이 아닌 일반인 남자접견실에서 하게 했습니다. 유리창으로 막혀 있는 곳에서 스피커폰으로 대화를 하니까 많이 불편했습니다. 그 스프커폰 여기 저기 낙서가 되어 있는데, '보고 싶다, 또 다시 오지 말자' 등 간절함이 묻어 있는 낙서들이 저의 마음을 울립니다.

그리고 그 접견실 벽에는 '젖지 않고 피는 꽃이 어디 있으랴'라는 글이 붙어 있었습니다. 도종환 시인의 '흔들리며 피는 꽃'이라는 시의 일부입니다. 정말 흔들리지 않는 삶이 어디 있고, 비에 젖지 않은 삶이 어디 있겠습니까? 오늘 만난 피고인도 많이 힘들고, 참기 힘들 정도로 고통스러울 것입니다. 피고인에게, 형제들에 의해 팔려갔다가 이집트의 총리가 된 요셉 이야기를 해줬습니다. 지금은 "하나님 왜 이렇게 하시나요?"라고 할지 모르지만, 언젠가는 하나님께서 가장 선한 길로 인도하셨다는 것을 알게 될 것임을 … 피고인과 그 가족의 평안을 기도합니다.

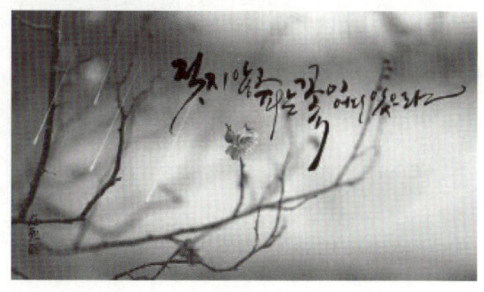

63 지금(只今)이 사금(砂金)이다

대구고등법원 항소심 재판 왔다가 제가 사랑하고 존경하는 군법무관 동기형인 남봉하 변호사님을 만나뵀습니다. 남변호사님 사무실은 법원 앞 성광빌딩 501호에 있습니다. 현재 대구지방변호사회 소속된 변호사는 2018년 4월 30일 기준 617명입니다. 남변호사님이 변호사 개업할 때 200명 가량이었는데, 16년 만에 무려 3배가 늘었습니다.

"대안이 없다. 대안이 없는 것이 더 좋을 수 있다. 그래서 버틸 수 있다. 사건 수임하는 것은 강가에서 큰 돌 깨서 사금을 모으는 것과 같다."

남변호사님 사무실 쇼파 테이블 위에 프리지어 꽃이 놓여 있고, 옆에 '一切唯心造(일체유심조)'라는 글패가 놓여 있습니다. 정말 세상만사 모두 마음먹기에 달려있습니다. "대안이 없는 변호사라는 직업이 더 좋을 수 있다."는 형의 마음가짐에 공감합니다. 순간순간 감사한 마음으로 최선을 다합시다. 현금보다 더 귀한 것이 지금입니다. 지금(只今)이 사금(砂金)입니다. 프리지어 꽃향기가 참 좋습니다.

64 새출발, 잊지말아요 오늘을,

대구고등법원 재판 갔다가 오는 길에 수원구치소에 수감되어 있는 피고인이 급히 접견을 와 달라고 하여 서울역에 도착하자마자 곧바로 구치소로 출발했습니다. 피고인을 접견하고 나오는 길에 구치소 정문 뒷편에 써있는 '새출발 잊지말아요 오늘을'이라는 글귀가 눈길을 끕니다. 아마 이곳에서 구금되어 있다가 석방된 모든 분들은 위 글귀를 봤을 것입니다. 사람은 누구나 범죄 할 수 있습니다.

우발적으로 아내를 살해한 피고인을 변호할 때 가졌던 생각은 사람은 누구나 살해할 수도 있다는 점입니다. 태어날 때부터 범죄자가 어디 있겠습니까? 또한 내가 아무리 바른 생각을 하고 바른 행동을 하더라도 나쁜 사람을 만나면 순식간에 범죄자로 전락될 수도 있습니다. 또한 억울한 경우도 억수로 많습니다. 그렇기 때문에 늘 깨어 있어야 합니다.

제가 변호하는 피고인뿐만 아니라 이곳에 수감되어 있는 모든 분들이 다시는 수감되는 일이 없기를 기원합니다.

65 희망의 마을

　용산역에서 ITX를 타고 남춘천역으로 가서 춘천교도소에 있는 피고인을 접견하고 가는 길입니다. 열차 창밖으로 보이는 가을 풍경이 정겹습니다. 교도소 입구에는 '희망의 마을'이라는 돌이 세워져 있습니다. 맞습니다.
　교도소는 '희망의 마을'이어야 합니다. 저도 변호인으로서 그리고 기도로서 우리 피고인에게 희망을 심어주고 왔습니다. 그 희망이 잘 자랄 것으로 믿습니다. 가을하늘이 참 예쁩니다.

66 유튜버 '아는 변호사' 이지훈 변호사 개업식 김양홍 축사

법무법인 서호 대표변호사 김양홍입니다. 먼저 이지훈 변호사의 개업(2019년 9월 27일)을 겁나게 축하합니다. 이변호사가 유튜브에서 '아는 변호사'로 구독자가 73,000명(2021년 1월 5일 현재 164,000명)이 넘는 유명 유튜버 변호사라는 것을 오늘 처음 알았습니다. 그래서 저도 방금 구독 신청했습니다. 오늘 사회 보는 이문재 개그맨 말대로 아직 구독 신청하지 않으셨으면, 지금 구독 신청하십시오. 구독 신청하시기 전까지는 오늘 이곳을 나가실 수 없습니다. 이변호사는 저의 군법무관 후배이기도 하지만, 중국 칭화대에서 유학한 중국통 변호사라서 저희 법무법인 서호에서 영입하려고 공을 들였었습니다. 그런데, 이렇게 '변호사의 경계를 뛰어 넘는' 변호사인 줄 모르고 헛물만 켠 것 같습니다. 많이 아쉽습니다.

제가 26년차 법조인인데, 변호사 개업식에 고사 지내는 것은 처음 봅니다. 아까 고사 지낼 때 사회자 말씀대로, 이변호사 사무실 바로 밑이 우리은행입니다. 은행 위에 있으니까 이변호사가 돈도 많이 벌 것으로 믿습니다. 그렇지만 '변호사는 돈 버는 직업이 아닌 남을 돕는 직업'입니다. 우리 이변호사가 국가인권위원회에서 군 인권담당 법무관으로서 헌신한 경험을 살려서 항상 정의로운 변호사가 될 것으로 확신합니다. 끝으로 이지훈 변호사의 앞길에 하나님의 축복이 가득하시길 기원합니다. 감사합니다.

67 사업을 한다는 것

미국 벤처 정신의 상징으로 불리는 레이 크록(Ray Kroc)이 지은 《사업을 한다는 것》 책을 구입했습니다. 레이 크록은 전 세계 120여개 나라 35,000여 매장에서 1,800만 명의 직원을 고용하고 있고, 매일 6,900만 명의 사람들을 맞고 있는 맥도널드(MacDonald)를 세계적인 체인으로 일군 사람입니다. 제가 이 책을 구입한 이유는 딱 한 가지입니다. 레이 크록이 남들은 은퇴를 계획할 52세 때 패스트푸드 사업에 도전했기 때문이다. 올해 제 나이도 52세입니다. 제가 늘 앵무새처럼 하는 말이지만, 변호사업(辯護士業)은 돈을 버는 직업이 아니라 남을 돕는 직업입니다. 변호사의 업무는 영업이 아닙니다.(독일연방변호사법 제2조) 그렇기 때문에 저는 누가 변호사업을 사업이라고 하거나 영업이라고 표현하는 것을 매우 싫어합니다. 그렇다면 변호사가 할 수 있는 사업은 어떤 것이 있을까요? 현재 고민 중입니다. 《사업을 한다는 것》이라는 책 속에 그 해답이 있을 것으로 기대합니다.

오늘 법무법인 서호가 2015년부터 법률자문을 하고 있는 Johnson Health Tech. Co., Ltd. 서울본사를 방문하여 張群宜(창춘이) 지사장님으로부터 회사 발전과정과 주력 제품에 대해 소개를 받았습니다. Johnson Health Tech는 헬스기구 제조·판매 회사로서 현재 세계 100개 이상의 지사와 대리점을 갖고 있는 업계 1~2위를 다투고 있는 참 좋은 대만(臺灣) 회사입니다. 아래 글은 창업주 Peter Lo.의 창업정신입니다.

To be the best company that contributes to health and well-being. (건강과 웰빙에 공헌하는 최고의 기업이 되기 위해서)

Johnson Health Tech 창업주 Peter Lo.의 창업정신처럼, 사업을 한다는 것은 어떤 일을 통해 나라와 우리 사회에 무엇인가를 공헌하는 것 아닐까요? 그렇게 공헌을 하면서 돈을 버는 것이 사업 아닐까요? 암튼 무슨 사업이든 사업도 잘 해서 아내로부터 칭찬받는 남편이 되고 싶습니다.

※ 위 글은 제가 2019년 6월 26일 저의 페이스북에 쓴 것입니다.

68 반포중 부자유친 2021학년 수능 만점자 김지훈 군

오늘 참 귀한 손님이 왔습니다. 2021년 수능 만점자 6명 중 1명인 김지훈 군이 아버지 김양림 아우님과 함께 저희 법무법인 서호를 방문했습니다. 올해 수능은 '물 수능'이었다고 하는데, 뚜껑을 열어보니 '끓는 물 수능'이었을 정도로 어려운 시험이었음에도 김지훈 군은 만점을 맞은 것입니다. 반포중 부자유친 OB 모임 모두의 자랑이자, 대한민국의 자랑입니다.

오늘 김지훈 군은 양구에 계시는 할아버지 댁에 가서 감사 인사드리고 오는 길이랍니다. 양구에서도 만점 맞은 것을 축하하는 프랭카드가 곳곳에 걸리고, 방송 출연도 예정되어 있답니다.

우리 김지훈 군은 서울대 경제과를 지원하여 꿈을 키워나갈 계획이라고 합니다. 저는 크리스천인 김 군에게 "무슨 일을 하든지 하나님께는 영광, 이웃에게 유익되는 삶을 살아가고, 수능 만점자이기에 더 겸손하고 더 낮은 자세로 이웃을 섬기는 삶을 살아가라"고 조언했습니다.

한편, 저는 김 군이 법조인의 길을 갈 수 있도록 열심히 꼬셨습니다. 반포중 부자유친 아들 중에서도 법조인이 나오기를 바라는 간절한 마음으로~ 아래 글은 연합뉴스 2020년 12월 23일자 김지훈 군에 관한 기사 내용입니다. 코로나 때문에 학교 수업도 정상적으로 받지 못했을 텐데, 고교 3년간 학원 안 가고 나만으로 공부 방법으로 만점을 맞은 김지훈 군의 앞길에 하나님의 축복이 가득하길 기도합니다.

수능 만점 김지훈 군 "고교 3년간 학원 안가고 나만의 공부"
"성향상 학교가 공부하기 더 편해…시 쓰기로 스트레스 관리"

　2021학년도 대입 수능에서 만점을 받은 용인 한국외국어대학교 부설 고등학교(용인외대부고) 3학년 김지훈 군은 23일 "고교 3년간 학원을 전혀 다니지 않았다"며 "그보다는 나만의 공부법을 터득한 것이 좋은 결과를 가져온 것 같다"고 밝혔다.
　김 군은 연합뉴스와의 전화에서 "중학교 때는 학원을 좀 다녔는데 그 필요성에 의문이 들었다"며 "아무래도 학원은 성적을 올리기 위한 강압적인 분위기가 있어서 편안하게 공부하기 어려웠고, 그게 가장 큰 불만이었다"고 했다. 그는 "학원이 무조건 도움 되지 않는다는 게 아니라 제 성향과 맞지 않았다는 것"이라며 "부족하다고 느낀 부분은 인터넷 강의로 도움을 받기도 했다"고 덧붙였다.
　김 군은 "학교에서 교육동아리 활동을 하며 다양한 교수법을 공부한 적 있는데, 이때 알게 된 학습법이 큰 도움이 됐다"며 "답만 찾고 끝내기보다, 그 답을 얻기까지의 과정에 대해서 여러 가지 방면으로 고민하고 파고드는 시간을 많이 가진 게 비법이라면 비법"이라고 설명했다. 무엇보다 본인의 성향에 맞는 공부 방식을 찾는 데 노력했다고 했다.

그는 "역대 만점자들의 인터뷰를 보면 하루에 20시간씩 공부했다거나, 12시간 쉬지 않고 공부했다는 등의 조언이 많아 그렇게 해보려고 했으나 제겐 맞지 않았다"며 "'나는 좋은 결과를 낼 수 없는 사람인가' 라는 고민도 잠시 해봤는데 결국 '나답게 하자', '효율적으로 공부하자' 고 결론 내리고 하루에 8~9시간씩 자더라도 제 능력껏 최선을 다했다"고 말했다.

김 군은 취미인 '시 쓰기' 가 스트레스 관리는 물론 국어 과목 학습에도 큰 도움이 됐다고 했다. 그는 "힘든 일이 있을 때면 시를 쓰면서 해소했다"며 "제가 쓴 시를 친구들에게 들려줬고, 친구들의 다양한 해석을 들으면서 자연스럽게 공부도 된 것 같다"고 말했다.

초등학교 교사인 엄마의 영향으로 어렸을 때부터 교육계에 관심이 많았다던 김 군은 대입 원서 접수를 앞두고 진로 고민에 빠졌다고 했다. 그는 "원래 국어교육과 전공을 생각했는데, 아버지께서 다양한 방면으로 고민해보는 것도 좋지 않겠냐는 조언을 주셔서 조금 더 생각해보고 결정할 것"이라고 했다.

수능 만점자는 작년엔 15명이 나왔으나 올해는 절반에도 미치지 않는 6명(재학생 3명·졸업생 3명)이 나왔다.(2020-12-23 연합뉴스 이영주 기자)

69 I'll Be There

역대 최장 장마가 계속 중이고, 태풍 '장미'가 상륙한 어제(2020년 8월 10일) 생애 처음으로 '거창'에 다녀왔습니다. '반포중 부자유친 OB 모임' 회원인 문영삼 아우의 장모님이 소천하셨는데, 장례식장이 거창읍에 있는 서경병원이었습니다. 부자유친 회원 31명 중 문영삼 아우를 제외한 30명 전원이 자발적으로 조의금을 냈고, 문영삼 아우는 "장례식장이 너무 멀고, 코로나19 때문에 조문을 오지 않아도 된다."고 했음에도 불구하고 8명이 조문을 다녀왔습니다. 부자유친 모임은 Michael Jackson이 부른 'I'll Be There'를 실천하는 정이 차고 넘치는 모임입니다. 사랑은 상대방에게 우산을 씌워주는 것이 아니라 함께 비를 맞는 것입니다. 곁에 있어주는 것이 진짜 사랑입니다.

"Just call my name. And I'll be there."
내 이름만 불러주면 내가 당신 곁에 있을게요.

거창에는 명문 고등학교인 '거창고'가 있습니다. 장례식장에서 대화중에 '거창고 직업선택 10계'에 대해서도 이야기했습니다. 부자유친 회원들 모두가 그리고 우리 부자유친 아들들 모두가 내가 원하는 곳이 아니라 나를 필요로 하는 곳에 있기를 소망합니다.

1. 월급이 적은 쪽을 택하라.
2. 내가 원하는 곳이 아니라 나를 필요로 하는 곳을 택하라.

3. 승진의 기회가 거의 없는 곳으로 택하라.
4. 모든 것이 갖추어진 곳을 피하고 처음부터 시작해야 하는 황무지를 택하라.
5. 앞을 다투어 모여드는 곳을 절대 가지마라. 아무도 가지 않는 곳을 가라.
6. 장래성이 없다고 생각되는 곳으로 가라.
7. 사회적 존경을 받을 수 없는 곳으로 가라.
8. 한 가운데가 아니라 가장자리로 가라.
9. 부모나 아내가 결사반대하는 곳이면 틀림없다. 의심치 말고 가라.
10. 왕관이 아니라 단두대가 기다리고 있는 곳으로 가라.

70 지근거리 친구

　지근거리(至近距離)의 사전적 의미는 '지극히 가까운 거리'입니다. 그래서 지근거리 친구는 아주 가까운 곳에 있는 친구를 의미합니다. 그런데, 라디오 방송에서 지근거리 친구를 '지하철을 타지 않아도 만날 수 있는 근처에 있는 친구'라고 정의하면서, 은퇴 후에는 지근거리 친구가 있어야 행복하다고 합니다. 공감하고 공감합니다. 은퇴한 후 뿐만 아니라 지금 이 순간도 지근거리 친구가 있으면 행복하겠지요.
　여러분은 지근거리 친구가 있습니까? 저는 저희 아들이 졸업한 반포중학교 아버지들의 모임인 '반포중학교 부자유친 OB' 모임이 지근거리 친구라고 할 수 있을 것 같습니다. 반포중학교 주변에 살면서 한 달에 한 번 꼴로 10여명이 모이고, 회원 31명이 취미대로 함께 자전거를 타고, 등산하고, 골프하고, 여행을 합니다. 그동안 부자유친 OB 모임에서는 한라산과 울릉도·독도, 라오스, 캄보디아, 중국 내몽고도 함께 다녀왔습니다. 올해(2020년)는 백두산을 다녀오기로 했는데, 코로나19 때문에 가지 못했습니다. 코로나19가 극복되어 자유롭게 함께 할 수 있는 날을 기대합니다. 그렇지만 가족은 아무리 멀리 떨어져 있어도 지근거리 친구입니다. 우리 모두 가족처럼 서로 사랑하면서 살아갑시다.

71 인생 뭐 있나?(예봉산)

반포중 부자유친 OB 모임 아버지 두 분과 함께 팔당역 근처 예봉산(해발 683m)을 다녀왔습니다.(2019년 9월 28일) 우연히 예봉산 정상에서 평소 내가 존경하는 이율 변호사님을 만나서 더 반가웠습니다. 저는 연초에 부자유친 모임에서 간 마니산 산행 후 올해 두 번째 산행인데, 이변호사님을 만난 것입니다. 그래서 평소 착하게 살아야 합니다. 언제 어디서 어떤 모습으로 만날지 모르니까요...

저는 방콕(방에 콕 박혀 있는 것)만 좋아하고, 움직이는 것을 싫어해서 산행을 좋아하지 않습니다. 어떨결에 참석을 약속해서 나왔지만, 참 잘 나왔습니다. 예봉산은 그리 높지는 않지만 오르막 내리막 길이 가팔라 무척 힘들었습니다. 그렇지만, 함께 한 사람들이 좋고, 멀리 보이는 한강이 좋고, 가을바람이 좋고, 물소리가 좋았습니다. 동행하니까 행복하고, 행복하니까 동행합니다. 늦은 오후 산행을 마치고, 인근 식당(이름 : 자연)에 들어섰는데, 벽에 '인생 뭐 있나?'라는 글이 마음에 와 닿습니다. 오늘 저는 이렇게 제 인생의 한 페이지를 쓰고 갑니다.

인생 뭐 있나? 먹고 싶은거 먹고, 하고 싶은거 하고,
보고 싶은 사람 보고 사는 그게 人生이지!

72 힘내세요 다 왔습니다(마니산)

'반포중 부자유친 OB 모임' 회원들이 경자년 신년회를 지난해처럼 1박 2일로 강화도로 왔습니다. 지난해는 마니산 등산을 12명이 했는데, 올해는 3명밖에 못했습니다. 마니산은 정상이 해발 472m밖에 안 되는 낮은 산이지만, 체력이 약해져서 그런지 지난해도 올해도 참 힘들었습니다.

저는 올라가다 너무 힘들어 중도에 포기하고 싶었는데, 하산하는 어느 분이 "힘내세요. 다 왔습니다."라고 격려해주셨습니다. 얼마나 힘이 되던지 ... 남을 돕는 것은 돈만이 아닙니다. 오늘처럼 힘들어하는 사람에게 "힘내세요."라는 말을 해주는 것도 남을 돕는 것입니다.

등산할 때는 자기만의 페이스로 등산해야 지치지 않고 완주할 수 있습니다. 인생도 마찬가지 아닐까요? 다른 사람 따라 하지 말고,

나만의 인생길을 걸어가야 합니다. 또한 가다가 힘들면 반드시 쉬었다 가야 합니다. 하산 길에 바위 틈 속에서 자란 멋진 소나무를 만났습니다. 그 소나무는 바위틈에서 살아남기 위해 얼마나 힘들었을까요? 그런데, 지금 그 소나무는 밝은 햇살을 온 몸으로 받으면서 씩씩하게 잘 살고 있고, 아마 천년 넘게 살아갈 것입니다.

쉴 때 안영준 형이 준 '에너지바' 초콜릿을 먹었는데, 먹고 나니 정말 에너지가 솟는 기분이었습니다. 올해는 서로가 서로에게 에너지원이 되길 소망합니다. 제가 오늘 마니산 오르면서 죽기 살기로 기도한 모든 것이 이루어지길 기대합니다.

73 독도는 영원한 대한민국 영토(울릉도와 독도 여행기)

1. 첫째 날 : 독도가 대한민국이다

　오늘은 현충일이다. 대한민국이 지금의 대한민국이 될 수 있었던 것은 순국선열의 숭고한 희생 덕분이다. 그 뜻 깊은 날에 반포중학교 부자유친 OB 모임 아빠 13명과 아들 2명은 2019년 6월 6일부터 8일까지 울릉도(鬱陵島)와 독도(獨島)로 여행을 떠났다.
　여행사를 통한 단체관광이라서 새벽 4시 잠실역 롯데마트 앞에서 관광버스를 타고 이동했다. 휴게소에서 한 번 쉬고, 묵호항 근처 식당에서 아침식사를 마치고 묵호항에 도착했는데, 출항시간이 1시간 30분 가량 남았다. 출항시간이 가까워지니 묵호항 대합실과 주변 벤치에 사람들로 가득 찼다.
　오늘 울릉도 날씨는 오후에 비가 온다고 예보되어 있는데, 바다는 잔잔하다. 배 2층 우등석실에는 우리 일행들만 남자이고, 전원 여자다. 묵호항에서 울릉도 도동항까지 약 3시간 30분 소요된다. 남자와 여자 여행객들 사이에 크게 다른 점이 하나 있다.
　여자 여행객들은 여행을 많이 해서 그런지 가방에서 끊임없이 먹거리가 나오고, 우리 일행은 묵호항에서 산 먹거리조차 금방 동이 났다. 배에서 2배로 비싸게 파는 과자도 순식간에 사라졌다. 참고로 배에서는 음주, 도박, 흡연이 금지되어 있다. 다만, 캔 맥주는 마시게 한다. 도착할 즈음에 승무원이 돌아다니면서 쓰레기를 수거한다. 배는 시속 60km 빠른 속력으로 가기에 위험해서 배 밖으로는 나갈 수 없다.

경상북도 울릉군 서면에 있는 도동항에 도착하자마자 숙소(작은 펜션)에 짐을 풀고 근처 식당에서 곤드레 나물밥으로 간단히 점심 식사를 한 후 곧바로 오후 1시 독도행 배를 탔다. 묵호항에서 울릉도 올 때 탄 그 배(씨스타3호)다. 독도는 울릉도 '동남쪽 뱃길 따라 200리(87.4km)'이다. 동도·서도를 비롯해 89개 부속 섬으로 이루어져 있다. 동도는 남쪽 비탈을 제외하고 60도가 넘는 벼랑으로 이루어져 있다. 특히 한반도 바위는 독도의 국적이 대한민국임을 들어내는 자연의 상징물로 인기가 높다. 서도는 동도보다 조금 큰 섬으로 주민 숙소가 있고, 그 자체로 하나의 커다란 봉우리로 경사가 가파르다. 독도 관광은 파도 사정에 따라 선착장에 접안하지 못하고 해상에서 마주하는 경우와 아예 독도로 출항하지 않는 경우도 많다. 독도는 내가 생각했던 것 보다 훨씬 컸다. 맑은 날에는 울릉도 높은 곳에서도 독도가 보인다고 하는데, 오늘은 안 보인다. 반면 일본에서 독도까지 가장 가까운 곳은 시마네현(島根県) 오키(隠岐) 섬인데, 그 곳에서 독도까지는 157.5km 떨어져 있다. 그런데도 일본은 지금도 독도가 자기네 땅이라고 우긴다.

    도동항에서 독도까지 배편마다 '왕복' 소요시간이 다른데, 3시간 10분에서 4시간 가량 소요된다. 서울은 비가 많이 온다고 하는데, 지금 독도는 햇살만 없을 뿐 바다가 고요하다. 독도에 접안하니 독도경비대 대원들과 갈매기들이 우리를 맞는다. 사진과 영상으로만 보던 독도 땅을 직접 밟으니 가슴이 뛴다. 우리 땅 독도이다. 아쉽게도 독도에는 30분밖에 못 머무른다. 사진을 찍다보니 시간이 순간 지나갔다. 독도경비대원 한 분과 함께 손잡고 기념사진을 찍었다.
    독도경비대는 경북지방경찰청 소속 경찰조직이다. 왜 군대가 아닌 경찰이 독도를 경비하고 있을까? 만약 군대가 주둔하다가 외국과 교전할 경우에는 곧 국가 간의 전쟁이 되기 때문에 교전 등의 비상사태가 발발하면 먼저 외교적으로 문제를 해결할 수 있는 기회를 갖기 위해서이다. 그런데, 나는 독도에도 백령도처럼 군대가 주둔해야 한다고 생각한다. 어차피 외국과의 교전이 발생하면, 곧 전쟁을 선포하고 전쟁을 해서라도 독도를 지켜야 하는 것 않을까? 독도가 대한민국이다. 독도를 잃으면 대한민국을 잃는 것이다. 독도는 영원히 대한민국의 영토이다. 아래 내용은 가수 정광태의 노래 '독도는 우

리 땅' 노래가사이다. 대한민국 국민이라면 이 가사를 모두 외우고 있으리라! 독도는 우리 땅이다.

울릉도 동남쪽 뱃길 따라 이 백리
외로운 섬 하나 새들의 고향
그 누가 아무리 자기네 땅이라고 우겨도
독도는 우리 땅

경상북도 울릉군 울릉읍 독도리
동경 백삼십이 북위 삼십칠
평균기온 십이도 강수량은 천삼백
독도는 우리 땅

오징어 꼴뚜기 대구명태 거북이
연어알 물새알 해녀 대합실
십칠만 평방미터 우물 하나 분화구
독도는 우리 땅

지증왕 십삼년 섬나라 우산국
세종실록지리지 오십쪽 셋째줄
하와이는 미국 땅 대마도는 몰라도
독도는 우리 땅

러일전쟁 직후에 임자 없는 섬이라고
억지로 우기면 정말 곤란해

신라장군 이사부 지하에서 웃는다
독도는 우리 땅

울릉도 입출항은 날씨에 좌우된다. 내일 육지에서 울릉도 들어오는 모든 배가 결항이란다. 모레(토요일) 출항 여부도 날씨를 봐야 한다고 한다. 가이드는 그냥 마음 편히 지내란다.
숙소가 있는 도동항에서 택시 타고 저동으로 넘어가 독도새우를 파는 횟집에서 독도새우회를 정신없이 먹고(새우머리튀김도 별미다), 다시 도동항으로 건너와 회센터에서 오징어회와 쥐치회, 가자미회, 잡어회를 배터지게 먹었다. 회로 배를 채우고도 많이 남았다.
내일은 하루 종일 비가 온단다. 비옷도 안 갖고 왔는데 … 저녁식사를 마치고 숙소로 들어가니까 비방울이 한 방울씩 떨어진다. 도동항 좌측에 있는 산이 안개가 끼어서 그런지 꼭 신선이 사는 산 같다. 울릉도의 첫날밤은 이렇게 저물어 간다.

2. 둘째 날 : 인생은 사랑으로 가네

아침 일찍 일어나 06:00경 동네 사우나에 다녀왔다. 사우나 매표소에 독도 사진이 붙어 있다. 아침에 비가 오락가락 하다가 어느 순간부터는 하루 온종일 비가 내렸다. 처음으로 간 곳은 봉래폭포이다. 봉래폭포는 저동항에서 2km 상부에 위치한 3단 폭포로 울릉읍 주민들의 상수원이다. 가는 길에는 삼나무 숲을 이용한 삼림욕장과 나무 데크길, 쉼터가 마련되어 있고, 시원한 자연 바람이 나오는 풍혈(風穴)이 있다. 냉장고가 없던 시절에는 천연냉장고로 이용되었다고 한다. 나는 폭포로 가는 길에 비가 너무 많이 내려 도중에 회군

하려 했으나 꾹 참았다. 또 언제 우중(雨中)관광을 해보겠는가. 짙은 안개 때문에 폭포를 바라보는 전망대에서 폭포가 보일 똥 말 똥 하다. 폭포에는 7명만 올라가고, 나머지는 버스 하차장 근처 파전집에서 파전 등에 호박막걸리 한 잔씩 하면서 시간을 보냈다.

이후 저동 방파제에 있는 촛대바위를 둘러봤다. 조업나간 아버지를 기다리다 돌로 굳어버린 전설을 지녀 효녀바위라고 일컬어진다. 파도가 높다. 도동항에는 공무원들과 상인들이 많이 살고, 저동항에는 어민들이 많이 산다고 한다. 파도가 높아서 배들이 많이 정박해 있는데, 그 모습이 한 폭의 멋진 그림이다.

 오후에는 버스를 타고 울릉도 해안가를 둘러봤다. 울릉도에 버스가 처음 들어왔을 때 주민들은 '땅배'가 왔다고 좋아했다고 한다. 울릉도에는 유치원 3개, 초등학교 4개, 중학교 4개(현재 4개 중학교를 통합한 중학교를 짓는 중이다), 고등학교 1개, 성당 2개, 교회 45개, 절 5개, 군청과 군의회, 경찰서, 세무서, 소방서, 보건의료원, 약국 2개, 공설운동장 1개(매년 6월 군 체육대회 개최), 디젤발전소 2개, 수력발전소 1개 등이 있다. 있을 것은 다 있는 것 같다. 2019. 5. 현재 주민등록된 군민은 9,768명이다.
 울릉도 해안에서 해군에서 사용할 방파제와 기지를 만드는데 주민들은 모두 찬성이란다. 울릉도민 모두가 애국자들인 것 같다. 비행기 활주로도 만들고 있다. 거북바위 앞에서 사진을 찍었는데, 비 맞는 재미가 쏠쏠하다. 울릉도는 3무(無) 5다(多)의 섬이다. '뱀, 공해, 도둑'이 없고, '향나무, 바람, 미인, 물, 돌'이 많다.
 "오늘은 비도 오고 참 좋다." 관광버스 기사님이 하신 말씀이다. 또한 기사님은 말끝마다 "울릉도는 멋집니다."를 반복한다. 관광객들에게 세뇌시키는 것 보다는 실제 본인의 평소 생각 같다. 오늘처럼 안개가 많이 낀 날은 1년에 서너 번 본단다. 그런 점에서 우리 일행은 억수로 운이 좋단다.

신기하게도 갈매기들이 바닷가가 아닌 밭에 많이 있는데, 그 이유는 비가 오는 날 기어 나오는 지렁이를 잡아먹기 위해서란다. 갈매기들이 육지 고기맛을 어떻게 알게 되었을까?

'예림원(문자조각공원)'이라는 수목원을 들렸다. 울릉도 자생 분재 300여 점과 울릉도 자연석을 이용한 대형 바위 조형물 70여 점, 울릉도 자생 수목 400여 주를 전시하고 있고, 일몰해상전망대와 자연몽돌을 이용한 발 지압코너 및 작은 폭포 3개를 조성해 놨다. 우리나라 유일의 문자조각공원이다. 어느 곳을 찍어도 예쁘다. 그곳에 전시되어 있는 '구름은 바람으로 가고, 인생은 사랑으로 가네'라는 글귀가 기억에 남는다. 인생은 사랑으로 시작해서 사랑으로 끝나는 것 아닐까? 더 많이 사랑하고, 더 많은 사랑을 남기자.

울릉도의 유일한 평지인 나리분지를 갔는데, 짙은 안개 때문에 한 치 앞이 안 보였다. 나리분지는 보수력(保水力)이 약하기 때문에 논농사는 불가능하고, 밭농사만 된다. 울릉도는 3m 이상의 눈이 내리는 일이 많다고 한다. 성인봉을 못 올라간 것이 참 아쉽다. 저녁식사

후 우리나라와 호주 A매치 축구경기를 보는데, 경기 시작 전 배경돈 아우가 "후반전 32분에서 33분 넘어갈 때 우리 팀이 1골을 넣을 것이라"고 예상했는데, 신기하게도 우리 팀이 후반전 31분경 골을 넣었다.

3. 셋째 날 : 울릉천국

오늘 아침도 동네 사우나에 들렸다. 동행한 배현철 원장은 강릉의료원 내과 과장으로 재직하면서 주중에 서울-강릉을 출퇴근하는데, 매일 서울자전거 따릉이(공유 자전거)를 이용해서 청량리역에서 집(반포)까지 퇴근한다고 한다. 오늘은 언제 비가 내렸냐는 듯이 날씨가 좋다. 아내와 전화통화 중 "오늘 나갈 수 있을 것 같다."고 했더니, 아내가 대뜸 "혹성탈출이냐?"고 묻는다.

아침식사 후 도동항 좌측에 있는 울릉도 여객선터미널 주변을 산책했는데, 갈매기들이 지렁이 대신 새우깡을 얻어먹으려고 사람들 주변을 맴도는 모습이 장관이다. 산책할 때는 갈매기가 하늘에서 투하하는 배설물 폭격을 당하지 않도록 주의해야 한다.

택시 투어팀(5~6시간 투어, 요금 15만원)과 공영버스 투어팀으로 나뉘어 각자 자유시간을 보냈는데, 나는 택시 투어팀에 합류하여 태하향목관광모노레일, 울릉천국, 나리분지, 섬목-관음도 보행연도교를 둘러보면서 덤으로 아름다운 울릉도 해안을 둘러봤다. 공영버스 투어팀은 원래 해상 유람선으로 섬을 둘러보려고 했는데(2시간, 1인당 25,000원) 파도가 조금 있어 출항하지 않아 버스투어를 하게 된 것이다.

울릉도 행정구역은 울릉읍(저동, 도동, 사동), 서면, 북면으로 편성되어 있다. 울릉도행 배편은 포항, 후포, 묵호, 강릉에 있는데, 각 배편은 도동, 저동, 사동에 나뉘어 입항한다. 참고로 묵호-강릉을 왕복하는 씨스타3호는 도동항에 입항하는데 3시간 30분 걸리고, 씨스타1호는 사동에 입항하는데 3시간 걸린다. 하루에 여객선 8척이 입항한다.

울릉도에는 차가 6,000대가 넘고, 택시는 총 47대(개인택시 33대, 회사택시 14대)가 있다고 한다. 주유소 외 전기차 충전소도 있고, 전기차도 많이 보인다. 울릉도는 물이 깨끗해서 물에서 비린내가 나지 않고, 물속도 훤히 잘 보이기에 스쿠버 다이빙하는 사람들이 많이 찾는다고 한다.

　우리 팀이 첫 번째로 간 곳은 월간지 '산'에서 우리나라의 10대 명승지로 꼽은 '북면 해안'이다. 태하향목관광모노레일을 타고(총 304m, 약 6분 소요) 올라가서 향목전망대에서 바라 본 바다는 그야말로 비경(祕境)이다. 향목전망대 바다 위 쪽은 추운 에어컨 바람이 나올 정도로 시원하지만, 땅 위 쪽은 따스한 봄 날씨다. 백문불여일견(百聞不如一見)이다. 근처 태하등대에는 대왕오징어 조형물이 있다.
　두 번째로 간 곳은 '울릉천국'이다. 울릉천국은 통기타 가수 이장희씨가 현포리 평리마을에 자리를 잡고 '울릉도는 나의 천국'이라는 노래비를 세운 곳이다. 코끼리바위, 송곳봉의 절경도 볼 수 있는 참 좋은 쉼터이다. 이장희씨가 거주하는 집 주변에는 큰 공연공간인 '울릉천국 아트센터'가 있는데, 나라에서 지어주었다고 한다. 세 번째로 간 곳은 나리분지이다. 어제도 들른 곳이지만, 비와 안개 때문에 아무 것도 보이지 않아 다시 보고, 점심식사도 할 겸해서 다시 갔다. 울릉도 특산물인 삼나물 무침과 나물비빔밥을 참 맛있게 먹었다.

네 번째로 간 곳은 '섬목-관음도 보행연도교'이다. 관음도는 사람의 접근이 어려워 원시림 그대로의 모습을 간직하고 있다. 2012년 길이 140m, 높이 37m, 폭 3m 규모의 보행전용 연도교가 놓여 져서 개방된 곳이다. 갈매기들과 주위 비경을 보면서 약 40분 정도 마음 편히 걸을 수 있는 곳이다. 길가에 있는 산딸기도 따 먹었다. 우리 팀은 도동항에 오후 4시 10분경 도착했다. 묵호행 배는 오후 5시 50분 출항이라서 아침에 사우나 한 곳에 다시 들렀다. 피로 회복에는 역시 사우나가 최고이다. 도동항 선착장에서 어느 가족 일행이 낚시를 하고 있다. 1시간 낚시대를 빌려 낚시하는데, 릴낚시는 10,000원, 대낚시는 5,000원이다. 살림망을 보니 전갱이 5~6마리를 잡은 것 같다.

반포중학교 부자유친OB 모임은 행사 때마다 하나님께서 날씨만큼을 꼭 챙겨주시는 것 같다. 지난 2018년 6월 중국 쿠부치 사막으로 여행 갔을 때에도 1년에 5일 밖에 비가 안 내리는 그 사막에서 우리 일행은 비를 맞았었다. 우리 일행은 다행히도 울릉도 온 첫날 독도 입도를 하고 왔는데, 오늘은 그런대로 날씨가 좋았음에도 높은 풍랑 때문에 독도행 배가 뜨지도 못했다. 물론 어제는 하루 종일 비가 내리고 안개가 끼었지만, 그런 날씨는 울릉도에서 1년에 서너 번 있는 날씨였다니 우리 팀은 정말 잊지 못할 특별한 경험을 한 것이다. 어제 여행가이드가 오늘 육지로 못 갈 수 있다고 했는데, 풍랑주의보가 시기적절하게 해제되어, 결국 묵호항까지 편하게 도착했다.

나는 2014년 8월 아내와 함께 2박3일 울릉도 여행을 다녀왔었다. 그 때는 해안 일주도로가 완성되지 않았었는데, 2019년 3월 와다리터널(2km)과 내수전터널(1.5km)이 개통되어 울릉도 일주 도로가 완성되었다. 울릉도 여행 중에 뺄 수 없는 것 중 하나가 성인봉 등반과 도동항에서 저동항 촛대바위까지 해안산책로 도보여행인데, 그 때 써놓은 여행기로 그 감동을 대신한다.

※ 성인봉 등반기 : 내수전 일출 전망대와 저동항 입구에 있는 촛대바위를 둘러보고, 바로 군내버스를 타고 나리분지를 가서 986m 성인봉 등반을 시작했다. 성인봉 입구부터 자리 잡은 성인봉 원시림은 울릉도의 또 다른 비경이었다. 길도 좋고, 무엇보다도 울창한 나무숲에서 나오는 향기가

넘 좋았다. 참 행복한 산행이었다. 성인봉으로 올라가는 수많은 계단은 고단한 일생을 느끼기에 충분했지만, 주변 나무들은 그때그때 아름다운 풍경으로 기쁨을 주었다. 성인봉 정상에서 만난 관광객과 함께 KBS 중계소 쪽으로 하산했는데 나리분지에서 성인봉 올라가는 코스보다 조금 더 길었다. 흙이 부드러워서 운동화 신고 등산해도 문제없었으나 가능한 한 등산화를 착용하고 등산하는 것이 좋을 듯 싶다. 하산하는 길목에 있는 구름다리에서 바라본 풍경도 참 좋았다. 우리 부부는 4시간 산행코스를 3시간 만에 마쳤다.

※ 도동항-저동항 해안산책로 여행기 : 여행 마지막 날은 늦잠을 잤다. 새벽에 어제처럼 전갱이 낚시를 하고 싶은 마음도 있었지만, 성인봉 등반을 해서 그런지 몸이 무거워 낚시는 안 했다. 또한 북상하는 태풍 때문인지 비가 내려 비옷을 사고, 아내에게 오전에 가기로 한 도동항-저동항 해안산책로는 가지말자고 떼를 썼다. 1시간 30분이나 소요되는 고난의 길(?)로 예상되었기에 … 그런데 울릉도는 기막힌 반전(反轉)을 준비하고 있었다. 울릉도 여행의 백미는 도동항-저동항 해안산책로라고 말할 정도로 너무나 아름다운 해안이었다. 조그만 지방자치단체인 울릉군이 어떻게 이렇게 아름다운 산책길을 만들었을까? 또한 곳곳이 낚시 포인트였다. 2014년 울릉도 여행기에는 아래 글로 끝을 맺고 있는데, 5년이 지난 오늘도 그 마음은 하나도 변함이 없다.

'울릉도여행을 통해 울릉도가 우리 조국 대한민국 땅이라는 것이 넘 자랑스러웠다. 감히 대마도는 비교가 되지 않는다. 꼭 가보시라. 가슴이 벅차옴을 느낄 것이다.'

4. 마무리 글

　이번 반포중학교 부자유친OB 모임 회원들이 함께 한 울릉도와 독도 여행은 평생 잊지 못할 행복한 동행이었다. 나의 딸, 아들과 함께 다시 울릉도를 방문하고 싶다. 아울러 예정대로 하루 빨리 울릉도에 해군 기지와 군항이 지어지고, 비행기 활주로가 만들어지기를 기원한다. 일본이 독도가 자기네 땅이라고 우기지 못하도록 국가도 국민 개개인도 힘을 키워야 한다.

　독도는 영원한 대한민국의 영토이다!!

74 남산 둘레길

햇살이 참 따스한 2020년 3월 마지막 주일 오후 집 근처 남산 둘레길을 걸었습니다. 수많은 사람들이 봄을 만끽하고 있었습니다. 남산도서관에서 출발해서 다시 남산도서관까지 돌아오는 총 길이는 8km 가량 되는 것 같습니다.

"진달래만 보면 행복해.
곳곳에 분홍색이잖아.
색깔이 이렇게 예쁠 수가 있을까?"

저의 아내가 한 말입니다. 저도 한 마디 거들었습니다.

"그대가 행복하니, 내가 행복하오~"

남산은 매주 바뀝니다. 같은 길인데도, 지난주와 이번 주가 다릅니다. 아직은 벚꽃이 꽃망울만 보이는데, 다음 주는 많이 필 것 같습니다. 기대됩니다.
봄꽃은 함께 피는 것 같지만, 봄꽃은 꽃피는 순서가 있습니다. 일반적으로 매화, 산수유, 목련, 개나리와 진달래, 벚꽃, 철쭉 순으로 핍니다. 개나리와 진달래는 이란성 쌍둥이처럼 같이 핍니다. 진달래와 철쭉이 많이 닮았듯이 개나리와 영춘화는 일란성 쌍둥이처럼 많이 닮았습니다. 그런데, 어느 해 봄날처럼 날씨가 따뜻하면 봄꽃들이 순서를 무시하고 한꺼번에 피기도 합니다.

오늘 남산 둘레길을 걸으면서 하나의 특징을 발견했습니다. 오가는 사람들은 대부분 부부, 연인, 모녀, 부녀, 친구들인데, 모자와 부자 팀은 딱 한 팀씩 밖에 못 봤습니다. 아마 아들들은 게임하느라 안 나온 것 같습니다.

하늘은 미세먼지가 없어서 그런지 참 맑았습니다. 남산 자락길 주변 실개천에서 흐르는 물소리가 그 어떤 악기 소리보다도 더 듣기 좋습니다. 남산은 그렇게 다양한 모습으로 우리들을 꼬시고 있습니다.

75 아침고요수목원

네가 나의 꽃인 것은
이 세상 다른 꽃보다
아름다워서가 아니다.

네가 나의 꽃인 것은
이 세상 다른 꽃보다
향기로워서가 아니다.

네가 나의 꽃인 것은
내 가슴 속에 이미
피어 있기 때문이다.

아침고요수목원을 만든 한상경 대표가 쓴 '나의 꽃'이라는 시입니다. 수목원 곳곳에 위 시가 있습니다.

아침고요수목원은 경기도 가평군에 있는 원예수목원으로 잣나무 숲이 울창한 축령산 자락에 한상경 대표가 설계 조성하여 1996년 5월에 개원한 곳입니다. 4월 하순 서울은 벚꽃, 목련 등이 모두 졌지만, 수목원은 오늘 아침 비가 내렸음에도 벚꽃, 목련뿐만 아니라 홍매화, 튤립, 수선화 등 내가 알지 못하는 수많은 꽃들이 자신들을 힘껏 자랑하고 있었습니다. 어떻게 알고 왔는지 외국인들도 많이 보였습니다. 대만 남녀 고등학생들이 교복을 입은 채 수학여행을 와서 열심히 사진을 찍고 있었습니다. 그 발랄함이 참 예쁩니다.

수령이 1,000년으로 추정되는 향나무, 한국 옛 기와집에 만들어진 한국정원과 연못(서화연), 새색시처럼 튤립 등 봄꽃으로 꽃단장한 하늘길, 작은 교회와 흰색 꽃들로 꾸며진 달빛정원, 분재정원 등 2~3시간 정도 산책하기 딱 좋은 곳입니다. 평일인데도 관람객들이 참 많았습니다. 수목원 안 카페 입구에 있는 글귀가 저의 발길을 멈추게 합니다.

　누가 뭐래도 사람이 꽃보다 아름다워!!

　맞습니다. 아무리 꽃이 예뻐도 사람이 꽃 보다 아름답습니다. 한상경 대표의 위 시구(詩句)처럼, 우리 서로의 가슴 속에 피어 네가 나의 꽃이 되고, 내가 너의 꽃이 됩시다.

76 백골978 추억 만들기(고성)

제가 1997~1998년 백골부대에서 법무참모로 근무할 때 같이 근무한 박찬주 과장(육군원사), 행정병 박태승 법무법인 이루 대표변호사, 운전병 박정석 (주)중앙 이사, 행정병 이도형 제6,7대 인천시의원, 운전병 이윤석 (주)WSI 부사장이 강원도 고성에서 모여 박과장님 근속 30주년(1989년 임관)을 축하하는 시간을 가졌습니다. 고성 가는 길목에서 함께 골프도 하고, '동명항'에서 자연산 회도 먹고, 숙소인 청간정콘도에서 싱싱한 문어를 삶아 먹으면서 새벽까지 서로의 꿈을 듣고 격려하는 시간을 가졌습니다. 밤바다도 거닐었습니다. 박과장님이 아침에 문어 삶은 국물로 끓여주신 라면의 맛은 글로 표현할 수 없었습니다. 비가 내리고 파도가 다소 거센 힘든 여건 속에서 바다낚시도 했습니다. 지난 연말에도 서울 이화동 벽화마을에서 만나 그 시절 이야기와 요즘 사는 이야기를 하면서 정을 나눴습니다. 일정이 있어 참석하지 못한 행정병 박재홍 그리고 한국은행 직원으로 독일에 파견 가 있는 행정병 안봉주, 국가공무원으로 러시아에 파견 가 있는 행정병 원준연 등 모두가 함께 만날 수 있는 날을 기대해 봅니다. 이렇게 보고 싶고, 만나고 싶은 사람들 만나고 사는 것이 행복 아닐까요? 1박 2일 행복한 동행을 해준 저의 전우들의 앞날에 하나님의 축복이 가득하길 기원합니다.

77 그러다 보면(통일전망대)

2019년 4월 27일 오늘은 남북정상회담 판문점선언 1주년 되는 날입니다. 이 뜻 깊은 날 이수성결교회 1남전도회 어르신들과 함께 고성 통일전망대를 다녀왔습니다. 같은 남전도회 회원인 전 국회 사무총장 김태랑 집사님 덕분에 고성 국회연수원에서 하룻밤을 묵었는데, 이번 동해안 산불 이재민 40가정도 연수원에서 생활하고 계셨습니다. 아침식사도 구내식당에서 이재민들과 함께 했는데, 황태국이 참 맛있었습니다. 연수원에서 일하시는 70여명이 고성 출신인데, 모두 국회 정규직으로 채용되었다고 합니다. 직원분들이 모르는 저에게도 지나가면서 공손히 인사를 하고 가십니다.

고성 통일전망대에는 몇 번 가본 곳이지만, 오늘은 느낌이 달랐습니다. 1년 전만해도 남북한 군인들이 서로 총구를 겨누었던 우리 369GP에는 우리 군인들이 모두 철수했고, 맞은 편 북한 GP는 이미 철거된 상태였습니다. 369GP는 1953년 정전협정 체결된 이후 설치된 첫 GP입니다. 남북한은 DMZ 안에 있는 GP를 모두 철거하고 남북한이 각각 1개 GP만을 보존하기로 했는데, 남한은 369GP를, 북한은 철원 중부전선에 있는 까칠봉GP를 원형 보존하기로 했습니다. 멀리 금강산 끝자락도 보였습니다. 우리 땅인데, 우리는 바라보고만 있습니다. 우리 꽃피는 봄날 DMZ로 소풍갑시다. 1년 전 남과 북은 새로운 평화를 시작했습니다. 시작이 반입니다. 그러다 보면 우리는 하나가 되어 있을 것입니다.

78 철마는 달리고 싶다(철원 DMZ)

    비가 오락가락한 주말(2019년 4월 6일)에 이수성결교회 통일선교부 주관으로 철원 DMZ(비무장지대)로 안보견학을 다녀왔습니다. 철원 고석정에 도착하여 그 주변을 둘러본 후 근처 식당에서 잡고기 매운탕으로 점심식사를 하고, 셔틀버스를 타고(출발시간 09:30, 10:30, 13:00, 14:30, 성인 요금 8,000원), 제2땅굴-철원평화전망대-월정리역을 둘러보고 왔습니다. 저는 1997~1998년 철원에 있는 백골부대에서 법무참모로 근무한 곳이라서 감회가 더 새로웠습니다.

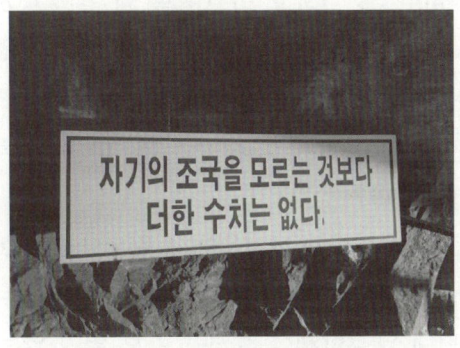

    '자기의 조국을 모르는 것보다 더한 수치는 없다'는 글은 제2땅굴 안 표지판에 있는 글귀입니다. 조국이 없으면 저도 없고, 너도 없습니다.

    그동안 발견된 북한이 남침하기 위해 판 땅굴은 4개입니다. 제2땅굴은 경계근무 중이던 초병 2명이 땅속에서 울리는 폭음을 듣고 수십일 간의 굴착 작업으로 1975년 발견한 것입니다. 안타깝게도 당시 지하 갱도 작전 중 부사관 4명, 병사 4명이 전사했습니다.

제2땅굴은 북한에서 군사분계선까지 2.4km, 군사분계선에서 우리 쪽으로 1.1km로, 총 3.5km나 됩니다. 땅굴 높이가 170m가 안 되는 구간이 많기 때문에 땅굴 입구에서 나눠주는 안전모를 꼭 착용해야 합니다. 500m까지 들어가 볼 수 있습니다. 땅굴 안에서도 등이 있고, 물이 흐르는 곳에는 식물과 이끼가 자라고 있었습니다. 통일의 씨앗도 그렇게 자라고 있으리라. 다만, 안보견학을 어르신들만 오시는 것 같아 조금 아쉬웠습니다.

　평화전망대에서는 북한 초소가 육안으로 보입니다. 한국전쟁 당시 피로 물들었던 백마고지와 피의고지도 보입니다. 왜 우리는 한 민족이면서 그렇게 선을 그어놓고 총부리를 겨누고 있을까요? 해설사는 지난해 탈북한 어머니가 그곳을 방문했을 때 북한 땅에 두고 온 딸을 그리워하면서 "새가 부럽고, 나비가 부럽고, 꿀벌이 부럽다."는 말을 했다고 합니다. 참 마음 아픈 사연입니다. 우리나라에는 새터민(북한이탈주민)이 34,000명 가량 되는데, 마음 아픈 사연이 새터민들에게만 있겠습니까?

　마지막으로 들른 월정리역은 서울에서 원산으로 가는 기차철도의 철원역과 북한에 있는 평강군 가곡역 사이에 있는 아주 작은 간이역입니다. 비무장지대 남방한계선 철책이 바로 옆에 있는 경원선 최북단 종착지점입니다.

　한국전쟁 당시 북한군이 패하면서 기차 앞부분을 갖고 가서 월정리역에는 뒷부분 객차 잔해만 녹슨 채 남아 있습니다. 기차마저도 나눠져 있습니다. 우리가 끊어진 그 선로를 이어야 합니다. 월정리역 선로 옆에는 '鐵馬는 달리고 싶다!'는 글과 함께 양쪽에 태극기 2개를 걸고 달리는 기차 그림이 있습니다.

　미국, 중국, 일본, 러시아 등 주변 강대국들은 결코 우리 민족이 하나가 되는 것을 원치 않습니다. 그들의 논리가 아닌 우리의 논리로 통일을 만들어 가야 합니다. 반드시 자유 민주주의 국가로 통일되어야 합니다.

남북한이 함께 자유롭게 하나님께 예배드릴 수 있는 복음통일이 되어야 합니다. 통일을 정권 연장이나 획득의 수단으로만 여기는 세력들은 천벌을 받을 것입니다. 통일만큼은 여야가 나뉘어서는 안 됩니다.

참고로 민통선(남방한계선 바깥 남쪽으로 5~20km에 있는 민간인 통제구역) 안에는 민가, 신호등, 경찰관이 없다고 합니다. 고석정으로 돌아가는 길목에 버스 안에서 노동당사 등을 둘러봤습니다. 약 3시간의 안보 견학을 마치고 고석정에 도착해서 박정수 담임목사님의 인도로 함께 동행한 20명의 이수성결교회 성도님들이 손에 손을 잡고 평화통일, 복음통일을 위해 기도했습니다.

하늘에 있는 것이나 땅에 있는 것이 다 그리스도 안에서 통일되게 하려 하심이라 (에베소서 1장 10절)

79 대한민국 국토 최남단 섬 마라도

기독교대한성결교회 서울강남지방장로회 임원 12명이 1박 2일 (2019년 11월 15~16일) 제주도로 임원수련회를 왔습니다. 어제 서울 김포공항은 가을비가 억수로 많이 내렸지만, 제주도는 따스한 햇살이 가득한 봄날이었습니다. 누가 우리나라가 작은 나라라고 했는지 되묻고 싶습니다. 서울 김포공항에서 제주공항까지 거리가 무려 460km입니다. 더군다나 우리나라는 일제침략 36년과 연이은 한국전쟁의 폐허 속에서도 민주주의와 경제 발전을 이룬 위대한 나라입니다. 남북한이 하나가 되면 통일독일의 면적과도 별 차이도 없습니다. 세계 최강국이 되는 날도 멀지 않았습니다.

자랑스런 우리 조국 대한민국의 최남단 섬 마라도에 다녀왔습니다. 천연기념물 제423호 마라도는 마라도행 배편이 있는 모슬포 운진항에서 남쪽으로 11km 해상에 자리하고 있는데, 운진항에서 육안으로도 마라도가 보입니다.

배편은 운진항에서 09:40 첫배, 16:30 막배, 마라도에서 10:20 첫배, 17:10 막배가 있는데, 편도 약 25분 소요됩니다. 운진항 가까이에 송악산이 있고, 마라도로 가는 길목에 가파도가 있습니다. 송악산과 가파도 사이에 멀리 한라산이 보이는데, 한라산 정상에는 뭉게구름이 걸쳐 있습니다. 가파도는 학교 운동장 2~3개를 포개놓은 듯

한 아주 낮고 평평한 섬이지만, 주민 150여명이 거주하고 있습니다.

바다는 진한 파란색 물감을 풀어놓은 듯 하고, 하늘은 뭉개구름들이 단체로 소풍 나온 듯 합니다. 마라도에 도착하니 방파제 주변에서 낚시하는 분들이 눈에 띕니다. 마라도 정상에는 국가기준점이 있습니다. 국가기준점은 현 지점에 대한 지구상에서의 정밀한 위치를 나타내는 영구 측량표지로써 국가기본 측량 및 지도 제작 등 국토이용개발을 위한 지리적 위치정보를 제공하는 국가 중요시설물이라고 합니다.

마라도는 작은 섬이지만 교회, 성당, 절, 분교, 다방, 등대, 여러 개의 짜장면집과 횟집이 있습니다. 현재 59가구 129명이나 거주하고 있습니다. 톳해물 짜장이 7,000원인데, 참 맛있습니다. 정상에 어른 키 만한 작은 나무 군락은 있지만, 사실상 사방이 뻥 뚫려 있는 섬입니다. 섬 전체를 1시간 정도면 충분히 둘러볼 수 있습니다. 우리 일행은 12:20 배로 들어가서 14:30 배로 나왔습니다. 그런데 한라산 정상에 걸쳐있는 뭉개구름은 마라도에 들어갈 때도 나올 때도 집에 안 가고 놀고 있습니다.

마라도는 우리 땅, 독도도 우리 땅!!

80 중국 충칭(重慶) 여행기

1. 첫째 날 : 30년만의 상봉

저는 광주광역시에 있는 북성중 33회 졸업생입니다. 제가 중학교 3학년 때 가깝게 지낸 한창용, 조삼영, 남상무, 김수현과 함께 '오성회(五星會)'라는 조직을 결성했었습니다. 그 조직원 중 한 사람인 조삼영은 중국 충칭대에서 13년 째 교수로 재직하는 등 주로 외국에서 머무는 바람에 서로 연락을 못하고 지내다가 2018년 연말 저의 장인어른 장례식장에서 조 교수를 제외한 나머지 4명이 모였을 때 "우리가 조 교수를 만나러 중국으로 가자"고 의견을 모았습니다. 결국 시간을 낼 수 있는 저희 부부와 한창용 내외가 2019년 2월 28일부터 3월 2일까지 2박 3일 일정으로 충칭(重慶, Chongqing)을 가게 된 것입니다. 우리 일행은 '3.1절 100주년' 기념으로 여행한 것으로 하자고 했습니다.

에어차이나로 인천공항에서 15:55 출발해서 충칭공항에 18:45경 (중국은 모든 지역이 한국 보다 1시간 늦습니다) 도착했습니다(약 3시간 50분 소요). 반면 충칭공항에서 출발할 때는 갈 때보다 약 20분 정도 빨리 인천공항에 도착했습니다. 충칭은 중국의 4개 직할시(北京, 上海, 重慶, 天津) 중 하나로서 창장(長江 또는 揚子江)과 자링장(嘉陵江)의 합류 지점에 위치하고 있습니다. 중·일 전쟁 때 장제스(蔣介石)의 국민당 정부가 충칭으로 옮겨 온 적이 있었고, 대한민국 임시정부도 따라서 충칭으로 옮겨 왔었습니다. 충칭의 인구는 2019년 현재 3,235만 명이고, 면적은 8만2368km²로 세계에서 가장 큰 도시입니다. 면적은 오스트리아 전체 면적과 비슷하고, 남한 면적의 82%에 달합니다. 도시 곳곳에서 오래된 건물을 철거하고 새 건물을 짓고 있습니다. 그렇게 엄청나게 큰 도시임에도 불구하고, 대체로 깨끗했습니다. 육교에 에스컬레이터가 설치된 곳도 있습니다. 무단횡단을 방지하기 위해 도로 가운데 가드레일을 설치한 곳이 많고, 곳곳에 봄꽃이 피어 있었습니다.

인천공항 출발 게이트에서 대기하고 있는데, 북미 정상회담 둘째 날 정상 오찬이 취소되었다는 뉴스가 나오는 것으로 봐서 회담 성과가 없는 것으로 예상되었습니다. 또한 기내에서 제공된 CHINA DAILY 2019. 2. 26.자 신문기사에서도 회담 성공가능성이 낮을 것으로 예측했고, 트럼프의 리얼리티 쇼로 끝날 것이라고 예측했는데, 그대로 된 것 같습니다.

누군가 기내 회장실에서 담배를 피우는지 기내에서조차 담배 냄새가 났습니다(저의 아내의 후각에 탐지되었습니다). 기내에서 상영해주는 중국영화에서도 담배 피우는 장면이 자연스럽게 자주 나옵니다. 지금은 믿기지 않지만 우리나라도 고속버스 안에 담배 재떨이가 있었던 시절이 있었습니다. 기내 식사로 비프(beef 소고기)와 토푸(tofu 두부)가 나왔는데, 저는 토푸를 포크(pork 돼지고기)로 잘못 알아듣고 두부를 주문했습니다. 그렇지만 두부 요리가 기대 이상으로 맛있었습니다. 음료로 와인도 제공되었는데, 저에게는 그림의 떡이었습니다.

계속 하얀 구름 위를 날다가 구름 아래로 내려오니 아주 뿌옇게 보였습니다. 옆자리에 앉은 중국인에게 물어보니 미세먼지라고 합니다. 충칭은 두 개의 강을 끼고 있어서 안개가 자주 발생하기 때문에 안개의 도시로 불리 웁니다. 충칭공항에 도착하니 조삼영이 마중 나와 있었습니다. 서로가 서로를 금방 알아볼 정도로 크게 변함이 없었으나, 조 교수는 살이 많이 빠져있었습니다. 충칭은 관광지가 아닌 곳의 식당은 보통 밤 9시만 되면 문을 닫는다고 하여 관광지에 자리 잡고 있는 호텔로 가기로 했습니다.

중국에서는 공항뿐만 아니라 지하철이나 기차에서도 검색대가 설치되어 있습니다. 또한 충칭의 집값은 베이징의 1/5~1/6 정도이지만, 여기도 그동안 집값이 많이 올랐다고 합니다. 조 교수는 "어디서 사느냐보다 어떻게 사느냐가 중요하다."고 생각하지만, 조  교수의 아내는 "어떻게 사느냐 만큼 어디서 사느냐도 중요하다."고 생각한답니다. 모두 공감합니다.

충칭은 교통체증이 심하기에 우리는 지하철로 이동하기로 했습니다. 지하철요금은 서울처럼 구간 마다 요금이 달랐습니다. 이틀 동안 4개의 지하철을 이용했는데, 구간에 따라 4위엔, 5위엔, 8위엔 (2019. 3. 2. 기준 1위엔 168.13원, 8위엔은 약 1,345원입니다.)를 냈습니다. 지하철은 10호선까지 있는데, 대체로 넓고 깨끗합니다. 중국인들도 우리나라 사람들과 똑같이 지하철 안에서 모두 휴대폰을 보고 있습니다. 심지어 양손에 물건을 들고 있는 사람도 스마트폰을 보고 있습니다. 지하철에 비치되어 있는 노선도에는 미개통 노선도 개통된 것처럼 표기되어 있기 때문에 주의해야 합니다. 물론 헤매다보면 목적지에 도착할 수 있을 것입니다. 길은 통하게 되어 있습니다.

호텔로 가는 길목에 해방비(解放碑)가 있었습니다. 해방비는 1945년 일본과 국민당으로부터 해방된 기념으로 세운 탑이라고 합니다. 구찌(GUCCI) 등 명품 상가가 즐비하고, 여의도 광장처럼 큰 광장이 사방으로 뻥 뚫려 있습니다.

우리가 묵을 Glenview 호텔에서 체크인 한 다음 호텔 직원이 추천해준 유명한 중국식 샤브샤브인 훠궈(火锅) 요리 식당으로 갔는데, 그 식당 입구 계단에는 기다리는 손님을 위한 소쿠리 형태의 방석이 놓여 있고, 늦은 시간임에도 많은 손님들이 앉아서 기다리고 있어서 한가해 보이는 바로 옆 식당으로 갔습니다. 한국인이 오지 않는 식당이라서 그런지 모든 것이 중국어로 되어 있었습니다. 더군다나 중국에서 12년 째 살고 있다는 조 교수가 중국어로 훠궈를 주문하지 못했습니다. 그동안 조 교수는 강의는 영어로 하기 때문에 중국어가 필요 없고, 대학교와 집만 시계추처럼 왔다 갔다 하면서 연구만 했기 때문에 중국어를 잘 모르고 있었습니다. 아무리 그래도 그렇지 ... 메뉴판조차 모두 중국어로만 되어 있어서 우리는 도저히 주문을 할 수가 없었습니다. 다행히 저의 아내가 '네이버'에 물어봐 주문을 했는데, 생각보다 주문을 잘한 것 같습니다.

훠궈는 지독하게 맵습니다. 훠궈가 그렇게 매운 것은 고약한 냄새를 없애기 위해서입니다. 충칭의 훠궈는 가

슴 찡한 역사를 간직하고 있습니다. 창장(長江)은 중요한 수상항로로 수상운송이 발달하여 선공(船工)과 배를 끄는 인부들이 많았습니다. 생활이 곤궁했던 그들은 허기를 달래기 위해서 사람들이 버린 동물 내장을 깨끗하게 씻은 후 고추, 후추, 생강, 산초 등의 조미료를 솥에 넣고 삶아 끓이면서 먹었던 것이 그 유래입니다. 훠궈의 고장답게 충칭 훠궈는 한국에서 먹었던 것과는 차원이 다르게 맛있었습니다. 또한 5명이 양껏 먹었는데도 식사비가 480위엔(약 80,700원)입니다. 특이하게도 그 식당에서는 맥주를 작은 사발에 따라 먹게 했습니다.

    늦은 저녁식사 후 충칭의 랜드마크인 홍야동(洪崖洞)을 걸어서 방문했습니다. 홍야동은 명나라 시대에 만들어진 부두 거리입니다. 가파른 언덕에 만들어진 홍야동은 장강을 따라 약 600m 폭, 11층 건물로 쇼핑몰, 식당, 호텔 등이 밀집되어 있습니다. 대만에 있는 지우펀(Jiufen) 분위기와 비슷합니다. 평일이고 자정이 넘었는데도 사람들이 넘쳐났습니다. 귓밥 파주는 가게가 문전성시를 이루고 있고, 술을 마시고 마셨던 그 술잔을 깨뜨리게 하는 가게도 있습니다. 중

국인들도 스트레스가 많은가 봅니다. 하루 종일 머물러도 지루하지 않을 곳입니다.

호텔에 들어서니 00:40입니다(한국시간 01:40). TV를 켜니 자랑스럽게도 SAMSUNG 로고가 뜹니다. 중국 드라마에서 형사재판하는 과정이 나오는데, 특이하게도 재판장과 판사(심판장과 심판원), 검사(공소인)와 변호인(변호인)은 있는데, 방청객은 안 보입니다.

저는 5년 후 쯤 중국으로 유학할 곳으로 조 교수가 재직하고 있는 충칭대를 염두에 두고 있는데, 충칭으로 유학가겠다는 생각을 접었습니다. 13년 동안 충칭에서 생활한 조 교수가 훠궈를 중국어로 주문하지 못하는 모습을 보고, 충칭은 중국어 공부하기에는 매우 부적절(?)한 곳이라는 판단이 들어서입니다. 더군다나 충칭은 충칭 사투리가 있어 다른 지방 중국인도 잘 못 알아듣는다고 합니다. 다만, 중국의 모든 학교에서는 보통화(普通話), 즉 베이징에서 쓰는 중국의 표준어를 사용한다고 합니다. 충칭 사람들은 대체로 친절하고, 착하고, 여유롭다고 합니다. 암튼, 미리 오길 참 잘했습니다.

2. 둘째 날 : 대한독립 만세!!

호텔에서 늦은 시간에 아침식사를 하고, 근처에 있는 대한민국임시정부 청사를 방문했습니다. 충칭은 1940년 마지막 대한민국 임시정부가 자리 잡았던 곳입니다. 주택가에 자리 잡고 있는 임시정부 청사는 도로에 표지판이 있지만, 약간 구석진 곳에 있습니다. 언덕 위에 5개의 건물로 지어진 청사는 비록 규모는 작지만 외무부, 국방부, 법무부 등 체계를 갖추고 있었습니다. 그 때 광복군이 창설되어 정규군의 모습을 갖추게 되었고, 연합군의 일원으로 참전하는 계기를 마련하였습니다.

　더군다나 2019년 3월 1일은 3.1운동 100주년이 되는 날입니다. 우리 일행은 청사 입구에서 "대한민국 만세!!"를 크게 외쳤습니다. 그곳에서 라이온스클럽 354-D지구 회장 동기 가족 일행을 만났습니다. 타향 땅에서 아는 사람을 만나니 더 반가웠습니다. 작은 공간에서 어렵게 임시정부를 이끈 김구 선생을 비롯한 독립운동자들의 헌신에 큰 감사의 마음을 묻어 두고 왔습니다.

　청사 방문을 뒤로 하고, 창장과 자링장이 만나는 지점인 조천문(朝天門)으로 가는 도중 방향을 틀어 강을 건너서 오가는 케이블카를 타려고 갔습니다. 그런데, 탑승할 때 신분증을 요구하였고 일행 중 신분증을 갖고 오지 않은 사람이 있어 탑승구 옆 커피숍에서 밀크티 한 잔씩 마시는 것으로 아쉬움을 대신 했습니다. 다시 조천문을 방문하려고 했으나 헤매다가 그만 두고, 조 교수의 아내가 미리

식사쿠폰을 준비해둔 6성급인 웨스턴호텔 뷔페식당으로 갔습니다. 음식도 전망도 끝내줬습니다. 식당 남자화장실 소변기 위에 메모지와 볼펜이 놓여 있는 것이 인상적이었습니다.

이후 우리 일행은 충칭의 또 다른 랜드마크인 청나라 시대 건물들이 있는 츠치코우(磁器口 ciqikou)를 방문했습니다. 그곳은 항구로 유명했던 그 일대에 갑자기 도자기 공방이 우후죽순 들어서기 시작했고, 그곳에서 생산된 도자기가 유명해지자 도자기 입구라는 뜻의 츠치코우라는 이름을 얻게 된 것입니다. 지하철 츠치코우역에서 얼마 멀지 않는 곳에 있습니다.

청나라 때 자링장 주변에 있던 옛 마을이 박제된 상태로 그대로 보존되어 있습니다. 먹거리가 많고, 특산품을 파는 상점들이 즐비하기 때문에 사람들이 차고 넘칩니다. 비올 때 개미들이 떼로 몰려서 다니는 모습 닮았습니다. 사람들이 어마어마하게 많습니다. 조상들이 후손들 밥벌이는 확실히 챙겨주신 것 같습니다.

츠치코우로 들어가는 정문에서 조금만 들어가면 어느 거상집(명칭 鐘家院)이 있습니다. 입자료 1인당 2위엔을 내면 들어갈 수 있는데, 집이 정사각형으로 되어 있고, 안방과 손님방, 공부방 등이 있습니다. 특히 안방에는 화려한 침대가 놓여 있는데, 그 침대 입구에 서로 마주볼 수 있는 의자가 놓여 있습니다. 부부간에 대화를 잘 해야 거상이 될 수 있나 봅니다. 지금부터라도 아내와 대화를 잘 해야겠다고 다짐했습니다. 집 마당에는 두꺼비 조형물이 있는 통에 작은 금붕어들이 한가롭게 노닐었습니다. 손님방 책상 위에 놓인 주판알도 팅겨 봤습니다. 참고로 저는 공인 주산 1단입니다.

츠치코우를 모두 둘러보려면 한나절로는 부족할 것 같습니다. 츠치코우를 둘러 본 후 우리가 묵을 조 교수 집 근처에 있는 PLAM SPRINGS 호텔로 향했습니다. 조 교수 부부는 우리 일행을 위해 중국 요리 전문 식당으로 인도했는데, 식당 규모가 어마어마했습니다. 아침식사는 5성급 호텔 뷔페, 점심식사는 6성급 호텔 뷔페 그리고 저녁식사는 거의 7성급 중국 코스 요리를 먹다 보니 살찌는 소리가 들리는 듯 합니다.

　맛있는 저녁식사를 하면서 조 교수 부부로부터 중국인들의 삶을 간접적으로나마 느낄 수 있는 이야기를 많이 들었습니다. 중국의 초등학교는 1학년부터 6학년까지 담임선생님과 반 학생들이 동일하다고 합니다. 그래서 같은 반 학생들과 그 학부모들은 거의 형제처럼 가까운 사이가 될 수밖에 없다고 합니다. 특히 반 담임선생님은 자기 자식보다도 반 학생들의 교육을 위해 헌신하는 경우가 많다고 합니다. 또한 초등학교부터 명문 학교가 있는데, 1중(Number 1) 중학교, 고등학교 출신들의 자부심은 대단하다고 합니다. 중학생은 아침 8시부터 밤 9시50분까지 학교에서 공부를 해야 하고, 고등학생은 전원 기숙사 생활을 해야 한다고 합니다. 우리 기준으로 중국인들은 왜 그렇게 살까라고 생각하지만, 실제 중국인들의 삶을 보면 그렇게 살 수밖에 없는 경우가 많다고 합니다. 100명이 살아가는 것과 10,000명이 살아가는 것은 다를 수밖에 없다는 점에 공감합니다.

호텔에서 들어가 샤워한 후 가벼운 옷차림으로 환복하고 조 교수 집을 방문했습니다. 참고로 중국에서는 호텔이 아닌 개인 집에서 숙박을 할 경우에는 근처 공안에 가서 직접 신고해야 합니다. 조 교수 부부로부터 중국생활의 이런 저런 재미있는 이야기를 듣다보니 새벽 1시(한국시간 새벽 2시)가 되었습니다. 조 교수는 진짜 자신을 돕는 베필을 아내로 맞이한 것 같습니다. 그러니까 조 교수는 12년 동안 중국에서 살면서 중국어를 못해도, 운전을 못해도 사는데 지장이 없는 것입니다. 그날 밤은 유난히도 짧았습니다.

3. 셋째 날 : 인생은 설레임이다

밤사이에 작은 비가 내렸습니다. 안개도시답게 안개가 자욱합니다. 조 교수 부부가 아침 일찍 호텔에 도착해서 중국식 우버(Uber) 택시인 띠띠따처(滴滴打车)를 불러줬습니다. 중국의 택시들은 승차거부와 바가지요금으로 유명한데, 띠띠따처는 정해진 요금만 받기에 중국인들에게 인기가 많다고 합니다. 충칭공항은 인천공항처럼 엄청 큽니다. 충칭공항은 보안검색이 아주 심하고, 국내선(3H)과 국제선(3C)이 함께 있어서 잘 알아보고 줄을 서야 합니다. 기내용 가방에는 아무리 작은 밧데리라도 빼낸 후 검색을 받아야 합니다. 출국심사 후 출국장 안에 있는 스타벅스를 갔는데, 커피 값이 한국과 차이가 없습니다.

짧은 2박 3일 여행이었으나, 현대와 과거를 함께 경험한 아주 행복한 여행이었습니다. 여행기간 중 정말 많이 걸었음에도 불구하고 잘 먹어서 그런지 1.5kg 쪘습니다. 여행 가이드를 따라 주마간산(走馬看山)격으로 여행지를 둘러본 것이 아니라 조 교수 부부 덕분에 지하철로, 도보로, 버스로 그리고 실제 사는 집을 방문하여 중국인들의 삶을 들여다 본 것 같아 참 좋았습니다. 한 눈 팔지 않고 오직 연구하고 가르치는 길을 가고 있는 조 교수의 남은 생애에도 우리 주님이 늘 함께 하시기를 기도합니다. 아래 글은 조 교수가 3명의 카톡방에 남긴 글입니다. 조 교수는 중국에서 시인이 되어 있었습니다. 맞습니다. 인생은 설레임입니다.

짧은 만남이지만 그 어느 시간보다 소중하다.
그리고 함께 한다는 것, 함께 할 수 있다는 것,
함께 할 거라는 것이 설레이게 한다.

81 통일은 대박이다!

분단의 상징인 판문점에서 역사상 처음으로 남북한과 미국의 정상이 함께 만났다. 2019년 6월 30일 트럼프 미국 대통령이 판문점 공동경비구역 경계석을 사이에 두고 김정은 북한 국무위원장을 마주보고 악수했다. 트럼프 대통령이 "북측으로 넘어가도 되겠냐?"고 묻자 김 위원장은 "영광이다."라고 대답했고, 트럼프 대통령은 높이 10cm의 경계석을 넘어 김 위원장과 함께 북측 판문각 쪽으로 스무 걸음 정도를 걸어갔다.

1953년 7월 27일 판문점에서 정전협정(停戰協定)이 체결 이후 66년 만에 현직 미국 대통령이 처음으로 북한 땅을 밟은 것이다. 자유의집 쪽에서 기다리고 있던 문재인 대통령은 두 정상을 반갑게 맞이했고, 김 위원장과 트럼프 대통령은 곧바로 자유의집에서 3차 북미 정상회담에 들어갔다. 당초 5분 예정됐던 정상회담은 53분간 이어졌다.

문재인 대통령은 북미 정상회담을 마친 후 기자들을 만난 자리에서 "오늘 만남을 통해 한반도의 완전한 비핵화와 항구적 평화를 구축하기 위한 평화 프로세스가 큰 고개를 하나 넘었다."라고 말했다.

1994년 1차 북핵 위기 때 빌 클린턴 행정부는 북한 영변 핵시설에 대한 정밀 폭격을 검토했었다. 우리 국민들도 미국의 대북 선제공격에 대해 2004년 갤럽 여론조사에서는 21%가 찬성, 71%가 반대, 8%가 의견을 유보했으나, 2017년 갤럽 여론조사에서는 33%가 찬성, 59%가 반대, 7%가 의견을 유보했다. 또한, 2019년 2월 미국 핵과학자회보에서는 미국인 3,000명을 대상으로 한 조사에서 응답

자 중 3분의 1은 북한 민간인 110만 명과 북한군 10만 명가량의 사망자가 발생하는 핵무기를 이용한 대북 선제공격에 대해 찬성했다고 밝혔다.

여론조사로 대북 선제공격이나 전쟁을 감행할 것은 아니지만, 대북 선제공격 찬성 비율이 갈수록 높은 것은 우려할 사항이다. 다행히도 이번 남북한과 미국 정상의 판문점 회동으로 한반도에서 전쟁 없는 세상에 한 걸음 다가선 것은 분명하다.

"노벨평화상은 트럼프 대통령이 받고, 우리는 평화만 가져오면 된다."라는 문재인 대통령의 명언이 우리 대한민국 국민 모두의 마음이길 바란다. 남북한의 평화통일만큼은 한마음 한뜻이 되어야 한다. 남북한이 평화통일을 이룰 수 있다면 객(客)이면 어떤가? 평화가 경제다!

지난해 내가 섬기는 이수성결교회에 통일선교부가 세워졌다. 통일에 대한 비전을 나누고, 나라와 민족을 위해 기도를 하는 모임이다. 통일선교부 두 번째 모임에서 나눈 주제는 '내가 생각하는 통일이란?'였다.

"통일이란 여정이다, 전라도와 경상도 처녀·총각이 서로 결혼하여 동서화합을 이루듯 남북한 처녀·총각의 결혼을 추진하자, 통일은 북한을 파란색으로 만드는 것이 아니라 파란색과 빨간색을 합쳐서 보라색이 되도록 하는 것이다, 통일은 함께 더 잘 사는 것이다, 평화통일, 복음통일, 하나님의 비전 성취가 이루어져야 한다." 등 참 다양한 의견이 나왔다.

나는 박근혜 전 대통령 주장처럼 "통일은 대박이다."라고 했다. 남북한 체제도 다르고, 통일비용도 천문학적으로 들어갈 텐데 통일을 꼭 해야만 할까 의심하는 사람이 많다. 그렇다면 남북한 체제를 자유민주주의 체제로 같게 하고, 통일비용을 남북한이 교류와 협력을 통해 미리 마련하면 되지 않을까? 시간이 걸리더라도…. 북한이 자유민주주의 체제가 되지 않은 상태에서는 통일해서도 안 되고, 또한 법적으로도 통일이 될 수 없다. 같은 헌법이 적용되지 않는 한 같은 국가라고 할 수 없기 때문이다.

2017년 하반기는 곧 전쟁이 날 분위기였다. 북한은 연거푸 핵실험을 하고, 대륙간탄도미사일(ICBM) 발사시험을 하고, 미국은 금방이라도 북한 핵시설을 공격하겠다는 태도였다. 심지어 나의 아내는 방독면, 생수, 육포, 초콜릿, 초코파이 등 전쟁을 대비한 물품을 구매하기까지 했다. 결국, 육포, 초콜릿, 초코파이는 유통기한이 지나서 버렸다.

서로 막대한 예산을 국방예산으로 사용하고, 서로 총부리를 겨누고, 서로 전쟁의 위험 속에 사는 것은 이제 그쳐야 한다. "우리는 한 민족이다" 문재인 대통령이 15만 평양시민들 앞에서 연설한 대로 우리 민족은 함께 살아야 한다.

그런데, 통일 반대세력은 도처에 있다. 일본, 중국과 러시아뿐만 아니라 우방국인 미국조차도 적극적으로 통일을 원치 않음은 자명하다. 우리나라 사람들끼리조차 통일이 어려운데, 체제까지 다른 남북한이 어떻게 통일할까? 지금은 남북한이 교류와 협력을 통해 신뢰를 쌓아가는 수밖에 없다. 우리는 함께 마음을 모아 평화통일과 복음통일을 위해 기도해야 한다. 중국 이도백하(二道白河)에서 장백산(長白山)을 오르지 않고, 북한 삼지연(三池淵)을 통해 백두산(白頭山)을 오르는 그 날이 곧 오길 기도한다. 통일은 대박이다!!

※ 한국성결신문 2019년 7월 3일 '김양홍 변호사의 행복칼럼' 에 실린 글입니다.

82 모병제는 헌법위반이다

우리나라는 북한하고만 대치하고 있는 것이 아니라 일본, 중국, 러시아 그리고 미국 등 세계 최강대국들의 틈바구니 속에서 살아가야만 하는 나라입니다. 지금 모병제(募兵制)를 주장하는 분들은 평화가 지속되니까 아예 전쟁을 잊은 것 같습니다.

평화를 원하거든 전쟁을 준비해야 한다.

고대 로마의 전략가 베게티우스(Vegetius)가 한 말입니다. 로마 시대에만 맞는 말이 아니라 지금 우리가 꼭 가져야 할 마음가짐입니다. 튼튼한 국방 없이는 경제도, 평화도 없습니다. 아니 우리의 미래도 없습니다. 설령 우리나라는 남북한이 통일되더라도 징병제(徵兵制)는 반드시 유지되어야 합니다.

우리나라 헌법 제39조 제1항은 '모든 국민은 법률이 정하는 바에 의하여 국방의 의무를 진다.'고 명시하고 있습니다. 모병제는 군인을 강제 징병하지 않고, 본인의 지원에 의한 직업군인을 모병하여 군대를 유지하는 제도입니다. 이처럼 모병제는 헌법상의 국방의 의무를 이행해도 되고 안 해도 되는 것이기 때문에, 이는 '국방의 의무를 진다'고 규정하고 있는 헌법에 위반됩니다.

그리고 지금의 대한민국은 인구절벽 현상과 병력자원 부족 현상이 심각합니다. 2017년 35만 명 수준이었던 20세 남자 인구는 2022년 이후에는 22~25만 명 수준으로 급감할 것으로 예측하고 있습니다. 그에 따라 2023년 이후에는 연평균 2~3만 명의 현역 자원이 부족해질 전망입니다. 더군다나 2018년 우리나라에서 태어난 아기는 32만 명대로 줄어들었고, 합계출산율(한 여성이 임신 가능한 연령기에 낳을 것으로 기대되는 평균 출생아 수)은 사상 최저인 0.98명입니다.

　몇 년 후에는 여자 징병제까지 고려해야 할 상황인데, 지금 모병제를 주장하는 것은 국방을 포기하자는 것과 다름없습니다. 국방의 의무는 '일자리가 필요한 20대'만 이행해야 하는 것이 아니라 대한민국 남자로서 국방의 의무를 이행할 신체를 가지고 있는 남자라면 모두가 이행해야 합니다. 국방의 의무는 일자리가 필요 없는 재벌 2세는 이행 안 해도 되는 것이 아니라 헌법상 마땅히 이행해야 할 신성한 대한민국 남자 모두의 의무입니다.

※ 위 글은 제가 2019년 11월 8일 저의 페이스북에 쓴 것입니다.

83 사지 말고, 가지 말고, 팔지 말자!!

일제가 36년간 우리나라를 강탈하지 않았다면 결코 우리 민족은 남북한으로 분단되지 않았을 것이다. 자신들 때문에 남북한이 분단되고, 결국 이념 갈등으로 전쟁까지 났는데, 일본은 한국전쟁 때 도움은커녕 돈벌이만 한 나쁜 이웃이다. 일본이 지금도 독도를 자기네 땅이라고 우기는 것도 제국주의 침략을 정당화하려는 의도이다.

일제 강점기 당시 강제 징용 피해자들이 일본 기업을 상대로 낸 손해배상 청구소송에서 일본은 1965년 체결된 한일 청구권 협정으로 강제징용 피해에 대해 개인에게 배상할 의무가 없다고 주장했으나, 대법원은 2018년 10월 그 협정은 정치적 해석이며 개인의 청구권에 적용할 수 없다고 판단하고 1인당 1억원을 배상하라고 판결했다. 이 대법원 판결은 지극히 합리적이고 법리에 맞는 판결이라고 생각한다.

더군다나 삼권분립이 확립된 민주주의 국가에서는 행정부가 사법부의 최고 판단기관인 대법원의 판결을 무시할 수 없다는 것을 잘 알고 있을 텐데, 일본이 그것을 이유로 '한국 수출품목 규제 확대'라는 치졸한 경제보복조치를 취한 것은 도저히 용서할 수가 없다. 그럼 대한민국 정부는 대법원 판결에 대해 사과하고, 대법원 판결에 따른 강제집행이라도 막아야 한다는 것인가? 무시도 이런 무시가 없다.

그래서 나는 내가 할 수 있는 일을 실천할 생각이다. 앞으로 내 생애에 일본 차를 구입하는 일은 없을 것이고, 의도적으로 일본 제품도 구입하지 않을 것이고, 일본 여행도 가지 않을 것이다. 아들에게도 일제 차는 사지 마라고 강권했다. 최소한 우리의 자존심은 지키자. 사지 말고, 가지 말고, 팔지 말자!!

※ 위 글은 제가 2019년 7월 3일 저의 페이스북에 쓴 것입니다.

84 프로크루스테스의 침대(Procrustean bed)

지금 국회는 패스트트랙에 막혀 한 발짝도 나가지 못하고 있다. 정부가 2019년 4월 25일 국회에 제출한 6조7,000억 원 규모의 추경안은 40일째 논의조차 못 하고 있다. 또한, 탄력근로제 확대를 위한 근로기준법 개정, 최저임금법 개정 등 각종 민생법안 처리도 전혀 이루어지지 않고 있다. 더불어민주당은 자유한국당을 향해 조건 없는 국회 정상화를 요구하고 있고, 자유한국당은 패스트트랙 지정 철회 없이는 국회 복귀는 없다고 맞서고 있다. 한편, 국회법은 '2월·4월 및 6월 1일과 8월 16일에 임시회를 집회한다.'고 명시하고 있다. 법대로 하면 6월 1일에는 국회가 열려야 하는데, 지금도 닫혀 있다. 이 정국경색(政局梗塞)을 풀어갈 방법은 없을까?

패스트트랙(fast track) 또는 신속처리 안건 제도(迅速處吏 案件 制度)는 국회법 제85조의 2에 규정된 내용으로 발의된 국회 법안의 신속처리를 위한 제도이다. 국회선진화법의 주요 내용 중의 하나이다. 상임위원회에 회부된 안건을 신속처리대상 안건으로 지정하고자 하는 경우 의원은 재적의원 과반수가 서명한 신속처리대상 안건 지정요구 동의를 의장에게, 안건의 소관 위원회 소속 위원은 소관 위원회 재적위원 과반수가 서명한 신속처리안건 지정동의를 소관 위원회의 위원장에게 제출하여야 한다. 이 경우 의장 또는 안건의 소관 위원회 위원장은 지체 없이 신속처리안건 지정동의를 무기명투표로 표결하되, 재적의원 5분의 3 이상 또는 안건의 소관 위원회 재적위원 5분의 3 이상의 찬성으로 의결한다. 신속처리대상안건으로 지정되면, '상임위원회 심의(180일 이내) → 법사위원회 검토(90일 이내) →

60일 이내 본회의 부의(附議)'의 절차를 거쳐 본회의에 상정된다. 법안 심의 과정의 지연을 방지하기 위해 국회 논의 기간인 330일을 넘길 경우 상임위원회의 심의·의결을 거치지 않아도 본회의에 자동 상정된다. 패스트트랙은 안건을 상정만 하는 것이고, 법안 심의 과정에서 안건의 내용을 얼마든지 변경할 수 있다. 그런데, 자유한국당의 전신인 새누리당에서 만든 국회선진화법을 자유한국당 스스로 무시하면서까지 패스트트랙 지정 철회를 요구하고 있는 주된 이유는 신속처리 안건으로 들어가 있는 선거제 개편(연동형 비례대표제)이 자유한국당에 불리하기 때문이라고 본다. 자유한국당을 제외한 야3당과 여당은 자신들에게 유리한 선거제 개편을 철회할 가능성은 없어 보이고, 더군다나 자유한국당의 많은 국회의원들과 당직자들은 온 국민들이 보는 앞에서 국회법 제166조 국회 회의 방해죄를 범한 상태이다.

  우리나라 고등학교 교과서에는 정당의 목표를 '정권 창출'이라고 설명하고 있다. 그렇지만, 나는 결코 이에 동의할 수 없다. 어떻게 정당의 목표가 정권 창출인가? 정당의 목표는 '국민의 행복 증진'이어야 마땅하다. 그런데, 지금 여당은 정권 연장을 위해, 야당은 정권 획득을 위해 한 치의 물러섬이 없이 싸우고 있다. 앞으로 식물국회 때문에 나라가 힘들어지면 서로 '네 탓이다'라고 할 것이다. 그런데, 그 고통은 고스란히 국민의 몫이다.

  그리스 로마신화에 '프로크루스테스의 침대(Procrustean bed)' 이야기가 나온다. 프로크루스테스는 아테네로 가는 길목에서 지나가는 행인을 유인하여 집 안에 들어오게 하고, 자기 쇠 침대에 묶은 다음 침대보다 키가 크면 큰 만큼 머리나 다리를 잘라 죽이고, 작으면 작은 만큼 몸을 늘려 그로 인해 죽게 만들었다. 그러던 어느 날 그가 아테네의 영웅 테세우스(Theseus)도 같은 방법으로 죽이려 했는데, 오히려 테세우스가 그가 했던 방법대로 그의 키가 침대보다 컸기 때문에 그의 목을 잘라 죽인다. 이처럼 자기가 세운 일방적인 기준과 잣대로 다른 사람을 자기의 기준과 잣대에 맞추어 평가하는 것을 프로크루스테스의 침대라고 한다. 지금 여당과 야당에는 각자의 프로크루스테스의 침대가 있다. 자신들의 잣대만이 옳다고 싸우고 있다.

자유한국당은 더불어민주당이 결코 패스트트랙 지정 철회를 하지 않으리라는 것을 잘 알고 있을 것이고, 최대한 정부와 여당을 괴롭힌 후 6월 중에는 국회 정상화에 응할 것이다. 그런데, 과연 그렇게 하는 것이 자유한국당이 정권을 획득하는데, 얼마나 도움이 될까? 오히려 자유한국당이 제1야당으로서 국회에서 정부와 여당의 실책을 지적하고, 국민들의 아픔을 보듬어주고, 국민들에게 꿈과 희망을 제시하는 모습을 보여주는 것이 정권 획득의 지름길이 아닐까? 국민은 내 편, 네 편이 아닌 우리 편만 있을 뿐이다. 새는 좌우 날개로 난다. 자신만의 프로크루스테스의 침대는 평안한 잠을 잘 수 있는 침대가 아닌 상대방에게 상처만 주는 흉기(凶器)일 뿐이다.

※ 한국성결신문 2019년 6월 12일 '김양홍 변호사의 행복칼럼'에 실린 글입니다.

85 우리 조국 대한민국을 위하여!!!

지난 2019년 10월 4일 경찰청 국정감사에서 참고인으로 출석한 임은정 울산지방검찰청 부장검사는 다음과 같이 증언했다.

"① 검사는 오로지 법과 원칙에 따라 생각하고 법을 실현하고 관철하는 데 전력해야 하는데, 검찰권이 거대한 권력에 영합해 오남용 되기도 하고, 경우에 따라 검찰공화국을 방어하는 데에 수사권을 쓰는 등 오남용 사태가 너무 많다. 이런 오남용 사태가 너무 많아 국민의 분노가 지금 폭발한 상황이라고 생각한다. 검사가 법과 원칙이 아닌 상급자의 명령을 실천하는 데에 질주했기 때문에 검찰공화국이 됐고, 검찰권 오남용의 모든 피해는 국민들이 보고 있다. 국민 여러분이 제발 검찰공화국의 폭주를 막아 달라. ② 나는 검사지만 고위공직자범죄수사처(공수처) 설치는 정말 절박하다. 내가 고발한 사건도 공소시효가 오늘도 지나고 있다. ③ 검찰의 업보가 너무 많아 내가 아는 것을 국민이 다 안다면 검찰이 없어져도 할 말이 없을 만큼이다. 나도 현직검사라 마음이 아프지만 국민들께서 더는 너희를 믿지 못 하겠다고 권한을 회수해 가신다면 마땅히 우리는 내놓을 수밖에 없고, 따라야 한다고 생각한다. ④ 청문회 당일 조사도 없이 사문서위조로 기소하는 걸 보고 검찰에서 너무 정치적 수사로 정치 개입한다. 검찰을 지휘할 법무부장관 인선에 검찰이 수사로 관여하는 게 너무 위험하다고 생각했다."

민주주의 국가에서 검찰이 수사권과 기소권을 동시에 가진 나라는 대한민국이 유일하다. 하지 못하는 것이 어디에도 없는 무소불위(無所不爲)의 검찰을 통제하는 장치는 대통령의 검사와 검찰총장 임면

권, 법무부장관의 인사 및 지휘·감독권한이다.

대통령은 언제든지 검찰총장을 해임할 수 있다. 대통령은 법무부장관을 자유롭게 해임할 수 있는데, 법무부장관의 부하인 검찰총장을 해임할 수 없다는 것은 어불성설(語不成說)이다. 1988년 검찰총장 2년 임기제를 도입했지만, 강행규정이 아니다. 그렇기 때문에 검찰총장 임기제 도입 후 임명된 21명의 검찰총장 가운데 2년 임기를 다 채운 이는 8명뿐이다.

문재인 대통령은 현재 피의사실 공표와 공무상 비밀누설을 밥 먹듯이 하고 있는 검찰의 최고 책임자인 윤석열 검찰총장을 적절한 시점에 해임할 것으로 기대한다. 또한 조국 법무부장관도 자신에게 부여된 권한을 행사하고, 시행령과 시행규칙의 개정을 통해 '죽을힘 다해' 검찰개혁을 이루어 낼 것으로 기대한다.

망나니 칼춤을 춰도 아무런 문제가 되지 않는 검찰에 과도하게 집중된 권력을 분산해 검찰을 견제할 제도적인 장치는 검찰총장도 수사할 수 있는 공수처 설치와 수사권과 기소권의 분리 그리고 헌법상의 무죄추정의 원칙을 형법에서 실현하고 있는 피의사실공표죄와 공무상 비밀누설죄를 엄격히 적용하여 처벌하는 것이다.

그런 점에서 윤석열 검찰총장이 지난 10월 4일 '사건관계인에 대한 공개 소환을 전면 폐지하고, 수사 과정에서 이를 엄격히 준수할 것을 전국 검찰에 지시'한 것은 정말 잘 한 것이다. 공개소환제도('인권보호를 위한 수사공보준칙' 제17조 예외적 실명 공개 조항)만 없었어도 노무현 대통령의 논두렁 시계 조작 사건은 없었을 것이다.

현행법상 경찰은 검찰의 수사보조자에 불과하다. 형사소송법 제195조는 수사의 주체를 검사에 한정하고 있으나, 군사법원법 제228조는 군검사와 동일하게 '군사법경찰관'에게도 범죄 혐의가 있다고 생각할 때에는 범인, 범죄사실 및 증거를 수사하도록 하고 있다. 그런데 똑같은 일을 하고 있는 우리나라 경찰 즉, 사법경찰관(수사관, 경무관, 총경, 경정, 경감, 경위)과 사법경찰리(경사, 경장, 순경)는 모든 사건에 대해 검사의 지휘를 받게 되어 있어 독자적인 수사권이 없다. 경찰은 범죄혐의가 있는 검사를 아예 수사조차 할 수 없는 구조이다. 그렇기 때문에 이번에 경찰에서 수사하고 있던 패스트트랙(신속처리안건) 관련 고소·고발 사건 18건도 검찰이 송치하라고 하니까 경찰은 수사 도중에 사건 전체를 서울남부지방검찰청에 송치한 것이다. 법대로 한 것이다.

여기서 하나 짚고 넘어가자. 수사대상 국회의원 109명 중 자유한국당 대상자 59명은 단 한 명도 경찰 조사에 응하지 않았다. 정의는 '같은 것은 같게, 다른 것은 다르게' 하는 것이다. 위와 같은 자유한국당의 태도는 분명 정의롭지 못하다. 검찰은 조국 법무부장관과 그의 가족에 한 잣대를 동일하게 적용할 것으로 기대한다.

임은정 검사 증언대로, "지금 검찰 특수부는 수사에서 원하는 방향이니 희망시킹을 사실져림 어론 몰이하는 세 1, 2년된 문제가 아니다." 법부부장관이든 그의 아내이든 자식이든 범죄 혐의가 있으면 철저히 수사하면 된다. 전직 대통령도 범죄 혐의가 있으면 수사해서 처벌하는 나라가 우리나라이다. 조국 장관이라고 해서 예외일 수 없다.

그런데, 서초동 집회에 모인 우리 국민들이 목소리 높여 외치는 것은, 검사도 헌법 제27조 제4항 '형사피고인은 유죄의 판결이 확정될 때까지 무죄로 추정된다.'는 무죄추정의 원칙을 지키라는 것이다. 왜 압수수색 영장이 집행하기도 전에 기자들이 압수수색 현장에서 기다리고 있는가?

2004년 흉기를 소지한 강도로부터 피하기 위해 건물에서 탈출하다가 추락하여 두개골 골절상을 당하였고, 6세 때 사고로 우안을 실명한 조국 장관의 아내가 압수수색 현장에서 쓰려졌는데, 조국 장관이 아내의 전화를 받고 "차분히 압수수색해달라."고 한 말을 야당 국회의원이 그 내용을 들먹이면서 "장관이 수사에 압박을 한 것 아니냐?"라는 질의를 하게 할 수 있는가? 수사팀에서 그 내용을 누설하지 않았다고 발표만 하면 끝인가? 이는 명백히 형법 제126조 피의사실공표죄와 형법 제127조 공무상비밀누설죄 위반이다. 검사들은 범죄를 범해도 입건조차 안 되는 것이 과연 정의인가? 당신들 마음대로 죄를 만들지 마라. 범죄는 입증하는 것이지 만드는 것이 아니지 않는가?

    내가 토요일마다 서초동에 가는 이유는 하나다. "우리 조국 대한민국을 위해서"이다. 망나니 검찰의 폭주를 멈추게 하기 위해서이다. 오늘 집회는 멀리 광주에서 올라온 나의 처남 내외도 함께 참여한다.

    성경에는 서기관들과 바리새인들이 간음한 여인을 예수 앞에 끌고와서 모세의 율법에는 간음한 여인에게 돌로 치라고 명하였는데, 선생은 어떻게 말하겠냐고 하자, 예수께서 이렇게 말씀하셨다. "너희 중에 죄 없는 자가 먼저 돌로 치라"(요한복음 8장 7절) 조국 장관이 '간음'(범죄)했다는 증거조차 없다. 왜 그리 조국 장관에게만 그렇게 가혹한 잣대를 들이대는가? 조국 법무부장관이 장관을 하면, 이 나라가 망하는가? 문재인 정권이 망할까봐 걱정이 되는가? 모든 국민은 자기의 행위가 아닌 친족의 행위로 인하여 불이익한 처우를 받지 아니한다.(헌법 제13조 제3항)

    끝으로 검사 당신들이 꼭 지켜야 할 헌법 제27조 무죄추정의 원칙

만큼 중요한 헌법 제10조를 읽어준다. 검사는 헌법과 법을 지켜라. 대한민국의 주권자인 국민의 명령이다!!

모든 국민은 인간으로서의 존엄과 가치를 가지며, 행복을 추구할 권리를 가진다. 국가는 개인이 가지는 불가침의 기본적 인권을 확인하고 이를 보장할 의무를 진다.

※ 위 글은 제가 2019년 10월 5일 저의 페이스북에 쓴 것입니다.

86 질소 비료와 독가스

독일의 과학자 프리츠 하버(Fritz Haber)는 공기 중의 질소를 이용해 암모니아를 생산할 수 있는 합성법을 발견하여 1918년 노벨화학상을 수상했습니다. 이를 통해 저렴한 질소 비료를 대량으로 생산할 수 있게 되어 모든 경작지에서 안정적으로 곡물을 재배할 수 있게 되었습니다. 그런데, 그는 1차 세계대전이 발발하자 자신이 가진 기술로 독가스를 발명했습니다. 같은 화학자였던 아내가 너무나 위험한 기술이라며 그 연구를 반대하고, 죄책감에 빠진 아내가 자살한 뒤에도 독가스를 전쟁에 사용하도록 독일 군대를 설득했습니다. 결국, 그가 만든 독가스는 전쟁에서 많은 사상자를 만들었습니다. 프리츠 하버는 암모니아 합성법을 발견할 때도, 독가스를 발명할 때도 과학자로서 연구에 충실했을 뿐입니다. 그가 독가스를 발명한 것도 자신의 나라 독일의 전쟁 승리를 위해서였습니다. 그런데 그는 왜 가장 부끄러운 노벨상 수상자로 기억되고 있을까요?

자유한국당은 총선 1호 공약으로 '재앙이 되고 있는 탈원전 정책을 폐기해서 안전하고 값싼 전기를 국민들께 제공하겠다.'고 하면서 신한울 3호기와 4호기 건설 재개와 월성 1호기 재가동 등을 공약했습니다. 자유한국당은 정부 정책을 비판하기 위해서가 아니라 우리나라와 국민들을 위해서 탈원전 정책 폐기를 제1호 공약으로 내세웠다고 봅니다. 물론 원전은 다른 에너지원 보다 깨끗합니다. 또한 원전은 사고만 발생하지 않는다면 매우 저렴합니다. 그렇지만, 원전 사고가 날 경우 원전이 있는 지역뿐만 아니라 국가적으로도, 전 세계적으로 재앙입니다. 1986년 체르노빌 원전사고를 잊었나요? 지금도 방사능이 나오는 죽음의 땅이 되었습니다. 2011년 지진과 쓰나미로 생긴 후쿠시마 원전 방사능 누출사고로 인한 피해를 잊었는가요? 원전 선진국 독일이 2022년까지 원자력발전 가동을 전부 중지시키는 원전 완전 폐기 정책을 펴는 이유는 무엇일까요? 여야는 국민의 건강을 정쟁의 대상으로 삼지 마십시오. 존경받는 정치인은 못 되더라도 부끄러운 정치인은 되지 마십시오.

※ 위 글은 제가 2020년 1월 27일 저의 페이스북에 쓴 것입니다.

87 모든 국민은 자신들의 수준에 맞는 정부를 가진다

 2020년 4월 15일 제21대 국회의원 총선일 투표 종료가 얼마 남지 않았습니다. 여야 후보자들과 선거운동원들, 중앙선거관리위원회 공무원들, 개표에 관여하는 모든 분들 그리고 투표권을 행사한 저를 포함한 우리 자랑스러운 대한민국 국민 모두에게 뜨거운 사랑과 감사의 박수를 보냅니다. 특히 품격 있는 선거운동을 해준 이낙연 후보님께 대한민국 주권자의 한 사람으로서 깊이 고개 숙여 감사인사 드립니다.
 저는 오늘 아침 일찍 일어나 냄비밥을 하고(누룽지를 먹기 위해서), 삼겹살구이와 야채를 준비한 맛있는 아침밥상을 차렸습니다. 재수생 아들에게 "아빠가 오늘 밥상을 차린 것은 엄마와 네가 열린민주당을 지지해 달라는 뜻이다."라고 농담 반 진담 반 이야기하면서 검찰개혁과 언론개혁의 필요성에 대해 열변을 토했습니다. 저는 정말 아내와 아들로부터 소중한 한 표를 얻기 위해서 최선을 다했습니다. 참고로 저의 딸은 오래전부터 저와 같은 입장입니다.
 그런데 저의 아들은 "정부를 견제할 세력이 없으면 부패하게 되고, 가짜뉴스 방지법도 언론의 자유를 침해할 수 있고, 결국 이상한 정부가 들어섰을 때 최후의 보루가 없어질 수 있다."면서 언론개혁에는 신중해야 한다는 의견을 피력했습니다. 결국 아들과 아내는 제가 원하는 열린민주당을 지지 하지 않은 것 같습니다. 한 편으로는 크게 실망했지만, 한 편으로는 제가 고등학교 때부터 되고자 했던 정치인의 길에 나서지 않기를 한 결정을 참 잘했다는 생각을 했습니다. 자신의 아내와 아들도 설득을 못하는 정치인이 누구를 설득한다는 말입니까?

  4명인 우리 가정에서도 여야가 반반입니다. 그렇지만 이번 선거는 여당이 과반수를 차지할 것이고, 범진보 진영이 180~200석을 획득할 것 같습니다.(제21대 국회의원 당선자 : 더불어민주당 163석, 미래통합당 84석, 미래한국당 17석, 더불어시민당 17석, 정의당 6석, 무소속 5석, 국민의당과 열린민주당 각 3석) 그렇다고 해서 여당은 자만해서는 안 됩니다. 이제 20살 어린 청년도 정부 견제 세력이 있어야 한다고 하지 않습니까? 제21대 국회에서는 망나니처럼 권력을 행사하고 있는 검찰과 검찰보다 더 절대적인 권력을 행사하고 있는 언론을 견제할 장치를 꼭 마련해야 할 것입니다. 제21대 국회를 기대하고 기대합니다.

모든 국민은 자신들의 수준에 맞는 정부를 가진다.
- 알렉시 드 토그빌(Alexis de Tocqueville) -

※ 위 글은 제가 2020년 4월 15일 저의 페이스북에 쓴 것입니다.

88 낙태죄의 헌법불합치 이후에 대하여

헌법재판소는 낙태죄에 대해 헌법불합치 결정을 하였다. 1953년 형법이 제정된 이후 66년 만에 '낙태'는 범죄의 굴레에서 벗어나게 된 것이다. 헌법불합치 결정된 내용을 간략히 소개하고, 지금 우리가 취해야 할 것들에 대해 함께 생각해 보고자 한다.

산부인과 의사 A는 2013년 11월경부터 2015년 7월경까지 69회에 걸쳐 부녀의 촉탁 또는 승낙을 받아 낙태하였다는 업무상 승낙 낙태 등으로 기소되었다. A는 제1심 재판 중 위 조항들이 헌법에 위반된다고 주장하면서 위헌법률심판제청신청을 하였으나 그 신청이 기각됐다. 그러자 A는 2017년 2월 8일 위 조항들의 위헌확인을 구하는 헌법소원심판을 청구하였다.

이에 헌법재판소는 2019년 4월 11일 재판관 4명(헌법불합치):3명(단순위헌):2명(합헌) 의견으로, 임신한 여성의 자기낙태를 처벌하는 형법 제269조 제1항, 의사가 임신한 여성의 촉탁 또는 승낙을 받아 낙태하게 한 경우를 처벌하는 형법 제270조 제1항 중 '의사'에 관한 부분은 모두 헌법에 합치되지 아니하며, 위 조항들은 2020년 12월 31일을 시한으로 입법자가 개정할 때까지 계속 적용된다는 헌법불합치 결정을 선고하였다.

헌법불합치는 하위법의 내용이 헌법에 합치되지 않는다는 헌법재판소의 선언으로 사실상 위헌 선언이다. 헌법재판소는 태아의 생명권 보다는 여성의 자기결정권이 존중되는 낙태 가능 상한선을 '22주' 내외로 제시한 만큼 법조계 안팎에서는 국회가 임신 후 14주까지는 낙태를 전면 허용하고, 14~22주까지는 조건부 허용하는 쪽으로 법을 개정할 것으로 전망하고 있다.

헌법불합치 결정을 한 4명의 헌법재판관은 '태아가 모체를 떠난 상태에서 독자적으로 생존할 수 있는 시기인 임신 22주 내외에 도달하기 전까지는 절차적 요건을 추가해 낙태를 허용할 수 있다.'고 밝혔고, 단순 위헌 결정을 한 3명의 헌법재판관은 '임신 14주까지는 조건 없는 낙태가 가능해야 한다.'고 판단했기 때문이다.

십계명 중 '살인하지 말라'는 계명이 있다. 천주교나 기독교에서는 태아도 사람으로 간주하기 때문에 낙태를 반대하고 있다. 나도 개인적으로는 낙태를 반대한다. 낙태죄에 대해 합헌 의견을 낸 헌법재판관 2명의 표현대로, 지금 우리가 위헌·합헌을 논의할 수 있는 것도 모두 모체로부터 낙태당하지 않고 태어났기 때문이다. 우리 모두 태아였다. 여성의 자기결정권이 태아의 생명권 보호보다 더 중요하다고 할 수는 없을 것이다.

낙태죄의 헌법불합치 결정 이후 지금 우리가 취해야 할 것들에 대해 함께 생각해 보자. 낙태죄의 존치로 낙태를 막을 수 있다는 생각은 잘못이다. 또한 자기낙태죄로 처벌된 사례가 거의 없다는 점에서 이미 낙태죄는 형벌조항으로서의 기능을 상실했다. 헌법재판소는 이번에 그 사실을 확인해 준 것이다.

지금부터는 낙태죄를 존치할 것인지 폐지할 것인지에 대한 논의보다는 어렸을 때부터 피임의 방식과 필요성을 널리 알리는 방법을 강구해야 할 것이고, 남성도 임신·출산·육아에 책임지는 사회를 만들어 가야 할 것이다. 아울러 원치 않는 임신을 한 여성에 대한 사회적 편견을 없애고, 어떤 상황에서도 아이를 잘 양육할 수 있는 사회적 시스템을 마련하는 기회로 삼아야 할 것이다. 국가와 지방자치단체들도 어린 아이를 마음 놓고 맡길 수 있는 탁아시설을 확충하고,

질 좋은 영유아 의무교육체계를 갖추어야 할 것이다.

또한 낙태가 합법화 되더라도 낙태를 원치 않는 의사가 낙태 시술을 거부하는 것을 정당한 진료거부 사유로 명시하여 낙태로 인해 진료현장을 떠나는 산부인과 의사가 없도록 의료법을 개정해야 할 것이다. 낙태 보다 태아를 살리는 것이 더 행복하도록 만드는 것은 우리 모두의 책임이다.

※ 한국성결신문 2019년 4월 17일 '김양홍 변호사의 행복칼럼'에 실린 글입니다.

89 나라를 사랑하고, 나라를 위해 기도하자!

대법원은 2018. 10. 30. 일제강점기 강제동원 피해자들(9명)이 피고 신일철주금을 상대로 제기한 손해배상 청구소송에서 피고의 상고를 기각하여, 피고가 원고들에게 1억 원의 위자료를 지급하여야 한다고 한 원심판결을 전원합의체 판결로 확정시켰다.

일본은 이 대법원 판결을 이유로 2019. 7. 4.부터 대일 의존도가 높은 반도체 소재 등 3개 품목에 대해 수출 규제를 하는 방법으로 경제침략을 자행했다. 이에 대한민국 국민들은 자발적으로 "개싸움은 우리가 한다! 정부는 정공법으로 나가라!"라고 하면서 BOYCOTT JAPAN 운동을 펼치고 있다.

우선 위 대법원 판결 내용을 살펴보자. 원고들은 1941~1943년 피고 신일철주금에 강제동원 피해자들인데, 2005. 1.경 한일청구권협정 관련 문서가 공개되자, 2005. 2.경 신일철주금을 상대로 이 사건 소를 제기하였다.

제1심과 제2심에서는 원고들이 패소하였으나, 대법원은 2012. 5. 24. '청구권협정에도 불구하고 원고들이 피고를 상대로 손해배상청구권을 행사할 수 있다'는 취지로 원심 파기 환송판결을 하였다. 환송 후 제2심은 대법원 환송판결 취지에 따라 피고가 원고들에게 강제동원 피해에 따른 위자료를 지급할 의무가 있고, 위자료 금액을 1억 원씩으로 정하였고, 피고가 이에 불복하여 다시 상고를 제기하였으나, 대법원은 위와 같이 전원합의체판결로 피고의 상고를 기각한 것이다.

위 대법원 전원합의체판결 사건의 주요 쟁점은 4가지이다.

① 원고 1,2는 이 사건 소 제기에 앞서 일본에서 동일한 소송을 제기하였다가 일본 법원에서 패소한 것이 확정되었는데, 이러한 일본 법원의 판결이 외국법원 판결의 승인 제도에 따라 우리나라에도 그 효력이 미친다고 볼 수 있는지 여부, ② 원고들은 구 일본제철이 운영하던 제철소에서 강제노동을 하였는데, 구 일본제철의 원고들에 대한 손해배상채무가 피고 신일철구금에게 승계되었다고 볼 수 있는지 여부, ③ 피고가 소멸시효의 완성의 항변을 할 수 있는지 여부, ④ 한일청구권협정으로 원고들의 손해배상청구권이 소멸하였다고 볼 수 있는지 여부이다.

이에 대해 대법원은 일본 법원의 판결은 그 내용이 우리나라의 선량한 풍속이나 그 밖의 사회질서에 반하는 것으로서 그 효력을 인정할 수 없고(① 쟁점), 원고들은 구 일본제철에 대한 손해배상청구권을 피고에 대하여도 행사할 수 있으며(② 쟁점), 이 사건 소 제기 당시까지도 원고들이 피고를 상대로 대한민국에서 객관적으로 권리를 행사할 수 없는 장애사유가 있었다고 할 것이므로 피고의 소멸시효 완성 주장은 권리남용으로 허용될 수 없고(③ 쟁점), 원고들의 손해배상청구권은 일본 정부의 한반도에 대한 불법적인 식민지배 및 침략전쟁의 수행과 직결된 일본 기업의 반인도적인 불법행위를 전제로 하는 강제동원 피해자의 일본 기업에 대한 위자료청구권으로서 청구권협정의 적용대상에 포함되지 않는다(대법관 7명 다수의견, ④ 쟁점)고 판단하였다.

일본 최고재판소도 2007년 중국인 강제징용 피해자가 미쓰비시를 상대로 제기한 소송에서 원고들의 청구를 기각하면서 다음과 같이 판결했다.

'샌프란시스코 평화조약에 의해 개인의 청구권이 완전히 소멸된 것은 아니다. 그러나 평화조약을 체결한 목적이 무수한 민사소송을 회피하기 위한 것으로 생각되는 만큼, 재판소를 사용해 개인을 구제할 수는 없게 됐다. 원고가 말로 형언할 수 없는 고통을 맛본 것은 사실이다. 피고 기업은 재판소를 통한 과정 외에 있어 책임 있게 성실하게 대응하는 것을 기대한다.'

이후 중국 피해자들은 중국 내에서 2014년 다시 소송을 제기하였고, 미쓰비시는 그 재판에서 화해해 중국인 피해자들에게 배상금을 지급한다. 또한 미쓰비시는 2016년 '통절한 반성의 뜻'을 표하고 1인당 10만 위안을 지급한다고 발표했고, 일본 외무성이 작성한 '중국인 노동자 사업장별 취로 조사 보고서'에 올라 있는 화해금 지급 대상 3,765명에게 모두 찾아 돈을 지급하기 위해 '역사인권평화기금'을 올해 안에 설치하기로 했다.

일본 변호사 198명과 법률학자 11명 등 200명이 넘는 일본 법률전문가도 2018.11.5. '한국 대법원 판결에 대한 변호사들의 공동성명'을 발표했는데, 그 성명에서 "신일철주금이 판결을 수용함과 동시에 자발적으로 인권침해 사실과 책임을 인정, 그 증거로서 사죄와 배상을 포함해 피해자와 사회가 받아들일 수 있는 행동을 취해야 한다. 일본 정부는 신일철주금을 비롯해 기업의 자발적 해결을 위한 대응에 대해 한일청구권협정을 거론해 억제하는 것이 아니라 스스로 책임을 자각하고 진정한 해결을 위한 노력을 지원해야 한다."고 촉구했다.

고노 다로 현 외상 역시 2018. 11. 14. 중의원에 출석하여 의원의 질의에 대하여 "개인청구권이 소멸되었다는 것은 아니다"라고 답변한 사실이 있다.

일본은 똑같은 피해자들인데, 중국 피해자들에게는 강제징용 위자료청구권을 인정하였으나, 우리 대한민국 피해자들에게는 겁박하고, 대일 의존도가 높은 수출품을 규제하는 방법으로 우리나라에 대해 경제침략까지 자행하면서 앞으로도 계속 그 규제 품목을 늘려갈 기세이다. 한마디로 어이가 없다.

 이에 대해 일부 학자 중에는 청구권협정 제3조에 의해 3인의 중재위원으로 구성된 중재기구를 만들어서 해결하자고 주장하지만, 나는 동의할 수 없다. 중재와 조정은 다르다. 조정은 분쟁의 당사자가 제3자의 조정안을 승낙함으로써 당사자를 구속하지만, 중재는 제3자의 판단이 법적 구속력이 있기 때문에 제3자의 판단을 반드시 따라야 한다. 물론 청구권협정에는 중재위원 2명은 한일 양국이 각자 지명해서 선정하고, 나머지 1명은 2명의 중재위원이 합의해서 한일 양국 국적이 아닌 사람을 선정하고, 그것이 안 되면 3국에게 지명을 의뢰할 수 있게 되어 있지만, 그렇게 선정된 1명이 일본 편을 들지 말라는 법은 없다.

 우리 대법원의 강제동원 위자료청구권 판결은 법리적으로 매우 합당하다. 우쓰노미야 겐지 전 일본변호사협회 회장도 '강제징용 피해자 등 개인의 손해배상청구권을 국가간 협정으로 소멸시킬 수 없다는 것은 현재 국제인권법상 상식'이라고 했다. 그렇기 때문에 정부가 세계무역기구(WTO)에 제소한 것도 우리 정부가 승소할 것으로 확신한다.

 또한 일본의 치졸한 경제침략에 대해 대부분의 대한민국 국민들이 한 마음 한 뜻이 되어 일본 제품 사지 않고, 일본 여행 가지 않고, 일본 제품 팔지 않는 BOYCOTT JAPAN 운동을 자발적으로 실천하고 있기 때문에 대일 의존도도 많이 해소될 것이다.

 지금 우리에게는 12척의 배가 아닌 5,000만 대한민국 국민이 있다. 이길 수밖에 없는 싸움이다. 백범 김구 선생 말씀대로 우리 모두 "나라를 지키고, 나라를 사랑하고, 나라를 위해 기도하자!"

그러므로 내가 첫째로 권하노니 모든 사람을 위하여 간구와 기도와 도고와 감사를 하되 임금들과 높은 지위에 있는 모든 사람을 위하여 하라 이는 우리가 모든 경건과 단정함으로 고요하고 평안한 생활을 하려 함이라(디모데전서 2장 1~2절)

※ 코람데오닷컴 2020년 7월 23일 '김양홍 변호사의 행복칼럼'에 실린 글입니다.

변호사 김양홍 Profile

광주제일고등학교 졸업
전남대학교 법과대학 졸업
제10회 군법무관임용시험 합격
사법연수원 수료
수도방위사령부 검찰부장
제3사단 법무참모
제3군단 보통군사법원 군판사
국방부 법무관리관실 군사법담당
고등군사법원 보통부장
변호사/변리사/세무사 등록

현재
국방부 중앙군인(군무원)인사소청심사위원회 위원
기독교대한성결교회 총회본부 자문변호사
사단법인 대한민국공무원 공상유공자회 고문변호사
사단법인 전국보일러설비협회 고문변호사
한국성결신문/코람데오닷컴/전우뉴스 칼럼니스트
사단법인 다비다자매회 이사
재단법인 금호학원 이사
이수성결교회 장로
공증인가 법무법인 서호 대표변호사

저서
민법판례(개정2판, 유스티니아누스)
법무법인 서호의 국가유공자클리닉(공저, 법률정보센터)
사회복지법령집(퍼시픽북스)
협동조합 사례별 절차실무(공저, 법률정보센터)
주택임대차보호법 해설(공저, 법률정보센터)
변호사 김양홍의 행복한 동행 1~3(모리슨)
변호사 김양홍의 행복 나누기(더푸른)

읽으면 행복해지는 책

김흥신_작가 "우리시대의 깃대종"

시대의 아픔을 걱정하고 스스로의 혼을 조신하게 닦으며 이웃을 눈여겨 지극히 살피는 지성인이 그리운 시절에 김양홍 변호사는 뚜벅뚜벅 바른 걸음으로 우리시대의 깃대종이 되었습니다. 김양홍 변호사는 천명을 곱게 받드는 넉넉한 품격이 있습니다. 대한민국을 감동케하려는 어짐이 있습니다. 그는 우리 시대를 조명하려는 참 선비입니다.

조국_서울대 법학전문대학원 교수 "글은 사람을 닮는다"

글은 사람을 닮는다 했다. 언제나 주변 사람들을 따뜻한 마음으로 대하고 배려와 공감으로 소통하는 김양홍 변호사의 뜻과 삶을 이 작은 책자를 통하여 엿볼 수 있다. 다들 경험해 보았을 일상의 소소한 사건, 사람과 사회에 대한 김변호사의 성찰에 기초한 미셀러니를 읽으면서 내 자신을 돌아보게 된다.

나주옥_김양홍의 아내 "더 행복해지시고 주님께 가까이 다가서기를"

이번 3번째로 출간하게 되는 책을 읽다보니 마음이 따뜻해지고 감사하는 마음을 갖게 됩니다. 또한 매 글마다 마지막에 있는 성경 말씀을 통해 더 그 글의 지혜를 성경적으로 바라보게 됩니다. 이 책을 통해 많은 분들이 삶이 더 행복해지시고 주님께 가까이 다가서는 시간이 되실 거라고 믿습니다.

김은혜_김양홍의 딸 "어머니의 자장가와 따뜻한 베개 같은 책"

잠시 나라는 공간 속에서 편히 잠들고 싶을 때 이 책을 읽으면 글귀 하나하나가 어머니의 자장가처럼 독자 여러분들에게 따뜻한 베개가 되어 드릴 것입니다.

김은철_김양홍의 아들 "생생한 삶의 향기"

힘들어하신 적은 있어도 절망하지 않으시는 아버지가 쓰신 책입니다. 항상 긍정을 말하시고 언제나 주변 사람들을 축복하시는 당신의 인생과 삶에 대한 성찰을 담은 책! 이 책에 담긴 생생한 삶의 향기를 느끼시기 바랍니다.

책 구입처 : 교보문고, 영풍문고, 반디앤루니스, 알라딘, YES24, 생명의말씀사 직영서점

더불어 사는 세상과 더불어 행복한 세상을 만들어가는
변호사 김양홍의 네 번째 행복 시리즈

물질 만능주의에 빠져 살아가는 현대인들에게 가장 큰 고민은 '행복'이다.
그 '행복'을 삶의 큰 화두로 삼고 행복 시리즈를 끊임없이 집필해 오고 있는 변호사 김양홍.
그의 네 번째 고민은 '행복을 어떻게 하면 잘 나눌 수 있을까'이다.
그 고민을 바탕으로 집필된 '변호사 김양홍의 행복 나누기'
이 책은 읽는 이에게 '나눔의 기쁨'을 선사할 것이다.
활력 없이 매너리즘에 빠져 답답한 삶을 살아 가고 있는 독자들에게 적극적으로 권한다.

- 출판사 소개글 중에서

변호사 김양홍의 행복 나누기 | 저자 김양홍 | 판형(152 * 224) | 300쪽 | 값 15000원
팩스 | 050-4361-5259, E-mail | dprcps@naver.com

**구입처: 알라딘, 예스24, 교보문고

변호사 김양홍의 행복 더하기

초판 1쇄 인쇄일 2021년 2월 20일
초판 1쇄 발행일 2021년 2월 20일

지은이 | 김양홍
펴낸이 | 김미아
펴낸곳 | 더푸른출판사
편 집 | 하종기

출판 등록 2019년 2월 19일 제 2009-000006호
17736 경기도 평택시 이충로35번길 51, 307동 604호
전화 | 031-616-7139
팩스 | 050-4361-5259
E-mail | dprcps@naver.com
홈페이지 | https://blog.naver.com/dprcps

ISBN 979-11-968107-3-3(03810)

* 책 가격은 뒤표지에 표시되어 있습니다.
* 지은이와 협의에 의해 인지는 생략합니다.
* 잘못된 책은 구입하신 곳에서 교환해 드립니다.